安徽省高等学校图书情报工作委员会基金
背景下中小学阅读教育的策略研究"（项目编号：TGW23B17）

智慧图书馆
终身教育中乡村阅读的新路向

瞿 浩 ◎ 著

湖南师范大学出版社

图书在版编目（CIP）数据

智慧图书馆：终身教育中乡村阅读的新路向／瞿浩著. --长沙：湖南师范大学出版社，2024.12. -- ISBN 978 - 7 - 5648 - 5736 - 3

Ⅰ. D922.144

中国国家版本馆 CIP 数据核字第 20243FQ258 号

智慧图书馆：终身教育中乡村阅读的新路向
Zhihui Tushuguan：Zhongshen Jiaoyu Zhong Xiangcun Yuedu de Xinluxiang

瞿　浩　著

◇出 版 人：吴真文
◇责任编辑：彭　慧
◇责任校对：李　航
◇出版发行：湖南师范大学出版社
　　　　　　地址/长沙市岳麓区　邮编/410081
　　　　　　电话/0731 - 88873071　88873070
　　　　　　网址/https：//press. hunnu. edu. cn
◇经销：新华书店
◇印刷：长沙雅佳印刷有限公司
◇开本：710 mm×1000 mm　1/16
◇印张：14.75
◇字数：240 千字
◇版次：2024 年 12 月第 1 版
◇印次：2024 年 12 月第 1 次印刷
◇书号：ISBN 978 - 7 - 5648 - 5736 - 3
◇定价：49.00 元

目 录

绪　论

一、研究背景与研究意义

（一）研究背景

1. 终身教育的现状

（1）终身教育的现状

我国在 1993 年颁布的《中国教育改革和发展纲要》和 1995 年颁布的《中华人民共和国教育法》中强调要发展多种形式的成人教育，使公民接受适当形式的终身教育。2019 年，中共中央、国务院印发《中国教育现代化 2035》，提出要更加注重终身学习，建成服务全民终身学习的现代教育体系，建设学习型社会，推进公民终身学习成为我国终身教育的实践发展目标。2013 年印发的《中共中央关于全面深化改革若干重大问题的决定》明确了全面深化改革的总目标，其中包括推进国家治理体系和治理能力现代化，并逐步推进国家治理现代化理论和实践的发展。2019 年中共十九届四中全会进一步提出"到新中国成立一百年时，全面实现国家治理体系和治理能力现代化"的目标。国家治理包括政治、经济、文化教育等领域，图书馆作为全民阅读的文化机构，大众学习的育人场域，理应成为人们终身教育的摇篮。循此思路，图书馆治理体系可以视为国家治理体系的一个子集。2021 年 11 月，中央网络安全和信息化委员会印发《提升全民数字素养与技能行动纲要》，指出提升全民数字素养与技能是顺应数字时代要求，提升国民素质、促进人全面发展的战略任务。

图书馆作为培育全民数字素养的大舞台以及公众终身学习的主要教育

机构，始终在提高公民数字素养与技能、引导公众终身学习、促进教育公平和社会和谐发展等方面发挥着不可替代的作用。尽管我国在建设学习型社会、推进终身教育方面，取得了较好的成绩，但是由于各地区经济水平具有一定的差异性，终身教育的发展仍然有很大的提升空间。关于终身教育、学习型社会的研究，我国主要集中于社会教育学的研究领域，而构建并完善终身教育服务体系，建设学习型社会，则需要在乡村教育、老年教育、远程教育等方面加大研究深度和广度。在学校教育之外，如果能为人们提供适切的学习条件和环境，尤其注重弱势群体的教育，就可以理解为具有了学习型社会的基本功能。这就需要全面理解党的十八大关于"积极发展继续教育，完善终身教育体系，建设学习型社会"的内涵和意义，深入学习其精神、要义，并将其落实到教育实践的各个环节，不断深化教育领域综合改革，促进终身教育的高质量发展，积极构建学习型社会。

终身教育是一个内涵丰富且意义深刻的概念，社区教育、成人教育等均可理解为终身教育的一部分。目前社会上普遍存在这种观点，将终身教育等同成人教育。鉴于此，教育系统对于推进终身教育服务体系建设的自觉性、主动性显得尤为重要；终身教育立法滞后，政策需要进一步完善，缺少有效的激励机制；图书馆与基础教育、中等教育、高等教育、继续教育等各级各类教育的衔接、融合尚不够紧密，终身教育的发展还有很大的上升空间；社会和民众对终身学习重要性、系统性的认识还需要深化；终身学习的技术、手段和方法相对落后；评价机制和监控体系需要进一步完善，终身学习的质量有待提升；从中央到地方政府都缺少图书馆终身教育管理和综合协调的机构；以上问题能否及时并有效处理好，在一定程度上决定了我国学习型社会战略目标能否实现。综上所述，终身教育目前存在的问题主要表现在：

第一，终身教育体系有待完善。优质教育资源的供给往往倾向于校内，对于校外的教育投入和关注度不够，教育资源分配不均衡，校内与校外的教育资源缺乏有效的共享机制。第二，终身教育的师资力量较弱，培养目标较为单一。在终身教育过程中，大多成人教育的办学主体主要来自国家开放大学和高校继续教育学院，其形式上基本是专业、学历教育。而关于青少年的教育，在学校之外，主要是社会上的课程培训机构，其目的旨在升学,而忽视了素质教育和学生的个性化发展。此外,一个被社会广泛关注的群体——老年人群体,近年来老年大学的报名人次呈逐年上升的趋势,由此,出现校舍空间不足、报名名额供不应求的现象,需要更多的师资力量和配套资源。第三,教育成本较高。在教育经费支出方面,学校以外的教育支出往往由个人承担,因此,接受教育的门槛较高。例如:对于青少年群体来说,校外各类培训班、素质教育的支出是一项庞大的费用。第四,教育的功利性强。例如:成人教育更多偏向于职业生涯规划、职场求职经验和技能,继续教育更侧重于学习者专业知识的习得和学历的提升,带有明显的功利性,而忽视了终身教育更为重要的功能,即传统文化的发展和学习者综合素质的提升。在此情形下,图书馆作为终身教育的主体之一,发挥着任何机构都无法替代的功能和作用。

(2)我国图书馆终身教育的发展

2010 年,国内开始研究智慧图书馆。目前,国内各地图书馆都在积极探索智慧图书馆发展的业务和运行模式,涉及智慧图书馆理论研究和实践的诸多方面,包括资源建设、品牌架构、服务拓展,以及面向社区、乡村阅读、教育等相应的模式、途径。2017 年,全国人民代表大会常务委员会颁布了《中华人民共和国公共图书馆法》,倡导构建城乡公共图书馆服务网络,图书馆充分发挥"智能共享、方便快捷、绿色低碳"等智慧服务优势,积极参与全国文化信息资源共享工程建设,并联合文化、旅游等部门,整合资源,探索了农家书屋"一卡通"、乡村文化云平台、数字阅读进乡村等一批乡村智慧阅读服务模式。2018 年 1 月,《中共中央 国务院关于实施乡村振兴战略的意见》提出,科学把握乡村振兴内涵,统筹谋划农村经济建设、政治建设、文化建设、社会建设、生态文明建设和党的建设,繁荣乡村文化,推动全民阅读进乡村。此后,乡村阅读推广逐渐兴起热潮。2019 年,文化和旅游部办公厅《公共数字文化工程融合创新发展实施方案》提出,"为基层群众提供一站式、集成式的公共数字文化服务",标志着我国乡村公共文化建设进入与数字化深度融合的发展阶段。2020 年,图书馆通过智能科技、信息共享等技术,创新服务方式,为农村居民提供便捷的公共文化服务渠道,畅通乡村阅读与"学习强国"平台信息共享,把疫情防控宣传覆盖到乡村的各个角落,为智慧图书馆服务乡村阅读奠定了坚实的群众基础，让村民感受到智慧阅读服务带来的时代红利。2021年4月，上海图书馆、浙江图书馆、安徽省图书馆等地方图书馆联合发布《长三角智慧阅读倡议书》，共同倡议大力推进长三角智慧阅读，提高长三角地区全民阅读的能级和水平，促进长三角地区公共图书馆高质量一体化发展，突出智慧图书馆文化保存、文化传播、阅读引领的教育服务功能。

《中国数字乡村发展报告（2020）》显示，基层公共文化机构数字化建设中，数字图书馆推广工程已覆盖全国41家省级图书馆（含少儿馆）、486家市级馆（含少儿馆），服务辐射2744个县级馆，实现共享服务的数字资源超过140TB，同时，在2022年的报告中也表明：2021年和2022年，中央财政每年补助地方1.4亿元支持全国智慧图书馆体系建设项目，并以乡、村两级为重点，鼓励公共图书馆运用信息化条件，通过App、微信公众号等平台为乡村提供智慧阅读服务。

《第二十次全国国民阅读调查结果》显示，2022年我国国民各种媒介综合阅读率持续稳定增长，2022年国民数字化阅读方式（网络在线阅读、手机阅读、电子阅读器阅读、Pad阅读等）接触率为80.1%，其增幅高于纸质图书阅读率，且较2021年的79.6%增长0.5个百分点。同时，随着信息交互方式的变化，国民数字化阅读趋势进一步增强，手机移动阅读成为主要形式，智慧化阅读、智慧化服务成为基本诉求。2022年有77.8%的成年国民通过手机进行过阅读，较2021年的77.4%增长了0.4个百分点，这就为广泛开展智慧阅读、终身教育提供了一个良好的社会环境。目前，国内智慧图书馆探索了一批乡村智慧阅读服务模式，如：安徽省图书馆的"文化援疆"志愿服务项目、嘉兴"互联网"文化一站式服务平台、遂昌县智慧文化礼堂等，借助技术手段开展各类阅读活动，很大程度上缓解乡村地区的教育问题，但乡村智慧阅读需求和终身教育之间尚未形成有效的对接机制。

2. 图书馆终身教育的价值

终身教育背景下个人的全面发展已成为公众学习的基本诉求，图书馆作为具有教育职能的文化机构，为公众提供终身教育服务成为时代发展的应然之势。随着社会的发展，终身教育的理念得到公众广泛认可，并随着相关实践的深入开展而日益丰富，许多国家开始重视终身教育，并制定了一系列的配套政策。开放、公平、共享的理念是图书馆教育价值的基本取向，图书馆的公益属性，契合终身教育服务人民、服务社会的基本要求，很大程度上拓宽了公众的视野，为公众提供了灵活、便利、舒适的学习环境。目前，我国图书馆终身教育的功能日益丰富，相关政策、制度正在不断完善，并惠及广大民众。

图书馆始终坚持服务广大人民群众，努力推进终身教育体系发展。但是，从实践层面上看，依然存在不同程度的困惑。主要表现在：其一，学习型社会、终身学习体系、终身教育体系，这三者之间有着哪些区别和联系，目前还不够清晰。其二，构建服务广大人民群众的终身教育体系、学习型社会，在我国教育事业发展中属于阶段目标还是终极目标，包括在此期间提出的建设学习型社会等表述，在语词、语义等方面较之以往需更加严谨。

图书馆具有传播人类知识、保存社会信息的基本功能，已经细化出终身教育、文化传承、知识建构、文创服务等多种职能。在信息化条件下，图书馆的教育功能得到了前所未有的拓展和深化，读者获得更多受教育的机会和服务，在把握图书馆教育功能的基础上，充分运用"图书馆＋"思维，将图书馆终身教育与前沿科技相融合，使图书馆智慧阅读服务迸发出更耀眼的光芒和魅力。

图书馆终身教育服务体系，其核心在于提供丰富的资源和知识，并以需求为导向，构建一个持续学习的平台，进而促进学习型社会的形成。图书馆为学习者服务，激励其终身学习是图书馆的使命之一。在图书馆终身教育的贡献方面，图书馆进行了深入的探索，涵摄知识服务、信息素养培训、打造良好阅读氛围、提高学习空间的舒适度，以及借助信息技术条件，畅通信息渠道，提供多元化的信息资源。同时，继续保持传统的书刊借阅、参考咨询，且不断创新服务，为公众提供更多的专题讲座、展览、读书会等活动。终身教育与学校教育相结合，共同推动公民文化素质的跃升。图书馆作为具有终身教育属性的文化机构，既区别于学校教育，又与学校教育相互补充。进而言之，图书馆终身教育相较于学校教育，具有更灵活的教育形式和更多样的教育内容，教育资源的个性化程度更高，教育对象更广泛。终身教育是图书馆的职能之一，信息化时代，图书馆抢抓机遇，运用终身教育、智慧服务的相关理念，结合技术手段努力提升乡村教育水平。

通过分析终身教育与图书馆智慧阅读服务的理念，并对国内外图书馆智慧阅读服务进行广泛调查与典型案例挖掘，分析终身教育背景下图书馆智慧阅读服务的现状，面向未来构建智能化、智慧化、云端化、沉浸式的育人场域，助推终身教育中智慧图书馆服务乡村阅读的理论研究和实践发展。智慧图书馆通过跨界合作、精准服务，持续丰富教育内容、不断拓宽教育形式、促进乡村教育机会均等，全域联动实现融合发展，积极探索终身教育形态下的乡村智慧阅读服务。公共图书馆为个人和社会群体的终身教育、自由决策和文化发展提供基本条件，向社会公众免费开放，收集、整理、保存文献信息，并提供查询、借阅及相关服务，开展社会教育。因此，图书馆在教育管理、教育服务、资源建设、文化营建等方面的实践均是图书馆教育价值的体现，并成为公民接受终身教育的课堂。

2007 年起，深圳图书馆、广州图书馆等机构对终身教育展开探索，此后，图书馆界对终身教育持续关注。在此期间，关于图书馆治理的研究，大多与"图书馆终身教育"理念相关，体现了图书馆在探索教育生长点的基础上，实行共治、善治的发展理念；并从实施主体、育人方式、运行机制等相关因素为切入点，对图书馆治理展开深入探讨。①

然而，目前我国图书馆终身教育在现实环境中关于治理模式、方式的研究颇为有限，相关治理理论也只是参考了教育社会学、管理学等理论。此外，一些研究源于国外经验，未能与国内的实际情况紧密结合，因此，与国内现实情况的契合度不高。一个国家政治、经济、文化的发展环境均会对国家治理结构的形成和治理体系的发展产生深远影响，同样，图书馆在终身教育领域的研究和实践，也深受这些环境因素的影响。正因如此，有学者强调治理理论的适用性和本土化问题，提出应构建符合现实国情，具有中国特色的图书馆终身教育服务体系。综上，图书馆终身教育的价值主要表现在：

第一，图书馆作为天然的学习中心，被誉为"知识的殿堂"，可见图书

---

① 颜品，张新鹤. 面向公众终身教育的公共图书馆服务体系构建研究［J］. 图书馆理论与实践，2022（1）：17－21.

馆作为信息传递、知识服务的观念深深印刻在人们的心中。尽管通过网络获取资源已经非常便利，但是通过纸电结合，能更好地发挥阅读和学习的效果，纸质资源仍然是任何电子资源无法替代的。而且图书馆线下空间具有营造学习氛围、增强沉浸式阅读体验的功能，在空间规划上着重自习室、创客空间、仿真学习空间的建设，成为公众在学校以外学习知识、获取信息、提升核心素养的重要场域。

第二，图书馆为公众创造终身学习和教育的无限可能。从这个层面看，图书馆不只是一个学习场所、教育空间，更多的是运用现代教育理论、信息技术条件，主动为学习者提供多种途径的阅读指导、教育服务，并以阅读推广、专家讲座、文化研学、数字素养等形式开展教育活动，为公众营造学习氛围，提供各种学习机会。

3. 需要探讨的问题

本研究基于终身教育的立场，探寻智慧图书馆阅读模式的构建及策略，以阅读作为研究切入点，从个人发展、技术赋能、资源保障的角度，最终落脚点在智慧阅读上，探究图书馆面向公众开展终身教育服务的路向。通过对终身教育、智慧图书馆、乡村阅读相关文献的梳理，分析目前研究现状及不足并确定本研究的理论基础。元宇宙时代的到来，大数据、人工智能、虚拟现实等技术得到进一步发展，为智慧图书馆服务乡村阅读注入新的动力。随着文旅融合和前沿科技的蓬勃发展，图书馆的创新与发展被置于更为广阔的研究视域下，把握科技变革带来的积极作用，借助信息化条件，主动开展阅读推广活动、创新阅读服务途径，由此构建终身学习的教育形态，成为图书馆终身教育发展的方向。为此，本研究试图考察终身教育与乡村阅读推广之间的内在联系与发生动力，探索智慧阅读的发展路径与模式构建，为终身教育中乡村智慧阅读推广的深入开展提供有价值的参考。

（二）研究意义

1. 理论意义

第一，在梳理已有研究的基础上，通过研究智慧图书馆服务乡村阅读，进一步拓展该研究领域的理论，补充图书馆理论体系中有关智慧图书馆服务乡村阅读理论的研究，丰富智慧图书馆理论，为制定智慧图书馆服务乡村阅读的政策、客观评价智慧图书馆服务质量提供重要的理论依据。以此充分发挥智慧阅读服务的优势，更好地利用现代信息化手段，促进智慧图书馆服务的科学化、系统化、规范化，提高图书馆终身教育的质量和服务乡村的效能。

第二，智慧图书馆服务乡村阅读的探索，将成为图书馆服务乡村阅读创新发展的驱动力，对其研究范式与实践逻辑有着深层次的影响，推动传统乡村阅读向"智慧"转型发展，促进智慧图书馆服务乡村阅读理论体系的科学化、规范化。

2. 实践意义

第一，为智慧图书馆服务乡村阅读的研究，提供一份可参考的规划设计图，有助于智慧图书馆服务乡村阅读，以适当的步骤朝着明确的目标前行，此正是本选题的缘起。

第二，建立以用户为中心的服务理念，提高其自主阅读效能，为具备终身学习的能力提供一种途径；推进智能技术与用户学习、农业知识深度融合，为用户提供资源获取、智慧决策等信息服务；对于缩小信息鸿沟，均衡资源配置，乃至实现社会公平起到重要作用。

第三，智慧图书馆服务乡村阅读的研究，有助于挖掘当地民间艺术、农耕文化，讲好当地"中国故事"，提升村民文化自信、倡导文明乡风，畅通教育服务基层的"最后一公里"，以乡村智慧阅读新成果为乡村振兴战略的实施赋能。

二、研究目标与重难点

（一）研究目标

第一，考察智慧图书馆服务乡村阅读的研究现状。将终身教育的理论研究与乡村阅读服务相结合，研究智慧图书馆服务乡村阅读的理论框架，分析其构成要素，探讨智慧图书馆服务乡村阅读的系统架构，并进一步探讨其应用策略，推进智慧图书馆服务乡村阅读的理论研究和实践研究。推动智慧图书馆为深化乡村阅读服务，扩大优质阅读服务资源辐射覆盖范围，以"新征程、新阅读、新理念"为基点，开展乡村智慧阅读推广，促进乡村阅读、终身教育服务的高质量前行。

第二，探讨智慧图书馆服务乡村阅读的应用策略。打造乡村无边界、全民学习、终身学习的智慧化阅读服务体系，以"乡村服务"为导向，开展专业化、智慧化的阅读服务，构建一个智慧图书馆服务乡村阅读的"新方向"，提出一个面向未来的乡村智慧阅读发展的"新模态"，使之成为智慧化阅读服务和管理的智慧综合体，助力信息互通的学习型乡村社会。

（二）重点难点

1. 重点

第一，纵向上从智慧图书馆构成要素，即，专业团队、信息资源、技术、服务模式、用户五个维度，横向上从管理、应用、评价三个维度，全面、系统论述智慧图书馆服务乡村阅读的现状，对国内外图书馆阅读服务展开研究。

第二，对智慧图书馆服务乡村阅读的现状展开调查，深入探讨智慧图书馆服务乡村阅读的系统架构、服务功能、特色，对终身教育中智慧图书馆服务乡村阅读的历史、需求、动力进行分析研究。

第三，聚焦乡村智慧阅读，从建立健全乡村智慧阅读服务机制、服务品牌、智慧阅读服务理念、多机构联合、信息生态等多个方面推进智慧图书馆对接乡村，探讨智慧图书馆服务乡村阅读的构建策略。

2. 难点

第一，打破当前孤立的乡村阅读服务系统，重塑乡村阅读服务生态系统，梳理智慧图书馆、专业团队、平台、用户之间的角色关系，为用户提供高质量、满意的智慧阅读服务和教育服务。梳理专业团队、资源管理、技术、服务模式、用户五个要素之间的关系，明晰智慧阅读服务体系的研究脉络。

第二，我国对智慧图书馆服务乡村阅读的研究在近年来才开始着手，缺乏完备的理论体系指导，智慧图书馆、终身教育、乡村阅读在研究理论上有何关联，需要给予廓清，方可有助于智慧图书馆服务乡村阅读研究的深入，而目前学界的研究成果在此方面涉足甚少，可资借鉴的研究成果较为缺乏，这给本研究带来了一定的难度。

三、研究思路、方法与创新

(一) 研究思路

在文献综述的基础上，对国内外图书馆智慧阅读服务展开系统的研究，搜集相关国内智慧图书馆服务乡村阅读的文献资料，深入分析图书馆智慧服务系统的理论框架、架构、服务功能、特色，吸收图书馆理论、阅读推广理论、终身教育理论，对图书馆服务乡村阅读进行理论上的探讨，提取智慧图书馆服务乡村阅读的要素，阐述图书馆服务乡村阅读的系统架构，对智慧图书馆服务乡村阅读进行实证研究，包括对用户阅读情况进行问卷调查、访谈，在此基础上进一步明晰智慧图书馆服务乡村阅读的运行模式，提出相应策略。如图 0 - 1 所示。

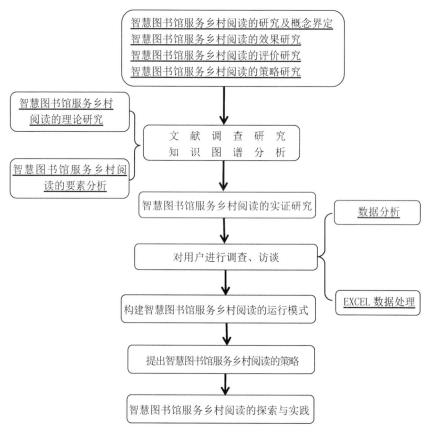

图 0 - 1　研究思路

（二）研究方法

1. 文献研究法

查阅大量关于智慧图书馆服务乡村阅读、图书馆学理论、终身教育理论等方面的文献，为本研究奠定理论基础。

2. 混合研究法

对安徽省省内智慧图书馆服务乡村阅读的现状进行问卷调查，发现实际应用中存在的问题，从而为智慧图书馆服务乡村阅读提出合理的建议；通过对用户的访谈，对用户接受服务的效果进行调查，了解目前用户的阅读需求、学习特征，提出相应的策略。

（三）创新点

1. 学术思想方面

本研究立足于智慧图书馆理论的探索与实践研究，着重于乡村阅读的理论建设，首次将乡村智慧阅读服务置于终身教育视域下展开研究，既是终身教育理论研究的突破与创新，也是乡村阅读理论研究的补充与丰富。

2. 学术观点方面

以图书馆理论、阅读推广理论、终身教育理论为研究理论基础，构建智慧图书馆阅读服务体系，阐释智慧图书馆和终身教育之间的关系，提出智慧图书馆服务乡村阅读的策略，这是既往相关研究未曾涉及的观点。

3. 研究方法方面

本研究在厘清终身教育、智慧图书馆、图书馆智慧服务、阅读推广等概念关系后，对提炼出的智慧图书馆服务乡村阅读的要素进行分类，得到智慧图书馆服务乡村阅读的基本理论内容，通过调查，进一步总结归纳。

四、文献综述

（一）国内文献综述

1. 统计来源

在中国知网（CNKI）中，选择"文献检索"，"高级检索"主题词设定为："乡村""图书馆"，时间范围为：2011 年 12 月 31 日至 2021 年 12 月 31 日，共检索 1110 条结果，筛出与乡村阅读、智慧图书馆无关的文献，得到有效文献 200 篇，在主要主题分布中，可以看出，"共现矩阵"中研究热点较多的是"乡村阅读""农家书屋建设"，如图 0－2 所示。

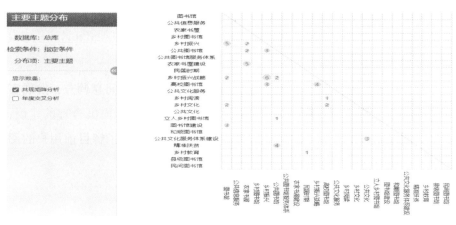

图 0－2　主要主题分布

在作者分布中，北京大学王子舟发表文章达 17 篇，邱露、戴靖、张书美等学者也发表数篇相关论文，如图 0－3 所示。

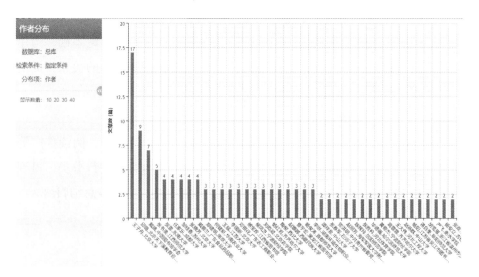

图 0－3　作者分布

在机构分布中，北京大学发表相关主题的文章共 25 篇，南京大学 15篇，华中师范大学 13 篇，如图 0－4 所示。研究乡村阅读成果较多的主要集中在北京大学。

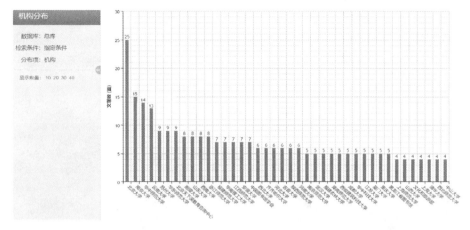

图 0 - 4　机构分布

在"知识元检索"栏中,以"乡村""图书馆"为检索词,选择"指数"选项,由图 0 - 5 所示,2021 年度与图书馆、乡村相关的中文文献量为218 篇,环比增长率为33.00%,近十年,其学术关注度和增长率呈逐年上升趋势。

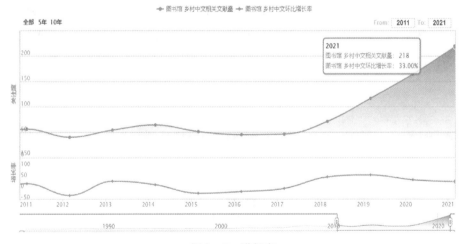

图 0 - 5　增长率

在关系网络中,对关键词共现网络进行分析,如图 0 - 6 所示,相关研究集中于"智慧图书馆""乡村振兴""乡村文化"。通过调研发现,近些年,智慧图书馆服务乡村阅读、乡村教育的热潮逐渐兴起,并由此营造良好的乡村学习氛围,助力终身教育事业的发展。

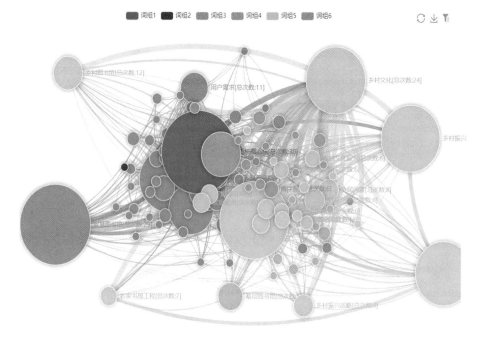

图 0 - 6　关键词共现网络

在主要主题分布中，分布量最多的是"乡村振兴"，在 2021 年为 44 篇，其次是"图书馆""乡村振兴战略""公共图书馆"分别为 29 篇、29 篇、17 篇。如图 0 - 7 所示。

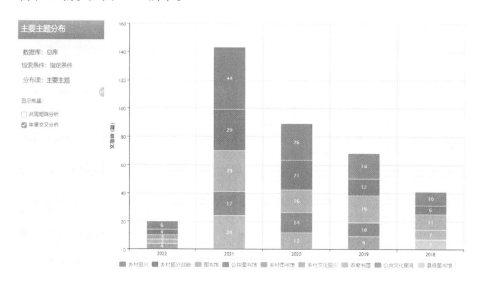

图 0 - 7　主要主题分布

2. 国内相关研究

国内智慧图书馆的相关研究始于 2010 年，以学者严栋发表的《基于物联网的智慧图书馆》为代表，此后，业界对智慧图书馆的研究热度与日俱增。

董晓霞等（2011）对图书馆环境数据和业务数据展开深入研究，提出面向管理对象，实现网络全覆盖的智慧图书馆，如同给图书馆增加一套"神经系统"。① 贲鸥（2012）以阅读推广模式为研究对象，认为国内阅读推广模式可以逐级分层并细化，包括：阅读推广主体模式、阅读推广受众模式、阅读推广媒介模式。② 王世伟（2012）认为智慧图书馆的灵魂是绿色发展，由此阐明智慧图书馆三大特点——高效的图书馆、便利的图书馆、互联的图书馆，并对上述特点进行细分，进而论述了智慧图书馆与数字图书馆、复合图书馆的内在联系。③

关于业务数据方面的研究，张计龙等（2013）认为通过收集、分析图书馆的流通日志和用户信息行为可以为图书决策提供重要的参考，并阐述了运用大数据技术创新图书馆业务。复旦大学借助大数据平台，在对业务数据分析的基础上，结合馆藏发展需求，优化馆藏方案。我国第一个全面使用 RFID 技术的图书馆——深圳图书馆，其资源采购、编目、流通等工作均具有相应的结构化数据，为后期相关研究、实践提供精准的数据支持。④

张勇等（2014）在文献分析基础上，对阅读推广的系统架构进行研究，探讨其顶层设计，经总结归纳，认为阅读推广模式可以包括：开放性模式、约束性模式、派生性模式。⑤ 陈臣（2013）从用户个性化阅读需求出发，以大数据技术为底座，构建图书馆智慧服务体系，并通过对资源与服务的整

---

① 董晓霞，龚向阳，张若林，等. 智慧图书馆的定义、设计以及实现 [J]. 现代图书情报技术，2011（2）：76 – 80.

② 贲鸥. 阅读推广实现模式研究 [J]. 图书馆学研究，2012（22）：25 – 27，37.

③ 王世伟. 论智慧图书馆的三大特点 [J]. 中国图书馆学报，2012，38（6）：22 – 28.

④ 张计龙，殷沈琴，龙向洋. 基于数据挖掘的中文理工科纸本图书采访经费分配模型 [J]. 大学图书馆学报，2013，31（2）：64 – 68.

⑤ 张勇，荣翠琴，王玲. 试论高职院校图书馆的阅读推广模式——以成都航空职业技术学院图书馆为例 [J]. 大学图书馆学报，2014，32（2）：64 – 67.

合，为用户提供定制化的智能阅读体验。① 同时，陈臣（2017）调查了数据搜索引擎在图书馆育人中的作用，通过对小数据的分析，探究其对用户个性化学习的影响，系统性地提出基于个性化学习的智慧图书馆服务模式和基于数据分析的精准服务模式。② 胡海燕、赵全芝（2014）认为智慧图书馆的教育服务可以以技术为驱动，强调以数字孪生、RFID 技术、智能机器人等前沿科技助力智慧图书馆教育、阅读等活动的开展。③ 张计龙（2013）认为基于智能技术，图书馆智慧阅读模式可以细分为：融媒体阅读、个性化推介、沉浸式阅读、游戏式阅读推广等。④

胡胜男等（2016）认为智慧图书馆阅读推广的发起者是该活动的核心力量，对阅读推广模式的创新和营建起到不可替代的作用。阅读推广主要包括三种模式，即：专题讲座式、环境友好式和主题活动式。基于此观点，其阅读推广模式可以加深公众对阅读推广活动的认知，强化图书馆促进教育服务质量提升的理念。因此，阅读推广本质上是一项以图书馆为主体，在教育理论、阅读理论指导下，馆员全程参与的阅读实践活动，为相关理论的构建与概念的阐释，提供研究基础和数据支持。⑤ 魏来、张伊（2018）认为用户通过移动设备调节光照的 LED 照明灯，对于学习、阅读的个性化实现有一定的积极意义。⑥

曾子明等学者（2019）从情景感知角度出发，构建了智慧图书馆场景式服务体系框架，旨在提升用户的阅读体验。⑦ 孙守强（2019）以多元协同

① 陈臣. 一种大数据时代基于读者体验视角的数字图书馆个性化搜索引擎［J］. 四川图书馆学报，2013（6）：27 - 30.

② 陈臣. 基于大数据挖掘与知识发现的智慧图书馆构建［J］. 现代情报，2017，37（8）：85 - 91，97.

③ 胡海燕，赵全芝. 基于全面感知的智慧图书馆创新服务研究［J］. 现代情报，2014，34（9）：105 - 110.

④ 张计龙. 大数据驱动图书馆业务应用与服务创新［J］. 上海高校图书情报工作研究，2013（3）：1 - 6.

⑤ 胡胜男，敬卿，邱雪兰. 高校图书馆阅读推广模式与理论探讨［J］. 高校图书馆工作，2016，36（1）：20 - 24.

⑥ 魏来，张伊. 基于数据管理的智慧图书馆功能框架研究［J］. 数字图书馆论坛，2018（4）：2 - 7.

⑦ 曾子明，孙守强. 基于情景感知的智慧图书馆场景式服务研究［J］. 图书与情报，2019（4）：101 - 108.

为智慧图书馆服务的基本思想，认为智慧图书馆由资源整合层、信息交互层、网络连接层、智慧服务层等构成，旨在通过各层次的相互作用，实现智慧图书馆服务的智能化和个性化，满足用户多样化的阅读和学习需求。①

陈子君（2020）对乡村振兴背景下的全民阅读进行研究，分析了乡村振兴战略与基层图书馆角色的关联性，阐述其阅读服务、教育服务的功能，为乡村阅读服务研究提供更多有价值的参考。② 张晓东（2020）以乡镇图书馆为研究基点，进一步探讨乡镇图书馆在助力乡村文化振兴中所面临的问题和挑战，并从制度、实施策略层面出发，提出有效对策，助力乡村文化振兴。③ 王春梅、王虹等（2020）分析了乡村阅读贫困形成的原因和内在机理，提出阅读推广在促进乡村阅读发展和实现乡村文化振兴中的关键作用。④

综上，可以发现关于智慧图书馆面向公众、乡村终身教育的研究大部分都集中在技术和应用的层面上，而数据层面的研究相对较少，且关于数据层面的研究主要集中在用户数据上，如：结合用户学习需求的数据，为其提供精准的知识服务。同时，国内的相关研究还集中于智慧图书馆的构建、教育模式、发展路径等方面，如：孙利芳等（2015）对智慧图书馆体系的架构提出了建设逻辑，并阐释了教育服务的发展路径。⑤

此外，国内关于阅读推广的研究还涉及质量、评估等方面：一是阅读推广服务质量评估的重要性。岳修志（2019）通过较为系统和科学地构建阅读推广活动评价指标体系，提高阅读推广活动的绩效。⑥ 张麒麟（2015）认为阅读推广项目可以以法律、法规的形式加以确立，并设置全面性的评

---

①　孙守强. 多元协同视角下智慧图书馆泛在智慧服务研究［J］. 图书馆，2019（11）：52 - 57.

②　陈子君. 乡村振兴战略背景下基层图书馆的角色转换分析［J］. 图书馆，2020（8）：58 - 61.

③　张晓东. 乡镇图书馆助力乡村文化振兴研究［J］. 图书馆工作与研究，2020（9）：45 - 51.

④　王春梅，王虹，岳景艳，等. 乡村振兴背景下农民阅读知识贫困解决路径探索［J］. 图书馆，2020（9）：80 - 86.

⑤　孙利芳，鸟恩，刘伊敏. 再论智慧图书馆定义［J］. 图书馆工作与研究，2015（8）：17 - 19，68.

⑥　岳修志. 阅读推广活动评价指标体系构建［J］. 图书情报工作，2019，63（5）：42 - 50.

估标准，旨在更有效地对阅读推广项目进行评估。二是阅读推广服务的质量。① 黄健（2013）认为影响阅读推广的因素，主要包括：读者认可度、图书馆重视程度、馆藏、其他等方面。② 王琦、陈文勇（2014）阐述了数字化时代图书馆在阅读服务过程中，阅读环境和阅读客体对阅读服务质量是一个相互作用，双向影响的过程。③ 三是服务质量的评估。王素芳、孙文倩、王波（2013）运用德尔菲法和层次分析法，深入讨论图书馆儿童阅读推广活动效果并对整体现状进行评估，旨在建立一个儿童阅读推广活动综合评价指标体系。四是阅读推广的规划及规范。④ 范并思等（2015）认为图书馆需要对阅读推广进行宏观规划，不断丰富其内容，嵌入符合用户需求的阅读素材，创新阅读形式，有针对性地为用户提供阅读服务，提升服务水平和教育质量，发挥图书馆的育人功能。⑤ 洪伟达、马海群（2018）认为，我国需要从制度性规范、实施性规范、监督性规范和技术性规范着手，构建图书馆阅读推广规范体系。⑥

（二）国外文献综述

随着科技的进步，智慧图书馆的运行模式、服务方式、服务形式都日趋完善，SALEM L 等认为，图书馆在为用户提供智慧阅读服务的过程中，其角色和用户之间的关系均发生了翻天覆地的变化。⑦

希拉里·克林顿倡导的新伙伴关系——学前阅读，为阅读推广带来新的发展空间，将之置于更广阔的视域下开展实践，同时，也与克林顿美国

① 张麒麟. 国外阅读立法对阅读推广的影响研究 [J]. 图书情报工作, 2015, 59 (23): 11 - 16.

② 黄健. 高校阅读推广活动的影响因素及其评价 [J]. 大学图书馆学报, 2013, 31 (2): 93 - 96.

③ 王琦, 陈文勇. 移动阅读与图书馆移动阅读服务的内涵辨析 [J]. 科技情报开发与经济, 2013, 23 (22): 22 - 24.

④ 王素芳, 孙云倩, 王波. 图书馆儿童阅读推广活动评估指标体系构建研究 [J]. 中国图书馆学报, 2013, 39 (6): 41 - 52.

⑤ 范并思, 王巧丽. 阅读推广的管理自觉 [J]. 图书馆论坛, 2015, 35 (10): 8 - 14.

⑥ 洪伟达, 马海群. 图书馆阅读推广规范研究 [J]. 图书情报知识, 2018 (1): 36 - 43.

⑦ SALEM L, CRONIN B, BLIS L. Chapter 3: smarter together [J]. Library technology reports, 2012, 48 (8): 17 - 21.

阅读挑战计划相互影响、共同发挥作用。①

BARYSHEV R A 等人认为"智慧图书馆"是信息化时代图书馆机构的升级与改造，是对传统图书馆服务形态和功能的变革，从对智慧图书馆是一种网络服务的理解到面向社会提供智慧服务、阅读服务的功能定位，将智慧图书馆阅读服务定义为基于智能科技、多媒体终端、智能感知系统的一系列资源和专业服务，深入探讨了智慧图书馆阅读服务的内涵。智慧图书馆阅读服务不仅只有技术设备、馆员队伍、阅读资源等，更着重于为社会的文化、教育建构一个阅读服务体系。②

CHANCE R 和 LESESNE T 指出，技术正在改变图书馆的服务模式，图书馆专业团队运用先进的技术手段开展阅读活动，有了更多的推广途径。③

CAO G 等对"智慧图书馆"进行概括性描述，并提出智慧图书馆建设方案，认为智慧图书馆是一种可以为用户定制服务，全方位满足用户学习需求的智慧化服务系统。将智能技术自动化感知技术、人机协同技术与图书馆终身教育、用户培训相结合，从而发挥智慧图书馆教育服务的最佳效用。④

THEBRIDGE S、TRAIN B 在查阅大量文献资料的基础上，梳理了阅读服务生态链，从图书馆、出版商、书商以及电子资源运营商之间合作关系的角度深入分析阅读推广的路径，其研究借助数据分析工具开展统计工作，包括分析 70 多份期刊文献、书籍、会议记录以及相关研究领域的资源。⑤

Greenwood 和 Davies 指出，拉夫堡大学图书馆和信息统计部门共同开发了一套项目评估工具包，目的在于支持由图书馆主办，多机构协办的阅读

①　ALA News：The Work of the American Library Association ［EB/OL］. ［2017 - 03 - 01］. https：//www. ala. org.

②　BARYSHEV R A, VERKHOVETS S V, BABINA O I. The smart library project：development of information and library services for educational and scientific activity ［J］. The electronic library, 2018, 36 （3）：535 - 549.

③　CHANCE R, LESESNE T. Rethinking reading promotion：old school meets technology ［J］. Teacher librarian, 2012 （6）：26 - 28.

④　CAO G, LIANG M, LI X. How to make the library smart？ The conceptualization of the smart library ［J］. The electronic library, 2018, 36 （5）：811 - 825.

⑤　THEBRIDGE R, LESESNE T. TRAIN B. Promoting reading through partnerships：a ten-year literature overview ［J］. New library world, 2002：131 - 140.

推广项目。该研发项目的核心是一套绩效评价指标和数据搜集工具，便于对调查对象的相关数据进行整理和分析。①

阿德里安·朗根东克（LANGENDONK A）与基斯·布洛弗夫（BROEKHOF K）认为，荷兰的阅读推广项目"阅读艺术"活动可以运用数字化监控系统，以便于对用户的阅读行为进行分析。②

妮可·古尔达格（GULDAGER N N）等提出，小学生阅读推广活动需要注重学生阅读体验和阅读经历，而图书馆应将阅读活动创设为一种身心愉悦的学习过程，让学生产生浓厚的阅读兴趣和学习动机，实现学生主动阅读、探索未知领域、学习知识，提升学习效率。③

西尔维娅·罗哈德蒙德曼（ROJAS-DRUMMOND S）等认为，阅读活动的过程中如果融入互动式阅读的方案可以很大程度上提升小学生阅读理解的能力和发现知识的能力，并为其培养良好的阅读习惯和阅读行为奠定坚实的基础。④

KAKLAUSKAS A 论述了从数字图书馆到智慧图书馆的转变，这不仅是名称的改变，更多的是功能、结构的变化，智慧图书馆相较于数字图书馆，突出了"智慧"的功能，更加洞察用户的内心世界和阅读需求，融合终身教育的理念，将为其提供多元化的智能服务，例如：个性化服务、知识挖掘服务、超融合服务等，由此推动了数字图书馆向智慧图书馆转变。⑤

印度 Manonmaniam Sundaranar 大学的研究员 IYAPPAN P 等经过长期深入的探究，构建出基于动态借阅机制平衡用户分配的智能图书馆借阅策略，根据匹配的参数，如：副本数量、使用频次、阅读时间，定义不同的借阅

---

① DENHAM, D. (2003), "Reading: a UK national focus", in Elkin, J., Train, B. and Denham, D. (Eds), Reading and Reader Development—The Pleasure of Reading, Facet, London, pp. 59–83.

② LANGENDONK A, BROEKHOF K. The art of reading: the national Dutch reading promotion program [J]. Public library quarterly, 2017 (2): 1–25.

③ GULDAGER N N, KRUEGER K S, TAYLOR J B. Reading promotion events recommended for elementary students [J]. Teacher librarian, 2016, 43 (6): 13–19.

④ ROJAS-DRUMMOND S, MAZÓN N, LITTLETON K, et al. Developing reading comprehension through collaborative learning [J]. Journal of research in reading. 2014, 37 (2): 138–158.

⑤ KAKLAUSKAS A, ZAVADSKAS E, BABENSKAS E, et al. Intelligent library and tutoring system for brita in the PuBs project [C] //International Conference on Cooperative Design, Visualization, and Engineering. Springer-Verlag, 2007: 157–166.

时间方案，由此提高了图书使用效率，发挥了图书馆的"智慧"。①

（三）国内外相关研究述评

1. 智慧图书馆阅读推广方面

国外研究大多集中于智慧图书馆建设、运行和技术的应用层面，注重实践研究，在理论研究的基础上，结合终身教育的思想，提出很多新的理念，且可以将技术应用到具体实践中。但是，国外相关研究面相对较窄，研究者较少，研究领域还有很大的探索空间。

国内的研究理念和思想较国外超前，研究主要集中在智慧图书馆服务公众学习，尤其是乡村阅读平台建设、智能技术的应用，形成了较广的研究范围，并具有较大规模的研究体系，但研究的方向较为分散，且研究深度还不够。许多研究只是停留在理论层面，距离产生实际效用还存在一定的差距，这也反映出此类研究还不够成熟，尚处于持续探索阶段。

在研究进程中，国内涌现出大量优秀理论与实践专家学者，如王世伟、邵波、储节旺、茆意宏、张新平等。此外，"智慧图书馆服务乡村阅读"的跨学科研究也呈现出逐渐上升的趋势，现已拓展到教育管理、心理学、电子信息工程、计算机科学等学科领域。

2. 图书馆智慧阅读服务方面

在图书馆智慧阅读服务方面：其一，我国对其研究的相关概念较为模糊，如："图书馆智慧服务""智慧阅读"等，不利于相关主题的深入研究；其二，对于理论的探讨较多，技术应用的研究相对较少，智慧阅读服务的相关研究主要依赖于技术条件的发展，其发展思路还需进一步明晰。通过对相关研究的分析可以看出，国内外图书馆界、教育界主要关注阅读质量的提升以及对教育产生的影响。国内在智慧阅读服务评价体系建设方面的研究相对较少，国外对智慧阅读服务的研究更多是集中于质量评估与过程控制两个层面，尤为关注智慧阅读服务的效能和效用。②

---

① IYAPPAN P, ABINAYA R, GAYATHRI G. Smart online library using dynamic access policies—A service oriented approach［C］//IEEE International Conference on Advanced Communications, Control and Computing Technologies, 2015：355－359.

② 朱珍. 国内图书馆智慧服务研究综述［J］. 图书馆工作与研究, 2020（6）：62－68.

3. 总结

目前国内智慧图书馆服务乡村阅读的相关研究主要聚焦于 3 个方面：一是智慧图书馆服务乡村阅读的实现路径，二是智慧图书馆服务乡村阅读的体系及系统架构研究，三是智慧图书馆通过开展乡村阅读对于建设学习型社会的作用。

第一，从研究的历程来看，智慧图书馆服务乡村阅读的研究在初期和现阶段的整个研究过程中，对于智慧阅读、阅读教育、乡村阅读等概念、内涵的研究一直贯穿始终，这在一定程度上反映了终身教育视域下智慧图书馆服务乡村阅读的研究仍然处于探索时期，相关理论研究还在不断丰富、完善。总体来看，国内智慧图书馆对服务乡村阅读、开展终身教育活动的研究从理论研究向实践拓展，研究的内容也在不断细化。

第二，综合研究内容来看，国内相关研究多是个案和乡村阅读推广的介绍，以及理论模型、应用策略的探讨，缺少理论框架的支持，不利于智慧图书馆服务乡村阅读、开展终身教育的研究。国内的研究理念较国外超前，但在一些方面，国外研究的实践性更强，科研成果转化率较高。从发文数量来看，国内远超国外，智慧图书馆服务乡村阅读的研究逐渐成为国内图书馆学界研究的热点。

第三，从研究方法来看，国外更多的是开展实证研究，注重阅读服务、教育效果的评估，而国内相关的研究侧重于服务质量问题的描述及对策分析，对阅读活动、教育管理的模式、顶层设计的研究较少。因此，将教育管理理论、阅读理论等相关的前期研究成果作为基础，以终身教育理念为指引，探索乡村智慧阅读服务，将是智慧图书馆服务乡村阅读的一项重要研究。

第一章
终身教育与图书馆的相关研究

第一节 终身教育相关概念和理论基础

一、终身教育的概念

终身教育的理念最早由英国教育家巴齐尔·耶克斯利（Basil Yeaxlee）提出，其核心理念在于倡导个人在一生中不断学习与成长。法国学者保罗·朗格朗（Paul Lnegrand），作为终身教育理论的重要推动者，于 1965 年 12 月进一步明确了这一概念，为教育领域带来了新的视角，是终身教育思想概念化的开始，自此国内外掀起了终身教育研究热潮。1965 年，朗格朗在总结古典人格形成论的基础上，提倡将"终身教育"作为教育政策改革目标，认为终身教育有利于发展和改革教育体系，可以改变现代学校教育服务单一不变的状况。1970 年，朗格朗发表论著《终身教育引论》，深入阐释了终身教育的理念，认为人的一生都是接受教育的过程。R. H. 戴维认为，终生教育具有综合性的思想理念，是个人在其一生中，为了提高自己的生活质量，而接受的一种具有社会化和专业化的，并综合了与社会各方面相关的知识学习过程。1972 年，国际教育发展委员会的报告《学会生存——教育世界的今天和明天》中提出，终身教育包括教育各个阶段的所有内容。

20 世纪 80 年代，我国开始对终身教育理论的研究进行探索，这一阶段主要集中于对终身教育内涵、理念的探讨。随后，2002 年至 2012 年是研究的高峰阶段，终身教育理论的研究逐渐成为国内教育界的研究热点。在这一时期，研究不仅扩展了理论的广度，而且深化了对终身教育体系构建的探讨，包括教育政策、教学方法等方面。目前，我国终身教育的研究处于稳定上升时期。随着社会经济的发展，人们对终身教育的需求不断攀升并持续高涨。结合终身教育理论的现有成果，在图书馆研究领域，主要集中于运用信息化条件、智能技术为公众提供终身教育的服务，以及构建面向公众终身教育的图书馆服务体系。即：重视对人一生中各个阶段所有教育问题的研究和对终身教育体系的研究。

我国终身教育研究者主要以吴遵民和陈桂生为代表。吴遵民认为，终身教育是贯穿人一生的教育，即：包括从出生到老年的所有正规、非正规和非正式的教育，以及联系着不同的教育系统，包括学校、家庭以及社会的所有教育资源。陈桂生在《"终身教育"辨析》一文中指出"终身教育"的概念在不断地演化，终身教育从最初的"成人教育"扩展延伸至个人"终生所接受的所有教育"。[①]

通过对终身教育的探索，研究者们达成基本共识，主要表现在以下方面：第一，从社会层面看，终身教育不仅满足个人在学习和信息获取上的需求，还涵盖了生存技能的培养。第二，从个体层面看，终身教育可以提高个体修养、素质、知识、文化以及生存等方面的整体水平。

二、新公共服务理论对图书馆终身教育的启示

以罗伯特·登哈特为代表的美国公共行政学者们认为，在社会管理过程中，过去政府是以掌舵者的角色出现，在当代社会发展环境中，需要转变观念，即：将政府管理者角色转变为服务者角色，通过这种转变以更好地适应社会发展。因此，学者们通过对公共管理论、理念不断提炼和总结，进一步提出了新公共服务理论，该理论认为在管理公共组织和执行公共政策时，更多体现的是服务而非掌舵，将服务公民和下放权力作为管理的根本所在，"以公民为本"的服务思想，充分体现为公民服务，追求人和社会共同发展的理念。图书馆的建立就是为了服务社会和公民，根据对新公共服务理论的理解，从公众需求出发，强调"公民本位"思想的重要性。

---

① 陈桂生."终身教育"辨析［J］. 江苏教育研究，2008（1）：3−6.

综上，终身教育是一种涵盖了人一生各个阶段的教育综合系统，不仅包括家庭教育、学校教育和社会教育等形式，而且涵盖了人的生命历程中的各个阶段。而图书馆终身教育不仅提供传统的借阅和阅读服务，还为不同年龄段的学习者创设具有教育意义和指导性质的教学内容，如：学习辅导、数字素养、文化素养、阅读素养等教育活动。此外，还包括：课程资源建设、虚拟化学习平台建设等教育辅助系统，以及各类资源和服务，如：沉浸式阅读、虚拟现实体验、电子资源分享，通过用户定制或个性化推送的方式，为用户带来更丰富的阅读体验。

研究和构建图书馆终身教育服务体系，可以借鉴新公共服务理论的思想和理念，即：图书馆与社会力量开展合作，共同为学习者提供教育服务，需要关注个人发展和追求社会价值的统一，促进全民信息化程度、知识水平的全面提升，调动社会各界的力量，发挥公共资源的优势，为广大人民群众的文化学习提供有效支持。因此，新公共服务理论的思想、观点对于图书馆终身教育服务体系的研究具有现实的参考价值。

第二节　面向公众终身教育的服务

一、信息素养教育的发展

（一）信息素养教育的重要性

信息化的快速发展给图书馆终身教育提出了新的要求。新兴的云技术、融媒体技术，大数据技术在很大程度上改变了图书馆传统阅读服务方式，扩大了阅读服务的覆盖范围，进一步推动了终身教育的深入开展。自由平等地获取信息、使用学习资源，成为公众的基本权利。但是，各地区由于经济发展水平不同，基础网络等硬件设施以及用户自身信息素养水平的差异，产生了"数字鸿沟"现象。这给用户阅读信息、获取知识以及学习交流带来了不同程度的影响，直接影响了阅读服务的质量和效果，从而使经济条件落后地区的用户成为图书馆智慧阅读服务的边缘人群。

图书馆在开展智慧阅读服务的过程中，对用户进行信息素养培训显得尤为重要和紧迫。信息素养已经成为如今终身学习、智慧阅读的基本素养，对于地处偏远的乡村用户，帮助其提高信息素养、提升信息处理能力，是快速融入信息化社会的重要途径。对村民开展信息素养教育，培养其良好的阅读习惯，形成浓厚的乡村阅读氛围，这对培育乡村淳朴的乡风、朴素的民风，帮助村民辨别虚假信息、保护个人信息、抵制不良信息，构建和谐安全的网络环境有着深刻的意义。①

我国目前大力宣传信息安全、网络安全，其中一个解决方案就是提升公民素质，而提升公民素质的有效途径便是开展信息素养教育。开展信息素养教育，能帮助公众提升信息安全意识，充分认识信息技术在日常阅读、学习、工作中的重要性，使其掌握丰富的知识和技能，提升自主学习的能力。随着时代的发展，图书馆作为知识传播、文化学习、终身教育的社会机构，从传统的纸质图书服务逐渐转向纸电一体化服务，不断发挥智慧阅读的优势，为社会终身教育的发展提供强有力的资源保障、服务保障。图书馆承担着终身教育的基础功能，在信息化快速发展的社会，面向公众广泛开展信息素养教育，为广大人民群众的终身学习、全面发展提供基础保障，充分体现图书馆文化育人、服务育人的宗旨和价值。②

信息素养教育是图书馆提升公众终身教育质量，扩大智慧阅读服务覆盖面的一个有力抓手，不仅是学校课程设置中的必修课，而且应成为一项公众终身学习必不可少的课程。因此，信息素养教育要从校内走向校外，在全社会普遍开展，这也是提升全民素质的一个重要方面。

2020 年年初，嘉兴市图书馆以举办 5000 场活动为亮点，吸引了大量社会公众参与到阅读、教育活动中，其中，信息素养的教育培训是主要部分，通过与支付宝合作开发"老年大学"课程，为社会公众提供更丰富、更具实用价值的信息素养教育。目前，信息素养教育已逐渐成为学界研究的热点、焦点，并成为图书馆顺利开展终身教育、阅读推广工作的前提和基础。

（二）信息素养教育的切入点

图书馆信息素养教育面向老年、中年、青少年群体有不同侧重点。老

---

① 张久珍. 图书馆：培育全民数字素养的阵地［J］. 图书馆论坛，2021，41（12）：6 - 7.
② 柯平，彭亮. 图书馆高质量发展的赋能机制［J］. 中国图书馆学报，2021，47（4）：48 - 60.

年群体，尤其是乡村的孤寡老人，其服务旨在于帮助孤寡老人逐渐适应数字化生活，享受数字化带来的时代红利。中年群体，主要在于提高其运用信息技术的能力，帮助他们通过信息技术提升文化学习能力、生活质量、经济收入，旨在为生活带来更多的便利。对于青少年群体而言，则应该帮助其提升对数字时代的信息应变能力，培养正确的价值观，树立正确使用信息的态度，以信息技术为驱动，培养青少年努力创新的探索精神。①

第一，在具体操作层面，可以将信息素养、信息安全、信息技术操作、信息与生活等作为主要教育内容。其中，信息素养在数字化、信息化发展的时代环境下，推动了公众阅读范式、学习范式的转变，学习者应掌握基本学习内容，强调运用数字技术解决现实学习、生活中问题的能力。目前图书馆为提升公众信息素养所开展的教育活动主要集中于信息意识、信息技能，以及信息、知识、技能三者融合、转化并产出学习效果等方面。此外，个人的健康信息、权威信息源等都是公众较为关注、较为敏感的话题。图书馆可以以健康信息素养课程为切入点，促进广大人民群众对健康信息的重视。

在信息化发展的潮流中，信息素养得到了社会的广泛关注和高度重视，公众表现出强烈提升信息素养的学习意愿，由此为图书馆终身教育带来新的发展契机，而信息素养教育作为图书馆终身教育的一个组成部分，将很大程度上促进教育的高质量发展。

第二，在信息资源高速建设时期，学习者获得学习资源与学习机会的门槛变得更低，而过度强调学习资源的供给，未必会受到人们的欢迎。主要是因为：资源建设的质量和风格未必完全符合公众的需求。因此，以资源供给为导向的教育方式，需要按照普适性、便捷性的现实情况开展。建设服务全民的终身教育服务体系，需要根据不同的群体需求进行细化，制定多级目录和体系标准。以资源供给为导向的图书馆终身教育，主要以智能技术为牵引，以阅读服务为依托，帮助学习者实现处处能学与时时可学的美好愿景。同时，建设全民终身教育服务体系，应该以核心素养、综合

---

① 张久珍. 重振图书馆社会教育职能，充分释放图书馆全民信息素养教育的作用［J］. 图书馆研究与工作，2020（11）：6 – 14，85.

素质与自主学习为导向，这就要求图书馆帮助公众培养学习动机，建立学习目标，逐步完成学习任务，形成终身学习的良好习惯。另外，图书馆尤其要注重公众阅读能力和核心素养的提升，并随着智能技术的发展，适应未来不断变化的信息环境，勇于创新终身教育的方式、方法和模式。

二、郝克明的终身教育思想研究

随着信息化的发展，经济的日益增长，人才已成为推动各国发展的重要力量，是国家竞争力的主要资源。在此环境下，终身学习满足人们日益增长的文化和学习需求，这一观点逐渐为社会公众所接受，并产生积极的社会效应。面对世界金融危机的严峻挑战和新兴科技、信息化发展带来的巨大机遇，构建终身教育体系，建设学习型社会是科技、经济、文化和社会高度发展的必然要求，增加了教育体系的弹性。从经济全球化视角看中国构建终身学习体系的紧迫性，为我国终身教育的战略性发展提供指引。

在特定的历史环境下，国内教育资源匮乏，庞大的教育需求与有限的教育供给之间表现出一种明显的失衡，加之地区之间、城乡之间经济发展不均衡，包括过度强调应试教育而出现的素质教育落后、社会劳动生产率较低、城镇化进程中农民素质亟待提高、继续教育力度不够、在岗人员培训流于形式、教育体系内部缺乏沟通机制、人才培养质量不高、教育信息化程度落后等诸如此类现象，长期影响着社会经济和个人的全面发展，并随着时间的推移，逐渐拉大中国与发达国家之间教育水平的差距。

在此背景下，郝克明以其卓越的洞察力，发现国家教育和社会发展的主要趋势，希望从多方面作出努力，解决教育问题。她认为，构建终身教育体系是我国教育发展和改革的迫切需要。郝克明也根据国情、社会的发展需要，对终身教育的现状提出以下问题：第一，"教育内部各级各类教育特别是普通教育和职业教育，尚未建立起相互沟通和相互衔接的关系，难以满足人民对教育机会的多种选择和要求"。第二，"我国现行的教育结构体系很不适应我国教育发展和改革的要求"。第三，"社会各行业各部门在职人员的岗位培训、转岗培训和继续教育十分薄弱"。第四，"适应社会成员多种需求的非学历、非正规教育尚未受到应有的重视"。第五，"我国长期以普通学历教育为主，这些年来在教育结构改革中逐步发展了职业教育序列，但它同普通教育分为两个割裂的体系，两者缺乏沟通和衔接"。①

　　郝克明的终身学习理念，以其深邃的见解和前瞻性，涵盖了以下主要内容：构建终身教育体系和终身教育机制，建设学习型社会，推进终身学习、终身教育策略及实践的应用，涉及终身教育的宏观目标、教育属性、基本内涵、发展方向等核心领域。此外，还包括了教育信息化、社会教育等方面，形成了一个全面、系统的思想体系。郝克明倡导终身教育的思想契合了社会信息化发展的趋势，通过终身教育的思想、理念、实践，对处理当时教育发展中不充分、不平衡的问题有着积极的作用，在解决教育矛盾的过程中，以独到的视角，形成了具有独特风格的终身教育理论，为教育领域的发展贡献了力量。

　　郝克明认为构建终身教育体系是一个庞大而复杂的系统工程，实现终身学习战略发展目标，至少需要满足以下四个关键条件：第一，实现终身学习战略发展目标的首要条件是培养具备一定学习能力的学习者，学习者不仅需要掌握基本的学习技巧和方法，还应树立终身教育的观念，认识到学习是一个持续的过程，贯穿于个人的整个生命历程。培养具有自主学习意识和强大学习能力的学习者，是社会和个人生存与发展的基本条件。学习者能够独立思考，有效解决问题，是构建学习型社会的基础保障，对于推动社会进步和个人成长具有不可替代的作用；第二，建立适合终身教育（学习）发展的政策和制度，为终身教育（学习）提供制度保障；第三，建立能为广大人民群众提供终身学习机会的教育机构和相应的教育体系。

　　郝克明认为实现终身学习的发展目标，必须制定并实施稳健的保障机制。第一，建立与终身学习需求相适应的教育机构、公共管理机构，逐步形成科学、完善的终身教育体系。第二，在非义务教育阶段，以及非正规和非正式教育领域应充分激发社会力量的活力，倡导社会各界的积极参与。同时，要充分发挥社会教育机构的主观能动性，为终身学习提供多样化、个性化的学习机会和资源，使其参与到终身教育的各个环节，与学校教育形成优势互补，共同推动终身教育的发展。第三，为了有效推进终身学习体系的建设，必须建立一个政府与社会各机构、各行业之间的协调机制，

---

① "关于构建终身学习体系若干问题探讨"，在北大高教行政管理专业博士班讲话，2005 年。

以此促进跨部门的沟通与合作，优化资源配置，确保教育政策的连贯性和执行过程的一致性，为学习者提供更加丰富和高效的学习机会。第四，提高政府公共管理、组织的效率和水平，通过制定法律、法规，从法律层面保障终身教育的开展、实施，并出台相应的配套政策，以及包括转变政府职能在内的相关措施，以此发挥政府在建立学习型社会中的引领作用。①

郝克明在深入研究我国教育现状的基础上，提出了构建学习型社会的发展路径：第一，构建终身教育体系和学习型社会，需要鼓励公众广泛参与，并以此激发学习热情，通过多样化的教育活动，促进整个社会的终身学习理念传播，这涉及建设学习型社区、发展学习型组织、创建学习型城市。第二，学习型城市是学习型组织、学习型社区的主要体现，也是构建学习型社会的基本单元，以城市为依托，普及终身学习理念，并广泛开展实践，那么就可以以点带面，积极带动国内其他地区、乡村开展终身学习，并成为学习型社会的典型代表。

第三，学习型社区和学习型组织为社会成员提供了一个提升文化水平、强健体魄、增长知识和提高综合素质的平台，是推动社会持续进步的重要力量。学习型组织不仅会促进学习者个体全面的发展，也是提高社会生产力、提升社会组织文化内涵和增强社会组织学习能力的重要途径。

郝克明提出我国终身教育体系的构建应以"大教育"的观念为发展思路，坚持终身教育体系的整体性、系统性。她认为，确立大教育观念，形成正规教育与非正规教育、学历教育与非学历教育并重的教育体系，满足经济、社会发展以及广大人民群众对教育和学习日益增长的多元化需求。这为我国本土化终身教育、终身学习的实践提供理论和思想指引。

三、图书馆终身教育服务体系

在提出图书馆终身教育服务体系概念前，需要对图书馆服务体系发展的历史进行梳理。图书馆服务体系的实践先于理论研究之前，且已经取得一些经验和成就，并于 2000 年初步形成相对成熟的图书馆服务体系，如：

---

① 郝克明. 跨进学习社会——建设终身学习体系和学习型社会的研究［M］. 北京：高等教育出版社，2006.

总分馆建设、网络基础建设、资源全域覆盖等。随着我国公共文化服务体系以及发展规划的推动和实施，图书馆服务体系的相关研究受到图书馆界研究者普遍关注。此后，学界开始研究公共图书馆服务体系建设的理论问题和实践问题。

于良芝等学者从多视域、多层次的维度深入探讨图书馆服务体系，总结并归纳了学者们关于图书馆服务体系的研究内涵。[①] 图书馆服务体系是图书馆作为运行主体，结合现代图书馆理论、教育理论，借助信息化条件，将资源提供给用户，为其带来多元化的服务方式，具有公益性、开放性、教育性的特征，涉及信息资源、规章制度、管理机制、配套设施等综合性指标。此外，图书馆的服务体系还包括了服务主体、服务对象、服务场域、服务设施以及配套的保障机制。

因此，在前期研究成果的基础上对图书馆终身教育服务体系加以探讨，其内涵可以归纳如下：以满足公众终身教育发展为主旨，针对不同群体的需求，为其提供全天候、立体化、个性化的信息资源服务，并通过相关政策的支持，为公众提供均等的教育资源和学习机会。发达国家在建设图书馆终身教育服务体系时，更加侧重图书馆终身教育的改革，同时，关注经济发展给公民持续学习带来的一系列影响。图书馆终身教育服务体系可以理解为：服务于全民终身学习体系或学习型社会的建设。[②] 注重以阅读服务、资源服务为导向的全民终身教育服务体系，旨在解决公众终身学习的社会问题，激发公众终身学习的动机，帮助其树立学习自信，并努力使终身教育成为推动社会文化发展、教育发展、国民整体水平发展的重要力量。图书馆终身教育服务体系的具体实践，是社会经济发展、进步的集中体现，是社会发展的需要，突破了传统的学校教育，改变了传统教育的观念，公众由此形成人生追求与终身学习相统一的价值认同，为社会的快速发展注入新的动力。[③]

---

① 于良芝. 公共图书馆服务体系研究 [J]. 中国图书馆学报，2008，34（2）：79－80，73.

② 朱敏，高志敏. 终身教育、终身学习与学习型社会的全球发展回溯与未来思考 [J]. 开放教育研究，2014，20（1）：50－66.

③ 保罗·朗格朗. 终身教育引论 [M]. 周南照，陈树清，译. 北京：中国对外翻译出版公司，1985.

第三节 国外终身教育发展的概述

一、日本终身教育的发展

20世纪60年代初，终身教育思想逐渐传入日本，随着经济的快速发展，日本社会也发生了深刻的变化。1967年，波多野完治将终身教育理念引入日本，并对朗格朗的论著《终身教育引论》进行了翻译，中央教育审议会于1969年6月发布的中期报告也体现了"终身教育"的理念。

1971年4月，日本社会教育审议会发布的《适应社会结构急剧变化的社会教育应然状态》咨询报告，以政府的名义，正式提出"终身教育"的概念。并在报告中明确提出：面对快速发展的社会，有必要对家庭教育、学校教育和社会教育进行有机整合，并将终身教育贯穿人一生的发展，同时倡导要全面发展适应人生"各阶段"的社会教育。1971年6月，日本中教审咨询报告《关于全面扩充和改善学校教育的基本政策》明确提出：学校教育综合扩充的基本政策，应基于终身教育的理念来综合完善全教育体系。该报告还提出，每个国民在其一生中的各个时期，均有新的生活追求和学习要求，在日益变化的社会发展中，各个年龄段有不同的认知，追求主体多彩的生活，提高国民自我学习和相互教育的意愿。咨询报告旨在倡导以终身教育理念推进日本教育的现代化，在宏观层面多次宣传终身教育理念，但大多社会教育实践者和研究者对"终身教育"一词持谨慎态度。

日本政府于2002年3月，对20世纪90年代颁布的《关于整备终身学习振兴措施和推进体制的法律》（以下简称《终身学习振兴法》）进行了修正。日本《终身学习振兴法》的立法和颁布是日本社会不同利益阶层相互博弈、不断磨合的结果，其建立的历史和发展思维，对我国终身学习和终身教育践行起到镜鉴作用。

2001年，日本终身教育审议会正式并入日本中央教育审议会，并更名为日本中央教育审议会终身学习分科会，这标志着在行政层面上对终身教育发展的进一步推进。同时，日本文部科学省在人才培养、文化传播等方面实施了富有成效的举措，这些举措不仅加强了教育体系的建设，也为终身教育的开展奠定了坚实的基础，充分发挥了终身教育的社会功能，推动了社会的进步。

2014 年，日本的报告《冈山协定》在联合国主办的"ESD 十年"论坛中阐释了终身教育在可持续发展教育（Education for Sustainable Development，ESD）中所处的地位。2015 年中教审咨询报告《实现新时代地方创生的学校、社区联动的应然状态和推行方案》和 2016 年中教审咨询报告《开发个人能力和潜力旨在实现全员参与社会治理中的教育存在方式》中提出了实现全员终身学习的有效方式、方法，以及每位公民的教育责任。①

在信息化这一时代背景下，终身学习和终身教育的关系被进一步明确，并在教育生态系统中寻求其功能定位，旨在社会发展和个人学习需求之间找到一个适切的平衡点，既注重个人的全面发展，提升学习效能，又可以适应快速变化的社会需求。随着《终身学习振兴法》的出台，日本成立了文部大臣咨询机关"终身学习审议会"，其主要审议内容集中在文部省和教育委员会管辖的事务上，使终身教育在法律上得到保障。

虽然日本的《终身学习振兴法》没有明确与其上位法《教育基本法》的关系，但《社会教育法》及系列中教审的咨询报告等都为终身学习理念的发展提供了保障，并进一步强化了终身学习的理念。

二、澳大利亚终身教育的发展

澳大利亚政府高度重视终身教育，开展终身教育的主体密切关注公众学习需求，紧随时代发展，为社会各类群体提供公平、公正、开放的学习机会，满足信息技术环境下公众对于获得学习机会的基本诉求，因此，终身教育在国内拥有广泛的认可度。

1872 年，昆士兰实行免费教育，这一举措为普及教育奠定了基础。1880 年，新南威尔士州通过公共教育法令，鼓励政府、学校、企业开展合作，为澳大利亚终身教育提供资金保障和配套设施，调动了三方主体的能

---

① 马丽华，娜仁高娃. 日本终身教育立法的思想脉络和价值取向——基于《终身学习振兴法》的分析［J］. 教育发展研究，2021，41（17）：51-60.

动性，充分发挥社会力量，最大化利用教育资源，为民众提供学习机会。如：澳大利亚职业教育改变传统的"先学习，后工作"方式，通过"学习—工作—再学习—再工作"的培养模式，为社会培养实际所需的专业人才，同时推动个人职业发展，此举得到了社会的广泛认可。①

澳大利亚成人教育有限公司（ALA）是该国目前影响力较大的教育机构之一，通过与政府开展各类教育合作，推进终身教育的发展。2013 年，澳大利亚成人教育有限公司表示，目前澳大利亚国内终身教育经过长期的探索和发展，呈现出"全方位""终身性"特征。"全方位"是指社会公众在充满生机的国家中充分享有作为公民的权利，根据所从事的工作和爱好来学习自己所需的知识和技能，国家通过提升成年人的阅读能力和学习能力，注重乡村和当地土著居民的教育，并为老年人提供有针对性的教育服务，给社会公众营造了一个和谐、多元化的学习氛围，使不同年龄段的公民都可以在阅读、学习中取得进步，感受学习的快乐，并逐步适应快速发展的社会。"终身性"是指澳大利亚面向社会公众开展终身教育与学校教育高度互补、相互融合，为公众提供持续、长期、有效的教育服务，实现国民教育优质、快速发展，通过与学校教育相结合，将终身教育融入民众工作、生活的每一个环节，为其提供适切的学习机会。

（一）具体举措

第一，开展青年计划，促进成年人阅读能力的提升。

2013 年澳大利亚成人教育有限公司调查显示：青年人中，有 17% 的女性和 27% 的男性未能顺利完成中等教育的学业，主要以土著居民和偏远地区居民为主，也包括一部分收入水平较低的青年人。澳大利亚统计局的报告显示：生活在偏远地区和经济水平较低的青年人要完成从基础教育到高等教育的学业是有很大难度的，相较于城市人群，此类群体中能够接受高等教育的人数通常不到城市青年的一半。

因此，澳大利亚政府推进慈善机构和企业三方开展合作，对于这部分青年的支持项目成为推进终身教育的一个典型范例。同时，配备了相应的教育资源，包括确保他们在工作场所和所在社区都能获得平等的教育机会。

---

① 滕玉英．澳大利亚终身教育政策的新趋势［J］．才智，2014（21）：210–211.

开展职业教育和个人文化素养教育，以使其更好地适应社会发展需求。近年来，澳大利亚政府开始采取更多的积极措施，通过多种途径，与民间资本合作，共同帮助这些青年树立长期的学习目标和更高的理想，目前已经在这一领域开展多个项目和活动，并取得了积极的成效。①

第二，持续开展农村和土著居民终身教育。

2013年澳大利亚成人教育有限公司发布的报告表明：目前澳大利亚土著居民的教育情况尽管有所好转，但仍然存在着问题，主要表现在以下方面：一是，土著居民所在的社区教育环境难以为土著儿童提供可靠的学习保障，社区距离学校的路程也很远，为学习者的学习带来诸多不便。二是，澳大利亚的大多数土著居民社区还没有建立成年土著居民识字的教育机制。这可能是由于缺乏针对性的教育资源和成人教育项目。三是，关于成人的土著文化教育活动相对不足，需要增加文化活动的多样性和普及性，以此提高土著居民的参与度和文化认同。四是，对于生活在偏远地区的土著居民而言，文化教育活动的基础设施建设相对滞后，包括交通不便、教育资源缺乏等问题，尚不足以支撑活动的顺利开展，这些都限制了土著居民接受教育和参与文化活动的机会。

澳大利亚为土著居民开展终身教育活动，通常需要政府拨款和募集资金加以保障，由于尚未形成一套有效提升土著居民教育水平的保障机制，为此，澳大利亚政府通过一系列举措，不断提升教育服务质量。一是，在土著学生较多的学校中，通过在日常教学中融入社会文化教育，使学生在先进的现代文化和传统土著文化中不断成长。二是，在距离居民居住较近的社区，建设配有移动学习终端的教育中心或阅读中心，使居民能够就近接受教育。三是，利用信息技术条件，通过开展数字阅读活动，为土著居民的终身学习提供保障。

（二）针对人口老龄化开展的教育服务

目前澳大利亚面临人口老龄化趋势，老年人文化程度明显低于年轻人，多项调查结果显示，这主要归因于该国老年人曾经在工作、生活中缺乏充

---

① 季江. 澳大利亚职业教育良性发展机制及其对我国开放大学建设的启示［J］. 中国远程教育，2011（12）：25-30，95.

足的学习机会。近年来，政府逐渐扩大了教育服务的覆盖范围，开始为50至75岁以及75岁以上的老年人提供更多的教育机会和优质的阅读资源，这些举措不仅有助于提升老年人的生活品质，还能促进社会的整体进步。通过政府提供的终身学习的机会，老年人能够继续发展个人兴趣、提高技能，甚至重新进入职场，从而增强他们的社会参与度和经济贡献，并且这在一定程度上减轻了社会医疗等方面承担的压力。为此，澳大利亚已经为国内处于该年龄段的群体制订了一份教育计划，并在部分区域试行，同时，加大教育经费投入力度，力求在更多的区域推行老年教育计划。①

（三）保障机制

澳大利亚政府通过一系列终身教育保障机制，促进社会教育发展，推动终身教育朝着更深层次发展。主要包括终身教育的社会保障和经费保障两个方面。

一是社会保障。澳大利亚在联邦政府和州政府层面分别设立不同的教育或培训机构，并逐步形成了以政府为主导，学校、社区共同开展教育活动的终身教育服务保障体系。高等院校面向公众设置了继续教育中心、职业培训中心等部门。国家职业教育研究中心对职业教育的现状进行调查、分析，面向社会公众提供丰富多样的培训以及为社会提供关于教学评估的报告。行业培训咨询委员会为参加职业培训的学习者提供职位需求分析，并参与制订教学计划、培训大纲，规范以及考核标准。

二是经费保障。据世界银行统计，政府对于举办的继续教育等项目，其拨款占97%，学校自筹占3%，如再将其细分，联邦政府和州政府分别占政府拨款的1/3和2/3。调查发现，在开展的终身教育项目中，主要来源于政府购买的教育服务和教育公司、企业，培训机构提供的教育服务。此外，政府还将为企业每一位新入职的员工提供4000澳元培训费，专门用于职工的入职培训，该培训费由政府直接拨给培训机构。

---

① 吴遵民. 中国终身教育法治70年［J］. 教育发展研究，2019，39（17）：39－45，57；张辉. 澳大利亚职业教育体系与制度分析以及经验启示［J］. 教育与教学研究，2009（11）：95－99.

第四节　我国终身教育的发展概述

一、我国终身教育的发展和法治化历程

从教育法治化的角度审视终身教育，我国终身教育发展的过程也可以理解为终身教育法治建设的探索过程。我国终身教育的法治历程大致经历了四个发展阶段。第一，法治理论与实践的探索期（1949—1966），内容包括农民教育、扫盲教育等领域的政策颁布和实施，其理论研究较为零散。第二，法治理论与实践的异动期（1967—1976），在此期间主要是工农教育、成人教育，并表现出鲜明的法治观念，具有明显的政治性和阶级性特点。第三，法治理论与实践的创建期（1977—1999），注重终身教育体系的构建，凸显立法化进程，终身教育法制地位得以确立。第四，法治理论与实践的深化期（2000 年至今），主要表现为地方终身教育立法蓬勃开展，国家终身教育立法提上议事日程，体现出从中央到地方积极推进终身教育法制建设的共识与决心。

《公共图书馆宣言》于 1972 年修订，明确公共图书馆是继续教育和终身教育的场所，并声明公共图书馆作为学校的重要补充，为学生提供教育服务。1994 年，《公共图书馆宣言》又强调了关于儿童和青少年的教育。1975 年，国际图书馆协会联合会提出公共图书馆的四大社会职能，一是作为社会教育的推动者，公共图书馆致力于提升公众的知识水平和文化素养；二是作为人类文化遗产的守护者，公共图书馆承担起保存文献和传播文化的时代责任；三是作为智力资源的开发者，公共图书馆通过各种活动和项目激发公众的创造力；四是作为科学信息的传播者，公共图书馆通过提供最新的研究成果和知识，促进科学知识的普及与应用。

我国学界对于国际图书馆协会联合会提出的社会职能定位表示认可与接纳，吴慰慈教授主编的《图书馆学基础》便使用了国际图书馆协会联合会提出的图书馆四大社会职能的提法，在吴慰慈和董焱编写的《图书馆学

概论》中提出公共图书馆的五大职能，即：开展社会教育、搜集和保存人类文化遗产、开发智力资源、传递文献信息、满足社会成员文化欣赏。①

中华人民共和国成立后，图书馆成为广大人民群众学习、教育、文化传播的重要机构，发挥着终身教育的功能。1954 年，第一届全国人民代表大会第一次会议通过了《中华人民共和国宪法》，其中第九十四条规定："中华人民共和国公民有受教育的权利。国家设立并且逐步扩大各种学校和其他文化教育机关，以保证公民享受这种权利。"1955 年 6 月，国务院又出台了《关于加强农民业余文化教育的指示》，提出要把农民教育当作一项政治任务来抓，不断提高农民文化水平，切实改变农村文化落后的面貌。截至 1955 年年底，全国参加文化教育的农民超过 5000 万人，取得了显著的教育成果。

现代国际终身教育思潮在中国的传播，可以追溯到国内对相关经典文献的翻译与出版，其中张人杰撰写的《终身教育——一个值得关注的国际教育思潮》一文是最具有代表性的作品，对我国终身教育的探索与研究起到了推波助澜的作用。② 1982 年，文化部发布的《省（自治区、市）图书馆工作条例》关于图书馆主要任务，提出"宣传马列主义、毛泽东思想，宣传党和政府的政策、法令，向人民群众进行共产主义和爱国主义教育""传播科学文化知识，提高广大群众的科学文化水平"，等等。1989 年 9 月，华东师范大学比较教育研究室的专家对联合国教科文组织在 1972 年发布的《学会生存——教育世界的今天和明天》报告进行翻译，受到了国内学者和广大读者的热烈欢迎，并推动了终身教育的蓬勃发展。

1993 年 2 月，中共中央、国务院印发的《中国教育改革和发展纲要》第一次对终身教育作出了明确规定，纲要指出"成人教育是传统学校教育向终生教育发展的一种新型教育制度，对不断提高全民族素质，促进经济和社会发展具有重要作用"。此后，1995 年颁布的《中华人民共和国教育

---

① 吴慰慈，董焱. 图书馆学概论 [M]. 2 版. 北京：国家图书馆出版社，2008：78 - 88.

② 吴遵民. 终身教育发展的中国经验——改革开放 37 年终身教育的历史回顾与展望 [J]. 江苏开放大学学报，2016，27（1）：10 - 18.

法》，其中第十一条、第十九条、第四十一条中明确规定："国家适应社会主义市场经济发展和社会进步的需要，推进教育改革，促进各级各类教育协调发展，建立和完善终身教育体系"；要"为公民接受终身教育创造条件"，"使公民接受适当形式的政治、经济、文化、科学、技术、业务教育和终身教育"。1998 年，中国教育部发布了具有里程碑意义的《面向 21 世纪教育振兴行动计划》，明确将 2010 年定位为我国构建终身学习体系的关键节点。

尽管在当时，终身教育尚未完全法制化，但其相关的实践和规章制度，已经表明终身教育在国内被广泛接受，并提上国民教育的战略高度。2001 年，第九届全国人民代表大会第四次会议表决通过了"十五"计划，首次将终身教育体系的构建写入国家规划，提出发展成人教育、开展继续教育，并逐步形成终身教育体系，并将其建设以文件、政策、规划的形式，上升到重要的战略高度。2002 年，《2002 年国务院政府工作报告》指出要推进现代远程教育的建设。同年，在党的十六大报告中，构建终身教育体系和完善现代国民教育体系亦成为党中央的战略决策。2003 年，胡锦涛总书记深刻阐述了科学发展观的理念，为终身教育的发展方向和法制化进程提供了理论和实践依据。2004 年，《2004 年国务院政府工作报告》继续明确指出要发展职业教育和继续教育。2007 年，胡锦涛总书记在党的十七大报告中再次强调，努力使全体人民学有所教，发展远程教育和继续教育，提高教育现代化水平，建设全民学习、终身学习的学习型社会，国民教育体系更加完善，终身教育体系基本形成。《国家中长期教育改革和发展规划纲要（2010—2020 年）》中提出"到 2020 年，基本实现教育现代化，基本形成学习型社会"。上述党的方针与政策在党的十八大、十九大报告中有了进一步的深化，如：2012 年，党的十八大报告指出，要实现进入人才强国和人力资源强国的行列目标，需完善终身教育体系，建设学习型社会。2017 年，习近平总书记在党的十九大报告中指出，要加快教育现代化，实现学有所教，加快建设学习型社会。《中国教育现代化 2035》明确将"建成服务全民终身学习的现代教育体系"作为主要发展目标，建成"人人皆学、处处能学、时时可学"的学习型社会。①

在党中央和历届政府的高度重视下，终身教育发展开始出现质的飞跃。一是终身教育的法制化进程加快，已经上升为国民教育的战略高度；二是地方终身教育立法已经积极推进，为国家层面的相关法规和政策提供了实践基础和参考依据。国内终身教育经过长期的理论探索与实践，各级政府、各研究领域、各行业均对终身教育是否需要立法达成基本共识，即为建设现代化发展的学习型社会而构建终身教育体系，包括成人教育、继续教育、社会教育等各种教育形态、各类教育资源的有机整合，需要国家在政策方面大力支持以及法律制度的保障与协调。相较于国家层面立法的相对缓慢，地方层面的立法显示出更多的灵活性。2005 年，福建省颁布的《福建省终身教育促进条例》是我国首次出台的地方性终身教育条例。此后，上海市、宁波市等地也出台了终身教育地方条例。此举重要意义在于，不仅为国家立法提供了重要参考，也为地方终身教育的可持续发展提供了基础性保障。

随着地方立法的不断完善，国家层面的终身教育法也已进入草案拟定阶段，这表明我国终身教育法治化进程正稳步推进，且对于分析长期以来终身教育的发展方向、研究思路、本土经验，具有重要的参考价值。

二、我国终身教育法治建设的特点

我国终身教育法治建设历史曲折，展现出我国终身教育从引进模仿到独立自主发展，从单一教育到多元化教育的本土化特征，充分彰显了我国的制度自信、文化自信。回顾我国终身教育法治建设的历程与显著成就，既彰显了终身教育理念在公众教育、文化传播等方面产生的社会效应，凸显人人可学、处处可学的鲜明特征，也体现出我国终身教育包容万象并逐渐融入世界。我国终身教育法制化的进程是从人治走向法治的过程，实现了科学、善治、可持续发展。改革开放四十多年，终身教育的发展逐步与

---

① 吴遵民. 改革开放 40 年中国终身教育的历史回顾与展望 [J]. 复旦教育论坛，2018，16 (6)：12 – 19.

全球化趋势相融合，开启了政策化、法制化的美好篇章。

就中国终身教育法治建设的历史、特征来看，有以下三个方面的表现：

第一，起步较晚，相比国外的终身教育发展，国内起步晚了近20年，自终身教育理念传入国内，新的教育思潮推动了终身教育法制化建设的步伐。主要体现为：继续教育、老年教育、社区教育等蓬勃发展，地方终身教育政策和规章的相继出台。当前，制定一部适应我国社会发展需求的终身教育法，已成为中央到地方的共识。

第二，过程曲折，但教育实践、教育理念在持续探索并深化。纵观中国终身教育的发展，经历了由自主发展、曲折探索、国外引入理念、快速发展、政策制定、法制化进程等阶段。受社会环境、前沿科技、生产力发展状况、经济发展水平的影响，民众对终身教育理念的不同理解，体现了国际终身教育思潮与中国文化融合的过程。随着社会经济的不断发展和进步，人们对终身教育的需求正日益凸显，迫切需要通过加强自身文化素质和专业技能提高工作效率和生活质量。通过引入大量国外终身教育理念，结合国内学者的深入研究，加强交流探讨，以及各级政府的政策支持，终身教育的研究和实践得到持续深化，展现出前所未有的发展态势。

第三，文件数量较多，法治体系构建迟缓。在我国终身教育发展的历程中，终身教育往往是以会议报告、政府文件或发言稿中的表述形式出现。党和政府高度重视终身教育的发展，并给予大力支持，但是，关于终身教育的立法、政策却非常稀少。目前，我国部分地区对终身教育立法进行了积极的探索，如：上海、宁波等地制定了终身教育地方条例，然而在操作层面中，依然存在一定的难度。主要是因为：一是终身教育理论的广泛性和复杂性，由于终身教育与成人教育、远程教育、继续教育等相关教育领域关联较多，要对基本的概念和内涵予以廓清。二是相较于复杂的立法程序、漫长的立法过程，政策文件具有传播快、可操作的特点，文件精神或领导讲话更容易得到有效贯彻执行。因此，关于终身教育，国内行政部门更多是以文件的形式传播政府精神。

第五节 我国图书馆教育的发展概述

终身教育的概念出现以后，其教育理念和思想在世界范围内受到各界人士的广泛关注和认同。我国虽然在"改革开放"时期引入国际上流行的终身教育理念，实际上，终身教育的理念早在清末就初现端倪。尤其以终身教育实践为己任的图书馆，是这一时期的典型代表。随着欧美等国现代图书馆思想引入国内，突破了传统图书馆藏书楼"重藏轻用"的思想观念，结合我国图书馆发展的历史、文化以及民众的学习诉求。让图书馆功能、性质的定位，即，公共、公开、开放、免费等理念深入民众的内心，根植于中华大地，新图书馆运动也应运而生，其承担终身教育职责的前提便是具有开放、免费的特点。

一、图书馆教育的时代背景

洋务运动"西学东渐"以来，西方公共图书馆的服务理念传入中国，郑观应在《盛世危言·藏书》中提到"购中外有用之书藏贮其中，派员专管。无论寒儒博士，领凭入院，即可遍读群书"，此正是公共图书馆的教育服务思想。教育从造就人才转向为面向全体社会公众，这就为图书馆开展教育奠定了坚实的基础，作为社会教育机构，图书馆也契合当时国内教育的现实需求，创办图书馆被视为开民智、育人才的有效方式。1894 年甲午战争后，一批有识之士疾呼开启民智，民众救亡图存的奋斗从"器物"提升至"思想"层面。[①]

1899 年，梁启超主办的《清议报》登载文章《论图书馆为开进文化一大机关》，认为图书馆应"与学校教育并立而不悖可知也"，不在校的青年同样可以通过图书馆获得接受教育、获取知识的机会。清政府时期倡导"保存国粹，造就通才"，以培养人才为图书馆教育的目的。民国时期，教

---

① 张久珍. 重振图书馆社会教育职能，充分释放图书馆全民信息素养教育的作用 [J]. 图书馆研究与工作，2020（11）：6-14，85.

育部设置社会教育机构，为图书馆培育人才提供各项保障。政体变革使得"民主""平等"成为社会公众普遍认同的价值观点。由此，图书馆也由最初封闭的"藏书楼"，转向为社会公众开放的教育服务。

近代图书馆的发展就是以终身教育为己任和目的，图书馆与终身教育相互促进、相互发展，终身教育以图书馆为载体，图书馆以终身教育为根本追求。

终身教育理念的核心在于补充正规学校教育的不足，应对学校资源短缺和公众学习需求之间的差距。在适龄儿童入学困难、辍学率高以及升学机会稀缺的现实面前，图书馆作为终身教育的公共平台，发挥了重要作用。

1918 年，沈绍期提出自己对图书馆教育功能的理解，"不在培养一二学者，而在教育千万国民，不在考求精深学理，而在普及国民教育"。1919 年，李大钊在《在北京高等师范图书馆二周年纪念会的演说辞》中阐述"图书馆和教育有密切的关系。想教育发展，一定要使全国人民不论何时何地都有研究学问的机会，换一句话说，就是使全国变成一个图书馆或是研究室。但是想达到这种完美教育的方针，不依赖图书馆不可"。

二、图书馆的教育功能与发展历程

（一）图书馆与学校教育功能的互补

李小缘先生在《藏书楼与公共图书馆》中批判了传统的藏书楼，倡导图书馆开放、平等、实用等特点，大门口"书籍重地，闲人免进"要更改为"欢迎读者"，人人皆有资格为读者，没有界限，这是图书馆得以发挥教育职能的一个重要前提，也是图书馆得以承担教育职能的一个明显优势。①

图书馆终身教育理念的形成和文化育人职能的发挥是源自对学校教育的观察和比较。李小缘在论述图书馆的功能和用途时，提出"辅佐学校教育之不及""图书馆即是教育"，倡导学校图书馆为学校课程教育服务，而课程之外的学习则需要公共图书馆补充。②"大学图书馆，专门添置校中课程需要之课本而已，课程以外不能添置。中学图书馆亦然，其他小学图书

---

① 李小缘．中国图书馆事业十年来之进步［J］．图书馆学季刊，1936（4）：507 – 549．
② 吴慰慈．图书馆学基础［M］．北京：高等教育出版社，2004：92 – 94．

馆及专门学校图书馆亦莫不然。然则学校参考所不及，课程以外之书籍，谁负其责呢？这惟有公共图书馆了。"李小缘提倡将图书馆视为学校教育的补充和扩展，这一理念不仅丰富了图书馆在教育领域的功能，而且为图书馆在普及教育和促进民众终身学习方面开辟了新的发展道路。①

俞爽迷先生认为，"学校给我们以学识的基础，图书馆是给没有进高等学校能力的人们，有继续研究的机会。学校是初步的，图书馆是无止境的"。② 蔡元培认为："教育并不专在学校，学校之外，还有许多的机关，第一是图书馆。"③ 沈祖荣强调图书馆在教育民众过程中的重要性，主张将图书馆打造成"国民大学"和"市民的大学"，以深化其教育功能。图书馆在普及教育、提升国民文化素质方面的作用，甚至超越了学校教育，图书馆不仅是学校教育的补充，更是通过培养民众的阅读习惯，提高其文化修养和知识储备，从而促进社会的发展。

此外，李小缘先生以其深邃的洞察力，就民众的发展提出了独到的见解，"若非公共图书馆之援助，则学校学生不免重单调课本之毒。虽能从学校卒业，然于社会生活亦不能有济，安望学生卒业后，能为社会之大器呢？况且现在道尔顿制教育下之学校学生，自动按个性而为专门之研究，全赖学校及公共图书馆为之利器"。他认为，在人的培养上，除了学校课程教育，还需要图书馆教育提供更多的课外知识。刘国钧提出"馆中读物能随读者之意，自由选择，孤适发展个性，而免去学校中划一之弊"，他认为图书馆教育是对学校教学的补充。

目前图书馆积极为公众提供教育服务，为学校的混合式教学、在线学习等提供资源保障，积极探索自主学习、合作式学习的模式，凸显图书馆在补充学校课程学习、辅助公众学习方面的重要性。

（二）图书馆是公众终身学习的教育机构

李小缘先生倡导"图书馆即教育"理念，认为图书馆是实现教育平等

---

① 张久珍. 重振图书馆社会教育职能，充分释放图书馆全民信息素养教育的作用［J］. 图书馆研究与工作，2020（11）：6－14，85.

② 俞爽迷. 图书馆学通论［M］. 南京：正中书局，1936：10

③ 项玉兰. 试论网络环境下高校图书馆与大学生信息素养教育［J］. 宁夏大学学报（人文社会科学版），2006（6）：167－168.

的重要场所，能够让所有民众享有平等的学习机会。"万一不能升学，宣布与学校脱离关系，也不至于与教育脱离关系"，对于文化水平较低者则更是一所"平民大学"，对于有教育基础的可以使之继续研究学问。他在研究中，论述了图书馆教育对社会发展、个人成长的意义，"学校教育乃人生教育之一小阶段，而图书馆教育乃人生各阶段之总教育机关，实为根本所在"。

1919 年，李大钊提出"人民的图书馆"的观念，体现出图书馆具有服务广大人民群众的典型特征。刘国钧先生是第一个将社会化与平民化作为近代图书馆标志的杰出学者，他在《近代图书馆之性质及功用》中用"社会化、平民化"来概括近代图书馆性质，其中"注重之对象已由书籍而变为其所服役之人"充分表明了图书馆面向公众的社会化特征，"今且注意于各种人物：若工人、商人、美术家等，皆图书馆所企图服役者也"，他认为图书馆应该服务社会、服务公众。平民化使"近代图书馆乃为多数人而设，而非少数人者"，"社会化"要以"平民化"为基础，两者相互关联，旨在服务于人。在刘国钧图书馆教育观念的影响下，新图书馆精神、宗旨、性质和功能等价值理念为社会民众所接受，由此，建立了一批新式图书馆，为图书馆服务公众、传承中华优秀传统文化、发挥教育功能奠定了坚实的基础，他从教育、修养、社会、经济四个层面论述图书馆作为具有教育属性的机构所产生的社会价值，同时也阐述了图书馆在促进个人道德水平、知识增长、文化传播等方面的积极贡献。在经济价值上，工人通过图书馆教育，可以提升学习能力、工作效率，甚至产生新的技术发明。刘国钧在《美国公共图书馆之精神》一文中直言，"图书馆在今日不惟为研究学术所必需，且为社会教育之利器"。沈祖荣也是根据当时的社会状况，将图书馆概括为"图书馆为辅助教育之利器，为教育家所公认"。

汪长炳先生提出，图书馆在教育领域承担着六大核心功能：一是培养公民的公德心，二是培养协作能力，三是塑造具有现代意识的国民，四是灌输民主、民治、民享的理念，五是激发求知欲望和培养学习习惯，六是引导人们摒弃不良的娱乐方式。

1904 年，谭延闿等在《湖南官报》上刊登《创设湖南图书馆兼教育博物馆募捐启》，明确指出图书馆是社会教育的机关，"以无智识之民处生存竞争之世，危乎悲哉，不可说也。故教育不一途而范围莫广于社会教育，改良社会不一术而效果莫捷于图书馆⋯⋯"

沈祖荣先生认为图书馆作为学校之外的教育机关，是最具有教育功能的场所，回顾人类文明发展的历史，欧美"国民智识之进步，与图书馆至有关系"，沈祖荣认为，图书馆乃"终身之教育机关"。

1927年，李小缘在《图书馆学》中指出图书馆作为平民大学，要引到"成人教育路上去"，同时指出，"公共图书馆运动与成人教育运动是二而一，一而二，分不开"。1933年，《图书馆与成人教育》一经问世，意涵着图书馆教育发展到系统的研究阶段，该书20章，全面探讨了包括乡民、工人、团体以及毕业生在内的各类群体之教育，体现了图书馆在普及教育和提升民众素质中的重要作用。

傅葆琛认为，民众图书馆是一个普通社会教育的机关，即社会民众教育机关。俞庆棠认为，图书馆应属于社会教育机关，并设想把民众图书馆建成实施民众教育的中心。俞爽迷认为，馆员是推动教育发展的核心力量，是实现教育功能的主要因素，倡导馆员如同教师一样肩负起教育的光荣使命，"馆员是图书馆的动力、馆员是图书的生命、馆员是对象的导师"，他认为馆员要在"学识、品性、工作"等方面提升各项能力。李景新认为，图书馆不只是辅助教育的工具，而应是一个具有独立教育功能的机构。"图书馆的重要性，已不是在教育的范围中，更不是教育的附属品，而巍然造成一独立的科学城了！"刘国钧、杜定友、李小缘、俞爽迷、马宗荣、李景新、汪长炳等先生探究图书馆教育的价值、定位、特征、目标等问题，是图书馆界对于教育研究的重要理论基础，也成为中国图书馆教育发展的里程碑。[①]

三、近现代以来图书馆的教育实践

（一）图书馆相关规章制度的出现

1906年，清政府颁布《奏定教育会章程》，规定"筹设图书馆、教育品陈列馆及教育品制造所，并搜集教育标本，刊行有关教育之书报等以益学界"。1907年，天津直隶提学使司将图书馆纳入社会教育科。1910年，《京

---

① 吴稌年. 社会教育思潮对中国近代图书馆的影响［J］. 图书馆，2011（6）：32 - 36.

师及各省图书馆通行章程》颁布，规定"京师图书馆，呈由学部核定。各省图书馆呈由提学使司转请督抚核定。各省府、厅、州、县治图书馆，呈由提学使司核定"。其内容包括："图书馆之设，所以保存国粹，造就通才，以备硕学专家研究学艺，学生士人检阅考证之用，以广征博采，供人浏览为宗旨。"图书馆被视为教育机构，由学部管理。

民国初期，教育家蔡元培先生提出：教育部设立社会教育司，社会教育司推进图书馆的建设与发展，鲁迅先生为第一科科长，主持图书馆日常工作，此后，图书馆被视为面向公众开展教育的第一机关。1915 年，《通俗图书馆规程》颁布，规定各省治、县治应设通俗图书馆，以供公共之阅览，不征收阅览费。由此，实现向公开、公共、免费的近现代图书馆的转变，为教育事业的发展注入了新的活力。

1919 年，民国教育部公布《全国教育计划书》，提出"图书馆之启导学术，其功用等于学校"，将图书馆定义为社会教育机构，并于 1930 年颁布《图书馆规程》，正式将图书馆纳入教育行政机关的管理范畴。1949 年，联合国教科文组织发布的《公共图书馆：大众教育的生力军》，强调以大众教育为根本、以成人教育为基础、以辅助学校教育为延伸、以终身教育为目标，充分体现"民主的教育机构"特点。

（二）图书馆的教育实践

民国时期，由于民众整体文化水平较低，识字率不高，以及文化普及率和学习宣传力度有限，图书馆所服务的对象和产生的价值都非常有限。在实践层面，作为具有教育功能的社会机构，图书馆却很少开展对民众的教育。此后，受西方思想影响，国内开始探索图书馆教育实践，致力于将图书馆变成一个教育中心，用图书不断满足人们的学习需求。

俞庆棠对图书馆教育功能的理解，不仅要藏书，更需要为民众提供知识，让知识在民众之间传播、流动，让民众通过阅读获得知识，发挥图书馆的教育职能。他主张图书馆可以通过开展阅读交流、通俗讲座、学术讲座等活动，丰富教育内容，还可以设置问询处、职业咨询处、识字班、娱乐室等场所。俞庆棠提出具有前沿性的理念对图书馆发展方向具有时代意义。但是，在当时特定的历史条件下，图书馆的教育实践尚未达到预期效果，仅限于鼓励阅读、图书借阅等方面，通过开展读书会等活动，鼓励公众主动学习，养成阅读、学习的良好习惯。此外，安徽省立图书馆成立了儿童读书会，服务对象是：小学三至六年级学生，读书会主要是以阅读、讨论、演说、辩论等形式展开，指导儿童阅读方法、培养阅读兴趣，以此提升小学生阅读能力并培养良好的学习习惯。① 江苏省教育学院的江阴巷实验图书馆积极拓展教育服务，通过创设英文晨校补习班以及定期的民众周会等活动，为扫盲教育等作出突出的贡献。浙江省立图书馆在维护其丰富的文献资源的基础上，继而设立了书报阅览服务、流动书库，并对文献进行收集、整理、分类、加工，通过举办阅览推广活动、为民众提供阅读服务、教育服务。

中华人民共和国成立后，图书馆的各项服务得以顺利开展，业务种类也不断细化，馆藏图书、馆舍规模、馆员队伍均快速增长，各级政府高度重视图书馆的育人功能。由此，图书馆在对公众的教育实践上发挥出重要作用。图书馆的基础设施和制度体系日臻完善，使民众可以及时、快速地获取信息、知识。随着社会的发展、信息化程度的提高，各项资源日益丰富，图书馆为人们获取教育资源提供了极大的便利。图书馆被誉为"没有围墙的大学"，通过举办各类活动来满足不同群体的学习需求，从地方文化建设到乡村教育，均有图书馆馆员的身影。

2015 年，教育部在《普通高等学校图书馆规程》中提出高校图书馆的主要职能是教育职能和信息服务职能。2018 年，《中华人民共和国公共图书馆法》规定："公共图书馆，是指向社会公众免费开放，收集、整理、保存文献信息并提供查询、借阅及相关服务，开展社会教育的公共文化设施。"图书馆开展教育活动，需要通过法律、法规加以保障，同时，应从有关图书馆法律、法规的层面出发，对图书馆教育功能和作用进行明确的规定。

今天图书馆的教育服务，不断符合广大人民群众的学习特征，满足其学习需求，涵盖数字素养、阅读交流、红色经典等丰富多彩的教育内容，其讲座、虚拟空间、学习研讨、沉浸式学习等诸多形式的教育活动精彩纷呈。图书馆正积极探索并构建全民享用的教育新业态，使之成为"人民的终身学校"。

---

① 安徽省立图书馆儿童读书会征求会友［J］. 学风，1930，1（3）：2.

第六节　智慧图书馆与阅读推广研究

一、智慧图书馆的内涵

（一）智慧图书馆的概念

2003 年，芬兰奥卢大学图书馆的艾托拉在《智慧图书馆：基于位置感知的移动图书馆服务》一文中提出智慧图书馆的概念，是一个不受空间限制并且能够随时被感知的移动图书馆。随着科学技术的进步和图书馆业务的拓展，智慧图书馆的定义也被不断更新和丰富。2010 年，我国学者严栋将智慧图书馆的概念引入国内，提出：智慧图书馆是一种新型的图书馆管理方式，运用智慧化的理念，结合现代科技、大数据、人工智能等技术条件，实现图书馆自动化管理、智慧化服务的新模式。他认为，智慧图书馆＝图书馆＋物联网＋云计算＋智慧化设备，通过物联网来实现智慧化的服务和管理。① 智慧图书馆是对数字图书馆功能、服务形态，存在形式的系统性改变，它的产生是智慧化服务理念和数字化服务的有机融合，2011 年中国图书馆学会年会上，多位学者对智慧图书馆的概念、内涵进行深入的分析，一致认为，智慧图书馆的关键是人与人、人与物的智联互通，其构建基础是图书馆服务体系的网络化、数字化、智能化，坚持以人为本、方便用户、绿色发展，是智慧图书馆的根本服务宗旨，为用户带来泛在式的智慧化服务。刘宝瑞、沈苏阳（2017）通过分析传统图书馆、数字图书馆、智慧图书馆交互的感官体验，进而设想智慧图书馆对用户体验的影响，通过智能技术、虚拟现实技术，重构用户体验。②

智慧图书馆作为面向公众终身学习的一种新的形态，是科技进步、智慧服务理念融入图书馆发展的时代产物，是基于感知的移动图书馆服务，

---

① 严栋. 基于物联网的智慧图书馆 [J]. 图书馆学刊, 2010 (7)：8 – 10.

② 刘宝瑞, 沈苏阳. 用户体验视阈下的智慧图书馆研究 [J]. 图书馆学研究, 2017 (6)：43 – 47.

体现了图书馆的理念创新、管理创新、服务体系创新和服务样态创新，通过运用虚拟现实、人工智能、数字孪生等新技术，为学习者提供全天候、立体化的学习资源，重塑了用户与用户、用户与图书馆之间的交流模式。智慧图书馆开展服务的重要前提是资源管理过程的智慧化、智能化，对资源进行有机的重组、重构，为学习者提供一站式智慧服务平台，构建一个系统集成、信息融合、知识无边界的服务与管理模式。智慧图书馆的核心竞争力是智慧服务，在传统信息服务的基础上，以智慧服务平台为依托，充分挖掘图书馆服务潜能，提升图书馆服务的主动性、创造性，对资源进行加工、整理、分析、重构，进而实现信息增值，为用户提供更深层次的服务，并将此转化为生产力。

2017 年，党的十九大提出要建设"智慧社会"，通过推动大数据、人工智能与实体经济的融合，为社会经济、文化等领域的发展赋能。图书馆作为社会发展的重要有机组成部分，在智慧城市、智慧校园建设的宏观战略背景下，应当积极谋划，加快图书馆服务由传统手工借阅、手工查询向智慧化阅读服务、智能化信息检索迈进，快速提高自身的服务优势，为广大用户提供更高水平、更为便捷、更为精准的信息服务。

智慧图书馆的研究在国内外经历了从初步探索到全面深化的过程，从以往单一的技术探究到管理、应用、服务、评价的探索，智慧图书馆的研究领域不断扩展，服务理念持续创新。从实体图书馆到数字图书馆，是图书馆的一次重大创新，而从数字图书馆、移动图书馆向智慧图书馆转型，则是图书馆的新一轮变革，智慧图书馆代表了未来图书馆发展的新方向，是图书馆创新发展的新动能，也是图书馆改革创新的新定位、新思路、新发展，是未来图书馆的新模式与新业态。

基于此，笔者认为，智慧图书馆是一个集智能感知系统、智能网络系统、智能建筑系统，在现代虚拟技术和数据挖掘技术的推动下，自行分析处理用户信息需求，为用户构建一个绿色、健康、生态的智慧化服务综合体。

（二）智慧图书馆的内涵分析

图书馆在智慧化服务理念的指引下，将现代科技广泛应用于相关领域，其表现主要是：综合统筹各项资源和服务，实现传统图书馆资源的数字化，促进数据、信息和知识的流通。这种流通不仅加深了用户与图书馆的交流，也为用户带来了全新的智慧化服务体验。

为用户的学习提供有力支持，是一种建立在先进科学技术与图书馆智慧化服务理念上的新型服务形态，是现代科技发展和社会进步的产物。作为未来图书馆发展的新模式，智慧图书馆将在实践的基础上不断展开新的探索，不断推出新思想、新理念、新技术，创新图书馆智慧化理论成果，充实图书馆智慧服务内涵，丰富图书馆智慧阅读多样性。智慧图书馆也是全面感知的图书馆，倡导绿色低碳、整合社会资源、共享信息、传播文化、知识服务，是发挥集体智慧的信息服务综合体，是为用户提供阅读服务、学习资源，将普适资源与个性化资源相结合，并为其提供广泛交流空间的智能化服务系统。

关于智慧图书馆的研究，从提出智慧图书馆的概念到构建理论体系再到具体实践，是继传统图书馆、复合图书馆、数字图书馆、移动图书馆，伴随着智能技术、多媒体终端、物联网技术进步、服务理念发展的一个更高级阶段；是在传统图书馆的基础上，利用现代智能科技对图书馆的资源、管理、服务、数据进行系统性的挖掘和探讨；是对智慧图书馆的内涵、教育功能、技术引领、动力需求、呈现形式、学术研讨等方面，进行了全方位、多维度的思考与研究。在物联网环境下，智慧图书馆以云计算技术、人工智能技术、元宇宙技术为依托，以智能终端为载体，实现书书相联、书人相联、人人相联，为学习者提供及时、可靠的智慧化服务。

近年来，教育界、图书馆界对智慧阅读服务的研究较为重视，吸引了越来越多的研究者和数字领域、文化领域的专家、学者共同关注、参与，形成了跨界融合、百家争鸣、百花齐放的研究热潮，并在图书馆、教育行业的出版物和刊物上，发表了较多的著作和期刊。进而出现不同的观点和研究体系，引发了学者们更深层次的思考和理论研究，为终身教育服务注入了新的活力，使图书馆教育服务功能在新的历史时期有了更为广阔的发展空间。在历史与现实的交融过程中，将终身教育通过智慧阅读服务更准确、更有效、更清晰地表达出来，图书馆智慧阅读服务本质上是图书馆的一种高级信息服务，具有信息的增值性和无边界性。

（三）图书馆智慧服务

智慧阅读时代，以用户为核心的服务理念在智慧服务过程中凸显，用户的个性化需求千差万别，图书馆全面掌握用户的阅读习惯、偏好，为其提供精准的智慧阅读服务，并通过智慧图书馆专业团队的科学管理，为用户提供立体化、系统化的个性服务。智慧服务和阅读服务相辅相成、相得益彰、相互补充，因此，智慧图书馆服务乡村阅读对于终身教育的发展，将会带来一个质的飞跃。智慧阅读服务具有理念科学化、方式精准化、信息智能化、知识多元化、渠道多样化等特点。随着信息化时代新媒体、新技术的不断出现，智慧图书馆为用户提供精准、多元化的农业技术，农耕文化等智慧阅读服务，并充分挖掘用户信息需求，通过对信息进行收集、整合，为用户的需求建立关联度，为其提供精准、深层次的信息服务，对于消除数字鸿沟、均衡资源配置、实现教育公平起到了重要作用。

学者们对图书馆智慧服务从不同角度进行深入研究。因此，对其概念的界定也有所不同，分析其论述，主要有以下观点：

傅荣贤（2009）对图书馆智慧服务的内涵发表了独特的见解，图书馆作为人类心智的产物，其文献信息不仅承载着"知识"和"信息"，更蕴含着"智慧"。知识，作为对世界的认识和理解，构成了图书馆的基础；信息，作为知识的具体表达和传递，丰富了图书馆的内涵；智慧，则是对知识和信息的深刻洞察和应用，体现了图书馆的深远价值。[①]

图书馆智慧服务的思想和理念，具有很强的操作性和实践性，逐步实现从研究智慧服务的理论到付诸实践，再从为广大用户的智慧服务实践中总结经验、提炼精华，形成图书馆的智慧服务理论，使图书馆从信息服务、知识服务走向智慧服务，从信息之学走向智慧之学。图书馆智慧服务是"以人文本"服务理念的高度体现，是以信息传递、知识服务、深度学习、数据挖掘的方式为用户提供文献、资源。熊伟（2012）在定义图书馆"智慧"概念和深刻把握其内涵本质的基础上，深入探讨图书馆"智慧"路径，

---

① 傅荣贤. 对图书馆学研究对象"知识说"的反思——从知识之学走向智慧之学的取向[J]. 情报资料工作，2009（1）：6-10.

建立面向与通往智慧的普通图书馆学科体系。① 马捷等（2017）认为智慧服务是图书馆新型服务能力的组成部分，通过对智慧图书馆功能的分析，从智慧服务、智慧建筑、智慧管理三个方面，对高校智慧图书馆的功能结构进行整体设计和构建。② 雷红刚（2018）通过对文献的收集、分析，比较了国内前 10 名的高校图书馆智慧服务建设情况，力求为智慧图书馆的建设，提供有价值的参考。③ 黄幼菲（2012）认为知识自由是智慧生成的源泉，图书馆致力于实现公众的知识自由，即"转知为智"。④

图书馆智慧服务是实现知识自由流动的最有效途径，智慧图书馆作为终身教育服务的资源发现者、信息的加工者、用户学习的协助者，决定了智慧图书馆需要快速从传统信息服务、资源服务的提供者向智慧服务的建设者、知识生产的创造者进行转变，主动为用户建立终身学习的智慧服务平台，并积极培养复合型人才队伍，形成学科优势互补，探寻图书馆智慧服务、教育服务等核心问题，科学构建图书馆智慧服务体系，把图书馆智慧服务的理论研究，逐步推向成熟阶段。通过众多知名学者对图书馆智慧服务的探讨，可以看出：一是图书馆智慧服务具有实践性和育人性。二是图书馆智慧服务是一个长期探索，不断发现、持续开拓，并具有开放性、非结构化特点，因用户学习需求变化而变化的过程。三是图书馆智慧服务理论是创新性的。图书馆智慧服务的应用与现代化科技、智慧服务的理念紧密相关，且彰显适合的教育和以人为本的理念，学者们从多个维度对其内涵和外延进行了深入分析，包括技术应用、数字空间、资源供给、人文关怀和平台管理等方面，凸显图书馆智慧服务过程中技术、服务、人文三者相互依存、相互关联、融合发展的建设思路。

① 熊伟. 建立面向与通往"智慧"的普通图书馆学科体系［J］. 图书与情报，2012（1）：4 - 9.

② 马捷，赵天缘，王思. 高校智慧图书馆功能结构模型构建［J］. 情报科学，2017，35（8）：56 - 61.

③ 雷红刚. "互联网＋"下国内高校图书馆智慧服务对比研究［J］. 新世纪图书馆，2018（12）：53 - 55，81.

④ 黄幼菲. 公共智慧服务、知识自由与转知成慧［J］. 图书与情报，2012（1）：10 - 13，82.

（四） 智慧图书馆的意涵

随着现代科技的突飞猛进，智慧与图书馆之间存在着千丝万缕的联系，智慧是图书馆发展的一个必然结果，实质上是以更优质的教育资源和更高级的服务形态，为公众提供更便捷、更高效、更满意的教育服务。知识性的智慧服务究其本质是理念性的，图书馆智慧服务的深层次理解是图书馆的学问智慧。智慧图书馆的意涵表现为三个方面：

1. 一种人文智慧

国内有学者认为，图书馆学理论的基本观点，即：人文服务、知识服务，主要目标是传播文化、创造新文明，为人的全面发展而服务。通过智慧服务，充分实现图书馆"为人找书，为书找人"的服务要求，是图书馆价值理念与职业精神的根本体现。为读者服务是图书馆的根本宗旨，信息化时代，图书馆服务工作要借助于技术条件，改变传统的服务观念，并将图书馆的智慧服务理念、思想提升到图书馆发展的战略高度，不断开拓创新，勇于探索。① 作为智慧服务的践行者、探索者，图书馆专业团队要提升自身的基本素质，运用现代科技，弘扬智慧服务的理念和教育价值，充分发挥图书馆专业团队的能动性、创造性，不断丰富和完善图书馆服务的体系和功能。②

作为教育服务的智慧图书馆，需要在具体的实践中不断创新，作为文化育人、服务育人的综合平台，需要不断深化对智慧服务的探索、研究、开发。因此，图书馆专业团队应具有正确的服务价值观和主动奉献的职业精神，在为用户提供智慧服务的过程中，倾力打造智慧服务品牌、营造书香氛围、宣传终身教育理念、树立图书馆服务形象，形成科学的智慧服务体系。注重推动图书馆专业团队、信息资源、用户三者之间的互动，促使彼此相互关联、相互联动、相互促进，将智慧服务理论和实践相结合，并将其内化为图书馆专业团队的智慧，为图书馆专业团队所掌握、所运用，通过体现自身的人文价值和智慧服务，将图书馆的文化内涵与魅力展现在

---

① 韩丽. 物联网环境下智慧图书馆的特点、发展现状及前景展望 ［J］. 现代情报，2012，32（5）：48－50，54.

② 张延贤，王梅. 图书馆智慧服务的概念、内涵与分析 ［J］. 现代情报，2013，33（4）：34－38.

用户面前。

图书馆的智慧服务是一种开放、平等、自由、和谐、共生的状态，是其服务本身所提供的一种内在品质，旨在达到尊重用户、崇尚科学、关注个性、实现终身教育的服务境界。信息化时代，丰富的知识资源和海量数据，依托多用途终端设备为用户带来沉浸式阅读体验，这就需要图书馆通过开展智慧服务把更多的潜在用户"变为"当前用户，并通过智慧服务把图书馆的知识与魅力广泛传播，推广出去。

2. 一种集体智慧

图书馆是面向社会、面向全体公民，为广大人民群众提供文化服务、知识服务，促进社会教育公平的文化教育机构，以提供图书馆的流通服务和信息资源服务为基础业务。借助信息化条件，图书馆以智慧服务平台为载体，不断拓展和延伸各类新型业务，让图书馆成为传播文化与教育服务的高地、知识的集散地与储存地。图书馆智慧服务质量的提升，不仅需要图书馆全体馆员的共同努力，还需要在服务理念、技术手段、教育方法上创新、变革。同时，要积极与社会各文化机构、网络信息机构开展横向合作，形成一个知识互补的联合体，并从宏观层面，对其进行不断的丰富和完善。①

图书馆专业领域的专家、学者和智慧馆员组成的专业团队，共同进行着知识生产与教育服务创新，专业团队的价值和意义不仅是为用户提供资料收集与整理的服务性工作，更多的是为用户培养良好的阅读习惯，形成良好的阅读氛围，为社会文化的传播、公众的终身教育提供各项资源、技术和服务支持。图书馆专业团队是知识的创造者、信息的加工者、文化的传播者，肩负着图书馆知识生产、文化传播的使命与职责，为用户日益增长的多元化信息需求和学习需求提供各项服务，并以图书馆的专业特长、学科优势，为用户提供知识服务。因此，在智慧服务的过程中，图书馆专业团队是用户智慧阅读的服务者，也是图书馆智慧的创造者。

3. 一种理念性的智慧服务

理念性的智慧服务，是图书馆专业团队服务用户、敢于变革，勇于探

---

① 王世伟. 论智慧图书馆的三大特点 [J]. 中国图书馆学报，2012 (6)：22-28.

索的教育情怀和敬业精神的集中体现。图书馆智慧服务体现一种助人为乐、勇于创新的精神，在图书馆专业团队的职业道德、职业精神、科学研究、学术探讨，服务观念等方面均体现出图书馆智慧服务，并由此形成智慧服务的理论体系，展现出图书馆人服务公众的智慧。

智慧服务理念凸显知识的增值和终身教育的价值，突破传统的图书馆服务模式，强调图书馆服务社会文化教育的整体水平。在科学技术发展的新时代，智慧服务的理念被赋予深刻的内涵。科技时代的智慧服务理念，从智慧服务的特点、教育功能、社会价值、运行方式，整体架构等方面得到充分体现，用专业的服务品质和锐意进取的实际行动，回答了什么是图书馆智慧服务。

图书馆专业团队在树立为用户服务的价值观和服务理念基础上，逐渐丰富完善服务方式，构建智慧服务体系，广泛开展跨界合作，增进彼此交流，形成良性互动的格局。将智慧服务的理念贯穿于工作的每一个环节中，包括：实践智慧、理性智慧、情感智慧等多个方面，培养并形成良好的职业操守、树立正确的服务价值观念，通过不断探索实践，学习积累等方式，将智慧服务的理念根植于每一位图书馆人的心中。

在科技发达和知识爆炸的时代，图书馆智慧服务理念可以最大程度地实现图书馆的知识服务价值和教育服务价值。主要体现为：为用户提供丰富多样的学习资源、创新教育服务方式、为广大用户提供阅读资料，帮助其完成学习目标，为用户提供优质的文化供给，提升社会文明程度。此外，图书馆智慧服务不仅体现在图书馆的技术应用、智能方式，知识传播等方面，更多地还体现在图书馆专业团队的服务理念和职业精神。

（五）以人为本的服务理念

智慧图书馆服务乡村阅读，通过运用物联网、虚拟现实、云计算等新技术，结合智慧化服务的理念，为用户提供全方位、多维度、沉浸式的智慧阅读服务，推进智能技术与用户学习深度融合，为其提供资源获取、智慧决策等服务，是一套自上而下的有机生态系统。智慧图书馆生态系统包括了专业团队、资源、技术、服务、用户等要素，并由此共同构成智慧图书馆服务乡村阅读的有机整体，彼此相互依存、相互作用，其中任何一个因素的变动都会影响其他因素。通过协调各方面因素，调动资源、激发专业团队的创造力，为广大用户提供更有价值、更有内涵的服务。其以人为本的理念，在智慧阅读服务的过程中得以彰显，将技术与人文关怀相融合，智慧阅读服务便有了温度、有了情感、有了力量，用户也会对智慧图书馆产生依偎感，图书馆的交互功能将被无限拓展，阅读资源的类型、内容也会逐渐丰富。

二、阅读推广理论

范并思认为，阅读推广的目标群体是全体人民，重点是特殊人群，阅读推广是一种开放式、介入式的图书馆服务，具有碎片化、活动化的特征。其主要目的是帮助阅读群体突破阅读障碍，让公众学会阅读、热爱阅读，并通过阅读提升自我价值，这种理念为阅读推广确立了一个核心思想并构建了一个初步的理论框架。[①] 我国在阅读推广实践方面的案例较多，形成了较广的覆盖面，并取得了较好的效果。但是，在阅读推广理论方面，尤其是关于乡村智慧阅读服务方面的理论研究，其研究数量较少，研究深度不够，相关研究大多集中在乡村智慧阅读的技术呈现方面。

国际图联素养和阅读委员会强调了理论研究在阅读过程中的重要性和贡献，并将阅读研究和阅读开发活动整合进图书馆服务，旨在促进图书馆在问题的探讨、研究、实践，以及阅读推广服务品质提升等方面发挥作用。阅读推广理论主要在于探讨阅读推广的本质、原因及其实施方法，具体研究阅读推广的目标与功能，并以理论指导专业团队有效、合理地开展阅读推广。其中，图书馆阅读服务方法论，属于为用户开展阅读服务过程中采用方式、方法的技术路径和思路，包括："如何做""应该怎么做""做的效果"，并研究阅读推广过程中的一系列影响因素与解决措施，旨在提升阅读推广服务的效能。

从终身教育的理论视角审视阅读推广，可以归纳出以下特点：一是功能定位，阅读推广被视为智慧图书馆开展教育工作的一种方式，为公众提供终身学习的资源平台、服务平台；二是目标人群，阅读推广服务广大人

---

① 范并思. 阅读推广与图书馆学：基础理论问题分析［J］. 中国图书馆学报，2014，40（5）：4－13.

民群众，为其提供最温暖的阅读供给和教育服务，注重弱势群体的学习需求；三是服务形式，阅读推广以信息化条件为技术手段，以多媒体终端为载体，为用户提供及时、精准、个性化的阅读服务；四是价值基础，凸显文化传承和终身教育的价值理念，并将其落实到阅读推广的整个过程中。

从当前阅读推广研究开展情况来看，阅读推广理论的基础还需要进一步丰富，阅读推广理论体系有待完善，这是图书馆开展阅读推广服务、提升阅读推广服务质量、促进全民终身学习的关键所在。图书馆阅读推广活动属于图书馆实践领域，是具有明显专业化特征的职业行为，图书馆的科学化管理与专业化服务也是终身教育环境下图书馆发展的重要特征，因此，需要有深厚的理论作为方向指引、基础支撑。其中包括了阅读推广方法论，如：指导阅读推广的具体操作，涉及阅读推广活动的策划、宣传、组织、服务评价、服务效能等。另外，阅读推广活动开展与阅读对象、阅读情境创设、阅读环节设计、专业团队业务能力和综合素质、用户学习能力和知识储备等因素密切相关。并且还和用户的阅读习惯、阅读偏好等相关，用户在不同阶段的信息需求，也不尽相同，这些理论研究都需要在具体实践、充分调研的基础上形成，强调"研究"能够帮助图书专业团队有效地收集数据和测评效果，助力提高阅读推广效率。当前阅读推广需要进一步探讨的有以下方面：

（一）阅读推广的定义是什么？

阅读推广从文字层面理解就是，面向不同的用户群体，通过图书馆开展的一系列活动，采用一定的方式、方法，将知识信息向用户推送，使其形成阅读行为的过程。尽管"阅读推广"这一词汇，在国内外图书馆行业、学界中被广泛使用，但是目前尚无一个明确的定义。其难点主要是缺少一个阅读推广范畴、内容的基本框架，例如：在国外，阅读推广一般被认为是休闲阅读。由此带来的问题是，为特殊困难群体、阅读障碍群体寻找读本，是否属于阅读推广？为专家学者寻找阅读材料，是否也属于阅读推广？帮助用户进行专业化的学习，是否属于阅读推广的范畴？

（二）阅读推广是否将成为图书馆的一项核心业务？

图书馆一个很重要的服务功能就是阅读推广，通过对书籍、电子资源的科学化管理、归类、整理，更加方便用户查阅，有选择性地进行阅读，为用户提供决策咨询，并在信息咨询的过程中，为用户提供最大可能的帮助。如：信息检索、图书查询、预约预借，提供相关阅读指引，表现出非常明显的阅读推广倾向。因此，在这里提出一个问题："为什么需要重视阅读推广？阅读推广相较于其他图书馆服务，为什么能够脱颖而出成为图书馆的核心业务？"

（三）阅读推广是图书馆传统服务的拓展，还是新的服务形式？

图书馆传统服务往往是图书流通、报刊阅览等，由此承载着对文化、知识的传播，为用户推送阅读资源的重任。在现代图书馆阅读推广中，它们依然发挥着基础性业务的功能。那么，图书馆阅读推广是不是图书推荐、阅读指导、阅读引导等传统服务方式的拓展？阅读推广与图书馆传统服务的区别与联系又是什么？

（四）阅读推广是否顺应图书馆发展的服务理念？

现代图书馆学秉持公平、公正、公开的服务理念，充分体现了为公众服务的思想，尊重用户的阅读兴趣、阅读爱好、阅读选择，并充分尊重用户的阅读自由。但是随着信息化程度的提高，通过大数据、人工智能等先进科技条件，对用户的阅读行为进行预测，并推送相关阅读信息，具有一定的干预性，我们应该如何理解这种服务？

三、智慧图书馆服务乡村阅读的主要特点

（一）服务场所的泛在化

信息技术的迅速发展，使得阅读服务触手可及，高速率宽带的全覆盖也让用户随时随地可以获取自己所需的学习资源，这是信息化时代阅读服务的显著特点。智慧图书馆科学应用网络技术、虚拟现实技术，将图书馆打造成智慧阅读空间、沉浸式学习空间、未来学习中心，实现馆与馆、人与人、人与书、书与书之间的互联、互通，使图书馆成为面向公众的终身教育综合体，用户在哪里，图书馆就在哪里，用户需求在哪里，图书馆服务就在哪里。智慧图书馆虚拟现实技术突破了时空的限制，使得图书馆、用户、资源三者之间不再受时空的制约，通过"到馆""到身边""到桌面""到终端"等一体化的综合保障措施，为用户提供全方位的智慧阅读服务，让用户可以全天候地获取阅读服务。

（二）服务方式的智慧化

在从传统图书馆向智慧图书馆的转变中，图书馆的服务能力和创造能力提升到一个前所未有的高度，服务方式从单一的文献检索、图书馆借阅，迈向更深层次的数据挖掘、个性化服务。智慧图书馆综合运用人工智能、数据挖掘、机器学习等先进技术，从海量的数据中提取信息，并将其生成知识提供给用户。通过网络化、立体化的管理模式，借助智能感知技术，为用户提供所需要的资源，并收集用户在使用过程中的数据，预判用户学习行为，为其实施精准的阅读服务提供条件保障。社会经济快速发展的时代，用户对智慧阅读服务也有更高期待，传统纸本阅读服务已经难以满足用户个性化的学习需求，用户需要高质量的专业团队处理阅读过程中的问题，并帮助其进行长期、系统的学习。

（三）服务体验的个性化

"以人为本"是智慧图书馆开展工作、发展业务的核心理念。让用户获得满意的服务，提升学习效能是衡量图书馆服务水平高低的重要标准，也是图书馆秉承教育服务高质量发展的根本遵循。智慧图书馆运用智能技术，不断挖掘自身的服务潜能、拓展其服务范围，构建立体化的服务模式，因人而异地为用户提供个性化阅读指导。随着科学技术的进步和图书馆专业服务能力的提升，智慧图书馆将人文关怀的理念融入智慧服务，超越用户的期待，实现图书馆终身教育的社会价值。在我国广阔的乡村地区，智慧图书馆服务乡村阅读，提升了农民的学习能力和文明素养，让乡村阅读成为乡村文化建设、经济发展的有力助推剂。通过智慧图书馆平台服务乡村阅读，全天候、全方位、立体化地为农民提供了丰富的农业技术知识，使智慧图书馆成为农民开拓思路、提升技能的"充电宝"，提高了村民的专业技能和文明素养，加快了农村的经济发展、产业转型。

（四）服务周期的长期化

乡村脱贫致富使得农民的关注点从物质层面逐渐转向精神层面，农民希望通过阅读、学习，积累知识、增长见识，提高工作能力、学习水平和生活质量。为了让用户形成良好的阅读习惯，提升学习效率，需要在人力、物力上进行长期投入和支持，尤其是助读于"弱者"，因此，智慧图书馆服务乡村阅读具有长期性。同时，智慧图书馆建设不仅要关注可见的媒介，也要关注隐形的介质，比如：科学的图书馆建筑空间布局、良好的阅读氛围等，这也是一项具有长期建设性的服务。

（五）服务方式的具象化

均等化是阅读服务过程中的核心要素，是图书馆终身教育职能的重要特征。由于区域经济发展不平衡等原因，各地区间图书馆资源配置、发展不均衡，相应的阅读服务、教育资源难以平衡，数字鸿沟的现象依旧明显。在现代科技力量的驱动下，尤其是用户画像、区块链技术的日益成熟，图书馆阅读服务去中心化为用户的阅读、学习、资源获取提供了更加均等的机会。同时，随着大数据技术深入应用于图书馆终身教育的各个领域，打破了以往以图书馆为中心的服务模式，更强调以读者需求为中心，凸显读者个性化需求。[①]

去中心化是区块链的核心技术，也是图书馆智慧阅读服务的重要特征之一。基于区块链技术，将有效构建图书馆阅读服务过程中的信息传递机制，保障信息的及时传递、快速流转，实现阅读服务过程的有序、高效、透明。图书馆可以系统地建立信息传递机制，确保信息传递的准确性和流畅性，以实现其稳定、高效的运作，由此，图书馆智慧阅读服务的去中心化带来服务对象的均等化效应，打造人人可及的教育场域，是图书馆终身教育具有公平、公正、均等特点的集中体现。[②]

1. 处处可及的知识服务

随着社会信息化进程的加快，信息资源的快速增长，资源获取、阅读方式发生了深刻变化，相较于传统纸质阅读方式，读者更加容易接受数字化阅读。借助信息技术的优势，智慧图书馆远程服务能力不断提升，读者可以通过移动终端设备，随时随地获取信息和知识，突破了以往分散的信息孤岛模式，凸显图书馆智慧阅读服务优势，提高了读者学习的精准性和便利性。通过构建虚拟学习社区，将智慧图书馆阅读资源与信息服务整合，并与乡村传统文化相融合，打造符合乡村文化特征的信息资源，为读者提

---

① 曾子明，秦思琪. 去中心化的智慧图书馆移动视觉搜索管理体系［J］. 情报科学，2018，36（1）：11-15，60.

② 武洪兴，赵大志. 图书馆去中心化研究［J］. 图书馆工作与研究，2021（1）：43-49.

供高质量的知识服务，促进学习交流，不断丰富智慧图书馆终身教育的功能。

2. 高度沉浸的学习体验

传统的线下阅读服务已经难以满足读者沉浸式的学习需求，而现代科技的进步，带来多媒体终端呈现方式的多样化、娱乐化、沉浸式发展，并广泛应用于图书馆阅读服务、读者学习的各个环节中。智慧图书馆需要融合多种技术条件，形成技术合力，营建虚实结合的沉浸式阅读场域，根据不同的主题，设置不同的学习模式。例如：通过虚拟现实与数字孪生技术，增强远距离读者之间的学习互动，实现学习漫游的形式，从而提升沉浸式学习体验感。通过此举，智慧图书馆让用户拥有更多的选择权，并且可以根据需要及时调整学习策略。此外，可以基于神经传输技术，让用户浸置于虚拟环境中，此项技术能够理解用户意图，感知用户学习心理活动的状态，通过分析脑波的变化，及时作出动态调整。因此，智慧图书馆通过虚拟现实场景与现代智能科技相融合，可以不断创新终身教育服务的方法、形式。

3. 基于 VR 的信息素养教育

信息素养教育是图书馆终身教育的一个重要组成部分，也是图书馆履行终身教育职能的必由之路。信息化时代，图书馆要为广大读者提供更好的阅读服务，提升读者终身教育的质量和水平，信息素养教育是关键的一环。这是因为，读者信息素养水平的高低，直接影响阅读和学习效果。

借助虚拟现实技术（VR），为用户开展信息素养教育，让公众融入虚拟现实的阅读过程中，并获得学习帮助。例如：美国国会图书馆提出"连接社区数字倡议"（Connecting Communities Digital Initiative，CCID），图书馆将虚拟技术与阅读相结合，为社区居民开展信息素养教育；大英图书馆在对社交数据进行分析的基础上，借助技术手段为艺术研究赋能，并将分析的研究报告提供给社会公众，帮助公众建立以技术为先导的学习理念，以此提升用户信息素养。

目前，智慧图书馆利用虚拟现实技术开展信息素养教育还有很广阔的发展空间，将虚拟现实技术作为吸引用户的"亮点"，通过线上直播、线下讲授等方式，直接或间接地对用户开展教学活动，VR 将成为必不可少的条件。因此，智慧图书馆应提高虚拟现实技术的应用效率，并将其科学地应用到信息素养教育中，这是发挥智慧图书馆阅读服务效能的关键。

4. 基于远程协作的数字技能教育

我国开始迈入"数字文明社会"的标志是《提升全民数字素养与技能行动纲要》的颁布。提升全民数字技能是社会文明进程中图书馆的时代使命，同时，数字技能教育也为智慧图书馆终身教育提供了一个更清晰的发展方向。通过对案例的分析发现，远程协作是智慧图书馆阅读服务的一个工作思路，智慧图书馆在数字技能教育方面已经初现雏形。例如：美国纽约图书馆从培养用户学习计算机的基础知识，到多媒体资源制作，熟练使用远程协作进行学习，参与数字技能课堂活动，让用户在数字世界中更加便利地学习。英国利兹图书馆的"#Digital121"数字支持服务，将用户的信息需求与目标信息匹配，借助智能推荐服务，帮助用户培养数字技能，从而建立起学习信心。在终身教育视域下，图书馆利用数字技术助力乡村教育，需要帮助用户运用数字技术进行交互、协作、共赢，并形成学习共同体。数字技能教育是随着信息化时代应运而生的教育形式，给图书馆带来更多的机遇和挑战，智慧图书馆在数字技能教育方面仍需要增强协作能力与技术应用能力。①

5. 基于创客空间的全民教育

创客空间的内涵本身就蕴涵了教育均等的理念，与智慧图书馆去中心化的思想有异曲同工之处，现实中可见具体案例，如辽宁图书馆在阅读推广与科普的基础上，运用虚拟现实、全息影像等技术开展形式多样的创客体验活动，让用户了解智慧阅读服务的奇妙和寓教于学的乐趣。美国费耶特维尔公共图书馆在创客空间内定期举办各类活动，如机器人俱乐部、建模课程等。旧金山公共图书馆创办的"The Mix"创客空间，为用户提供专业化的学习空间，并配套了相关虚拟现实设备，让用户在体验中增强学习效果。

智慧图书馆在创客空间的全民教育方面，具备一定的经验，同时也拥

---

① 程焕文. 中国迈向数字文明社会——《提升全民数字素养与技能行动纲要》的时代价值与图书馆的时代使命 [J]. 图书馆论坛，2021，41（12）：2－5.

有一定数量的用户。但是，从总体上看，目前用户参与的主动性较低，主要是因为图书馆创客空间的资源配置较为简单，智慧馆员指导的程度不够，需要加大人力和物力的投入力度，开展全方位的终身教育。在终身教育视域下，智慧图书馆创客空间应当是一个人人可以进行自由创作的空间，并配备各种体验设备供用户进行探索和尝试。因此，智慧图书馆需要洞察用户的内心体验和使用感受，关注用户实际使用情况，并对资源合理配置，提高用户参与学习创作的主动性和积极性。①

6. 基于融合现实技术的文化与科学教育

未来虚拟交互技术的三大发展方向，即：扩展现实、融合现实、超越现实。研究发现，图书馆在终身教育探索与实践的过程中，较多的图书馆通过运用融合现实技术传播文化与科学。国内外相关领域的调查也发现，图书馆将更多先进的技术运用到文化与科学教育中。在终身教育视域下，实现高度沉浸式的学习体验，仍然是图书馆需要重视和关注的问题。例如：日本秋田县图书馆、近代美术馆等7家文化机构组建数字档案网，用户可以准确了解《佐竹本三十六歌仙绘卷》《解体新书》等与秋田县有关的文化遗产知识。为更好地倡导融合现实技术理念，我国国家图书馆在科技大会展厅中，部署融合现实互动体验区，用户在体验区中如同步入一个梦幻般的世界，幻境中乾隆皇帝缓步而来，娓娓道来《四库全书》的编撰年代、撰写过程等。因此，图书馆要在原有的基础上发展新技术，不断推广新方法、新思路、新理念，逐步进阶到更高级的技术应用领域。②

四、智慧图书馆服务乡村阅读的历史、动力、需求

（一）智慧图书馆服务乡村阅读的意义

第一，智慧图书馆服务乡村阅读，有利于解决广大农民群众"买书难、借书难、看书难"的问题，有助于建设"书香乡村"，营造良好的学习环境，充分发挥文化普及功能，助力乡村产业发展、乡村振兴、美丽乡村建

---

① 邓李君. 高校图书馆空间再造与智慧服务融合研究 [J]. 图书馆研究与工作，2018（12）：60 – 63.

② 郭亚军，李帅，马慧芳，等. 图书馆即教育：元宇宙视域下的公共图书馆社会教育 [J]. 图书馆论坛，2022，42（5）：42 – 51.

设。第二，智慧图书馆以资源为依托，引导农民自主阅读，提升农民的学习能力，拓宽乡村致富渠道，从而改善乡村的学习环境和社会环境，营造风清气正的和谐乡村，充分发挥文化普及功能。坚守智慧图书馆的教育使命担当，使党和政府惠民政策落到实处，让智慧图书馆阅读服务的理念深入人心。第三，乡村智慧阅读的发展，促进了智慧图书馆服务效能的提升，机制的完善有利于突破城乡信息壁垒，畅通社会信息交流。

（二）智慧图书馆服务乡村阅读的历史、动力、需求

1. 智慧图书馆服务乡村阅读的历史

1995 年，联合国教育、科学及文化组织（UNESCO）为了推广阅读，促进人类文明进步，正式将每年的 4 月 23 日定为"世界读书日"。2006 年，中国图书馆学会设立"科普与阅读指导委员会"（2009 年更名为"阅读推广委员会"，现为"阅读推广工作委员会"）。同年 4 月，中宣部、中央文明办等 11 部门联合发出《关于开展全民阅读活动的倡议书》，号召在当年的"世界读书日"前后开展"爱读书，读好书"的全民阅读活动，倡导全民为构建社会主义和谐社会和全面建设小康社会、为中华民族的伟大复兴而努力读书，推动了阅读推广的全面发展。

2002 年，《关于进一步加强基层文化建设指导意见的通知》提出："十五"期间，以社区和乡镇为重点，全面加强文化阵地、文化队伍、文化活动内容和方式的建设，努力满足广大人民群众日益增长的精神文化需求。此后，北京地区乡镇率先实现乡村网上阅读，共享阅读资源；深圳宝安区提出"百村书库"建设目标，形成区、镇、社区（村）三级网络。中国图书馆学会阅读推广委员会成立了"社区与乡村阅读推广专业委员会"，开展"书香社区"等活动，各地积极探索，借助信息化条件，开展类型多样、形式丰富的乡村阅读活动。目前我国图书馆阅读服务体系可分为：国家、省、市、县（区）、乡镇（街道）、社区（村）六个等级，其中乡村阅读服务体系是公共阅读体系的基础，承载着乡村文化和终身教育发展的使命，为和谐社会的发展、美丽乡村的建设提供智力支持。

2003 年，中国图书馆学会将全民阅读纳入年度计划，并在《图书馆服务宣言》中提出，图书馆致力于推动全民阅读。此后，中国图书馆学会持续开展宣传和推动阅读活动，包括成立阅读推广委员会、评选年度阅读优秀的组织和个人等。经过国内图书馆学、教育学学界的长期探索，阅读推广已从图书馆服务中的自发、零星、补充的形式，发展成一种自觉、普遍、不可或缺的服务。阅读推广的开展也逐步从城市走向广袤的乡村，从公共图书馆发展到高校图书馆、中小学图书馆。

2004年，中国图书馆学会联合国家图书馆共同举办了"世界读书日"大型宣传活动，这是我国首次大规模地介绍这个节庆，此后，阅读群体也在不断壮大。2012年，党的十八大提出"书香中国"理念。2013年，中国图书馆年会的主题"书香中国——阅读引领未来"，标志着阅读推广已经成为图书馆工作者共同奋斗的美好愿景和行动自觉。同年，全国两会期间，115位政协委员联名签署了《关于制定实施国家全民阅读战略的提案》。同年《全民阅读促进条例》列入国家立法计划。2014年的政府工作报告中提出"倡导全民阅读"，"倡导全民阅读"首次被写入政府工作报告并成为历年报告，固定条文至今。当前，阅读推广的理念已经逐渐为人们所接受，成为公众文化生活的一部分，并形成覆盖全国的趋势。

2017年，"倡导全民阅读"连续第四年被写入政府工作报告，这不仅体现了政府对提升国民文化素养和推动学习型社会建设的坚定信心，也反映了阅读在国家发展中的重要地位。2018年，《中华人民共和国公共图书馆法》正式施行，其中明确提出：公共图书馆应当将推动、引导、服务全民阅读作为重要任务，应通过开展阅读指导、读书交流、演讲诵读、图书互换共享等活动推动全民阅读。

2. 智慧图书馆服务乡村阅读的动力

阅读推广作为提升社会整体文化水平、服务公民终身教育的活动，得到社会的普遍认可，在促进教育公平等方面，取得了较好的成绩，体现出文化教育事业的发展和进步。随着社会的发展，智慧服务理念融入阅读推广，使得此项活动具有更多的创新性和包容性。在吸收智慧服务理念的基础上，广泛运用现代科技，不断创新阅读服务形式，变革阅读服务的方式、方法，融合终身教育理论，提升公民受教育程度。图书馆阅读推广以本身固有的吸纳性，在吸收现代科技、智慧服务理念的基础上，不断自我革新，创新服务理念、服务内容、服务方式，积极探索智慧阅读服务推广的模式，构建理论模型，优化服务流程。

一是社会力量的共同促进。阅读是公众进行学习、接受教育、增长知识的基本途径之一，是公民提升素质与素养的主要方式，因其门槛低，几乎适用于所有公民，因而可以广泛开展，这对于促进社会文化、教育的发展乃至经济水平的提升具有重要的意义。人人阅读汇成社会大众阅读，形成一种良好的社会风气，有助于中华优秀传统文化的传承与传播。图书馆大力倡导阅读，积极开展阅读推广活动，可视作图书馆的一种新型业务。但是，由于机构辐射的范围往往受诸多因素限制，因此，产生的社会影响、效果颇为有限，而多机构联合举办阅读推广活动，社会力量共同参与，助力全民文化素质提高，给阅读推广的发展注入了新的动力。

二是政府的政策推动。政府部门参与则为阅读推广的发展起到了推波助澜的作用。相关政策的出台为阅读推广提供了直接或间接的支持，同时，也扩大了受众面，使阅读推广的覆盖面进一步拓展，影响力得到极大提升。全民阅读的推广方式日趋多样化，多个部门或机构与图书馆合作，共同推动此项文化教育活动的发展。

三是信息技术助力阅读推广发展。全民阅读质量被视为衡量一个国家文明程度的依据，这已得到了社会各界的一致认可。经过长期的探索与实践，图书馆阅读推广活动已经积累了大量宝贵的实践经验，其内容框架已然分明，思路逐渐明确，模式科学合理且种类多样。同时，读者不断增长的个性化阅读需求也日益凸显，从图书馆的社会责任、教育属性来看，自21世纪初，阅读推广已成为图书馆的重要业务之一，具体表现为：鼓励公众参与阅读，服务社会、教育民众，建设学习型社会。智能技术、虚拟现实技术等先进科技的应用对阅读推广的理论发展、实践研究、模式构建，以及促成图书馆学理论和教育学理论的交叉融合有着深远的意义，拓展了阅读推广的内涵与外延，为智慧阅读的实践与理论探索提供了新视角。

3. 智慧图书馆服务乡村阅读的需求

纵观国内阅读推广的历程，已经发展成为一项全民参与的社会行动，在理论和实践上均取得了较好的成效，并展现出巨大的发展潜力。因此，阅读推广有望成为推动国家终身教育发展的重要育人形式。

一是图书馆理论发展的需要。作为一项利国利民的新型阅读服务形态、教育服务形式，阅读推广理论不断推动阅读实践的深入开展，对建设书香社会，提升民众文化素质，提高民众知识储备，促进社会文化的发展具有重要意义，因此，终身教育视域下的智慧图书馆阅读推广凸显社会文化发展的深刻内涵。不断扩大智慧阅读服务的社会覆盖面，为公众提供最温暖、最贴心的阅读供给，成为终身学习时代图书馆阅读服务的时代使命和责任。近年来，图书馆学、教育学对阅读推广研究的热度逐年增加，成为业界理论探讨的一个热点、焦点，丰富了学科建设的理论构成。

作为一项开展全民学习的推广活动，图书馆智慧阅读服务具有较强的实践性和应用性。表现为：其一，在智慧服务理论、终身教育理论的指导下，开展阅读推广理论研究；其二，在延续传统阅读服务方式的基础上，借助先进的科技条件，把资源和服务精准、快速地呈现于公众面前；其三，对用户进行阅读和学习辅导，为其提供阅读方法、知识获取的指导和帮助，尤其注重阅读习惯的培养和学习态度的形成，努力帮助公众树立正确的学习观和价值理念，促进终身教育朝着更深、更广的层次发展。理论是行动的先导，随着阅读推广活动的日益完善，其理论框架的构建正日趋成熟，但是，关于智慧阅读的理论研究还有待加强。因此，需要持续开展上述研究，以丰富理论体系。

二是用户的现实需求。阅读推广活动由曾经边缘性业务升格为图书馆的重要任务之一，在图书馆宏观层面发生根本性的改变，阅读推广由图书馆单一机构开展，发展为由图书馆、文化馆、学校、新闻出版等多机构共同推进、持续探索，打造集文化宣传、乡村旅游、产学研等为一体的综合性教育服务活动，成为广为人知的阅读品牌。随着社会经济的发展、人民日益增长的文化需要，图书馆正积极探索阅读推广理论与实践，并运用人工智能、用户画像、元宇宙等技术条件，不断深入探寻智慧阅读服务模式、深化理论研究，积极构建智慧阅读服务平台，持续推动终身教育的变革与创新，为公众提供更优质的服务范式、更立体的资源呈现方式、更直观的信息表达形式。

第二章
图书馆在阅读、教育过程中各方的职能及要素分析

　　受 20 世纪末西方思潮影响，我国图书馆对终身教育的研究汲取了中国传统教育的智慧，也从西方教育理论中吸收了"终身教育"的特质。结合我国的实践，在特定历史环境和经济条件下，逐渐形成图书馆阅读服务的理论基础。就基本内容而言，在终身教育视域下，国内外图书馆阅读服务均有相同之处，即在阅读服务中都强调多元主体、特定人群、运行机制，包括：服务框架、校内与校外、社会公众、社会组织等；服务方式具有合作共建、共同参与等特征；运行方式由传统一元化、单一型的服务转变为多元化、复合型的服务。同时，我国图书馆阅读服务也彰显出鲜明的中国特色：

　　一是突出思想政治教育的主体地位。我国图书馆已经逐渐形成了一种基于思想政治教育、文化教育、终身教育相互融合的阅读服务新模式，尤其突出思想政治教育的功能。

　　二是图书馆不仅是阅读服务、阅读推广的发起者、主导者，也是终身教育的参与者、组织者，是教育机制、阅读体系的规划者、实践者。在现代社会经济环境下，终身教育的发展，仅仅依靠单独一个行业、一个部门往往难以实现，需要各行业、各职能机构，协同创新、形成合力，共同推动终身教育的高质量发展。图书馆作为文化传播、文化育人的机构，在阅读推广、文化传承方面，具有丰富的实践经验，通过协调各方力量，为终身教育的理论研究、政策制定提供事实依据和数据支持，并与各机构一起共同参与到终身教育发展的改革浪潮中。此外，在终身教育的规章、政策制定过程中，政府作为决策的最终制定机构，力求处于"不缺位""不越位"的状态，正在以转变职能、提升综合服务效能和治理体系现代化等方

式打造服务型政府。

基于上述特征，不同于西方"终身教育"服务理念，我国终身教育强调党的领导，政府在终身教育发展的多元主体中起到主导、引领、示范带头的作用，形成"政府主导、机构协同、公民参与、法治保障"的终身教育格局，以此实现终身教育效益的最大化。因此，图书馆智慧阅读服务应当与国家终身教育服务一脉相承，引入多元主体管理机制，以政府为权威主体，多方机构共同参与，通过统筹规划、综合管理，发挥终身教育服务人民的社会价值。表现在以下方面：

其一，在终身教育的发展过程中，党始终处于领导地位，指导终身教育的开展和发展方向，必须将党的教育方针、政策落实到终身教育的各个层面、各个环节，尤其是加强政治引领，提高思想站位。同时，文化建设是国家"五位一体"总体布局的重要方面，图书馆作为服务于广大人民群众的文化教育服务机构之一，肩负起传播中华优秀传统文化、提升国民文化素质的重任，在此过程中，阅读服务不仅要与国家教育发展战略保持一致，还应积极融入其中。其二，阅读服务已经从图书馆单一机构开展的模式，转向多主体共同参与、运行的综合服务模式。政府更多的是发挥主导性作用，对终身教育服务加以宏观指导，图书馆与其他社会机构通过阅读服务的形式为社会公众提供高质量的终身教育，并对学习者进行培养，从而形成共管、共建的格局。其三，政府作为权威主体，必须主导制定各项政策，并在多元参与的教育治理中发挥核心引领作用，能够维护教育的公共性和公平性，确保教育治理体系的高效和透明。其四，图书馆与其他机构共同管理、建设，服务终身教育，科学、合理地协同各方面社会力量，收集来自社会各界关于阅读服务、教育服务的建议。

在具体实践中，图书馆开展阅读、教育等服务内容关涉公共图书馆、高校图书馆等不同功能的场馆。不论功能、属性如何，其服务目的、服务方向是一致的，职责、目标也是明确的，从关系学角度看，图书馆的关联者包括上级主管部门、读者、图书馆管理者、资源供应商、社会组织、文化机构、媒体、社会公众等。① 总体上可以从三个关键维度进行深入考量：

---

① 张铁. 公共图书馆利益相关者：从影响、参与到共同治理 [J]. 图书馆，2016 (9)：22-25.

政府作为政策制定者和资源调配者，承担着引领和规范智慧阅读发展的责任。社会力量，包括非政府组织、企业以及志愿者团体，通过提供多样化的资源和创新服务，为智慧阅读的普及贡献力量。而图书馆作为知识传播的核心机构，需要不断更新技术、优化服务，以满足公众不断变化的阅读需求。综合这三个维度的力量，可以更有效地推动智慧阅读服务的创新与发展。

第一节　图书馆智慧阅读推广中政府的职能

图书馆智慧阅读推广是终身教育的重要组成部分，也是社会公共事务的一个重要方面，因此，政府在终身教育的过程中是教育政策的制定者、教育管理的推动者和促进者。主要体现在对教育政策的宏观管理、调控方面，促进教育公平，满足人民大众对终身教育的基本需求。在图书馆层面，蒋永福于 2009 年提出了政府职责的两个关键方面。首先，政府需通过法律确保制度的稳定性和长效性，并对公众的需求和建议作出及时响应。其次，在遵循现有法规和制度的基础上，政府应将原则性与灵活性相结合，以促进图书馆服务的创新。根据图书馆智慧阅读推广的现实需要，政府的职能主要表现在以下三个方面。

一、有效的制度供给

政府的责任在于建设终身教育的制度和法律法规，建立健全的终身教育法律体系和完善的终身教育制度。目前，学界普遍认为：图书馆不但是一种社会机构，也是一种社会制度，因此，图书馆作为保障广大人民群众文化权益和基本文化教育的重要制度，政府需要通过一系列激励机制，促进图书馆发挥应有的社会职能，从而保障人民受教育的权利，维持其有效运行，并随着经济水平的提高，不断提升服务能力，为广大人民群众提供最温暖的教育供给。例如：构建智慧阅读的保障体系、提升基础设施建设质量等都是维护、创新制度的重要体现，其中也包括：实施措施、规则和行动计划。政府在此过程中作为主要管理主体，广泛听取各单位、各行业意见，积极调动各组织机构、社会力量的能动性，均衡资源配置，构建一套科学的制度规范、运行秩序，使其形成一个有机的整体，共同推动终身教育的高质量发展。

目前我国图书馆在阅读推广的发展和建设方面，积累了丰富的经验，取得了一定的成绩。但在终身教育研究的规范性、创新性、学术性等方面需要进一步提升，这就需要图书馆和教育等行业、学界共同努力，在政府主导下持续完善、优化，推动图书馆终身教育理论和实践的发展。肖希明等对我国图书馆治理体系、制度体系的基本架构进行了系统的梳理，包括：构建长期性、稳定性的基本制度。这些制度不仅为图书馆的持续发展提供有力的支撑，而且确保了服务的质量和效率。在此基础上，政府协同有关主体和社会力量，共同参与到服务标准化体系的建设中，形成一套完善的管理体制和运行机制。此外，经费保障和法律监管也是图书馆治理不可或缺的部分。政府需确保有足够的经费支持图书馆的运营和发展，并通过法律手段对图书馆治理进行有效监管，保障其规范性和透明度。为了规范图书馆治理的具体事务，还需建立一系列具体制度，如出版物交存制度、地方文献整理制度等，这些制度不仅为图书馆的基本规范和准则提供了稳健的保障，而且有助于提升图书馆服务的专业性和系统性。通过这些措施，图书馆能够更好地服务于社会，满足公众对知识的需求，促进终身学习和文化传承。

二、实施公平的政策

在政府主导的过程中，稳健、公平的制度保障是顺利开展图书馆智慧阅读推广，实现终身教育良性发展的基石，完善的制度保障体系可以为图书馆智慧阅读推广提供良好的运行环境，为终身教育的可持续发展创造更多可能。① 纵观图书馆终身教育制度和政策的发展，图书馆终身教育体系经过长期的探索，正在不断地丰富、完善，其经费保障、资源共享等机制已经有了一定的政策支持，但是依然需要有更完备、更有力的配套政策予以保障。例如：2017 年颁布的《中华人民共和国公共文化服务保障法》（以下

---

① 蒋永福. 公共图书馆治理中的政府责任 [J]. 图书馆论坛，2009，29（6）：79–82，53.

简称《公共文化服务保障法》）提出为广大人民群众提供公共文化服务等制度。然而，在实践过程中，因诸多因素影响，相应的政策很难得到落实。因此，政府需要通过一系列科学化的管理，制定配套的政策、方案，平衡各方面的利益，在文化机构、资源运营机构、基础设施建设单位的协商、沟通中调动各方主体的积极性。

由于制度具有决定性、长期性、指导性、方向性的基本特征，政府在图书馆治理中扮演着至关重要的角色，需要通过政策不断细化和完善制度，并根据社会发展的需要进行动态调整。为了确保制度的有效落实，政府必须制定具体的目标、方案和措施，以增强制度的可行性。政府在制定政策时，需要考虑如何建立一个开放的反馈机制，确保公众意见能够被收集和采纳，从而提高政策的实效性。随着社会文化和科技的快速发展，公众的学习需求也在不断变化。因此，政府需要根据实际情况，不断调整政策，以满足公众的多样化需求，并推动图书馆服务的创新和发展。这不仅有助于提升图书馆服务的质量和效率，也是实现终身教育和智慧阅读推广目标的关键所在。

为人们提供更多接受文化教育的机会，各级政府需要建立指导标准，确保推动基本公共文化服务标准落地生效，包括：省级实施标准、市县级文化服务标准，以及各类文化教育服务的细化。此外，政府需要对资源配置、相关基础设施、群众提出的问题进行积极的回应，结合实际调查情况和各组织、机构的建议，制定相应的政策，处理好教育过程中存在的问题，科学有效地推进终身教育事业发展。

经过长期的探索、实践，我国图书馆在智慧阅读推广、终身教育工作方面已经取得了一定成效，但在实践中依旧面临一些问题，如各运行主体间缺少有效衔接、缺乏沟通机制，对社会机构的主动参与没有足够的吸引力，政策激励机制不到位，等等。因此，政府需要发挥主导者的作用，制定行之有效的政策及时回应上述问题，倡导各机构之间开展合作、交流，并予以引导、鼓励和支持。对法人治理结构进行相应的改革，从而实现机构合作的多元协商。成立行业专家委员会对关乎图书馆智慧阅读推广、终身教育发展的重要事项召开听证会，并加以科学论证，以此构建共同管理、服务的交流平台。政府应完善社会力量的准入机制、激励机制，培育具有管理能力和水平的社会力量，充分调动其参与服务管理的能动性，下放用人单位招聘及岗位管理权限，解决自主权不易落实等相关问题。[①]

三、满足民众公共物品和服务的需求

公共物品具有公益性的价值属性，依靠市场通常难以发挥公共物品供给的调节作用，这就需要政府合理地配置资源，满足公众对公共物品和服务的需求，通过这种持续的供给和不断的服务创新，图书馆能够更好地服务于公众，促进知识的传播和终身学习理念的贯彻。这种服务的持续性和稳定性，是图书馆在智慧阅读和终身教育中不可或缺的一部分，也是提升国家文化软实力和增强文化自信的重要途径，包括：提供公共资源，引导和支持准公共资源的投入。当前，我国图书馆的建设发展，已经由最初的政府独办，逐渐转向政府主导、社会力量共同参与的模式，《中华人民共和国公共图书馆法》（以下简称《公共图书馆法》）鼓励积极调动社会力量参与公共图书馆建设，并按照国家有关规定给予政策扶持。从综合管理服务的层面，政府需要明确各职能机构的责任，监管部门对资金的注入、流动起到监督作用，从而确保教育资源的有序投入，以满足公众对图书馆基本公共文化服务的需求。同时，建立规则、制度，充分调动、发挥社会力量的能动性，引导社会力量参与建设，并对建设的质量予以监管，为多元管理服务的实现创造条件。[②]

第二节　社会力量在图书馆终身教育中的作用

随着社会信息化程度、经济水平的不断提升，图书馆管理服务的形式也日益多元化，其重要组成部分便是社会力量，如各类社会组织、文化机构、媒体、相关文化企业等。借助社会力量，通过第三方机构对图书馆服

---

① 李国新. 公共文化服务保障法律制度的完善与细化 [J]. 中国图书馆学报，2021，47（2）：29－39.

② 胡洋，谢友宁，高培培. 城市图书馆多元主体协作治理的路径研究 [J]. 图书馆，2020（4）：29－35.

务进行评估、调查，最大程度发挥图书馆智慧阅读服务在全民终身教育中的效能。在民众终身教育的过程中，社会力量主动参与图书馆阅读推广、资源建设、监督管理、服务评价的全过程，发挥优势互补，实现共建、共管、共用的目标，这就需要加强政府的主导作用，以制度、规章作为保障，均衡社会各方力量，以优势互补实现图书馆阅读服务、终身教育的有序开展。

一、社会力量参与共建

通过政府和社会力量的共同作用，可以解决图书馆单一机构管理服务的局限，统筹社会资源，引导社会力量积极参与图书馆的信息化建设、资源服务，从而构建多维度、多层次、智能化的保障体系，具体如下：

第一，开展多项合作。主要指社会力量以联合的形式协同公共文化服务、设施建设。2013 年，国务院办公厅印发《关于政府向社会力量购买服务的指导意见》，此后，关于政府购买社会组织服务的相关政策正在日益完善，政府购买、政府和社会力量合作的形式，成为文化机构为公众提供服务的重要支撑。① 2015 年，《关于做好政府向社会力量购买公共文化服务工作的意见》对社会力量购买公共文化服务的购买主体、承接主体、购买机制、监管机制、资金保障、绩效评价等作出了明确规定。《公共图书馆法》也提出，国家鼓励社会力量自筹资金设立公共图书馆，并采取政府购买服务等措施对其进行扶持。调查发现，通过业务外包、整体委托等购买服务，已经成为图书馆社会化发展的重要形式，这种形式不仅提高了服务效率和质量，而且促进了资源的优化配置和创新服务的探索。

第二，以志愿服务和捐赠为主要形式的无偿供给。《公共图书馆法》提出相关鼓励措施，如依法给予捐赠者税收优惠，可以以捐赠者姓名、名称命名文献信息专藏或者专题活动，公共图书馆、公共图书馆馆舍或其他设施，并对志愿服务给予必要的指导和支持。《公共文化服务保障法》倡导社会力量参与文化和教育服务，通过兴办实体资助项目、赞助活动、提供设

---

① 范炜烽，许燕. 政府向社会力量购买公共服务：评估指标构建及应用研究［M］. 北京：中国社会科学出版社，2020：2.

施、捐赠产品等方式，为文化机构注入新的活力。当前，志愿服务已经在我国各地图书馆广泛开展，并成为社会力量助力公共文化发展不可或缺的重要组成部分。随着志愿者队伍的日益壮大、服务品目不断细化、服务内容逐渐丰富，志愿服务已经产生了一定的社会效应。[①] 例如，2006 年以来，深圳图书馆通过志愿者服务为视障人士开展信息技术培训，服务视障人士超过 6000 人次。佛山市图书馆为广大人民群众带来了丰富的文化活动，通过"市民馆长"的形式吸引广大市民参与智慧图书馆的志愿服务、阅读推广、活动策划。[②] 文献、资金等捐赠也是社会力量助力图书馆建设的一种重要形式，如温州市图书馆、杭州市图书馆通过建立基金会，接受社会组织的捐赠，以此拓展教育服务的资金来源。

社会力量的广泛参与已成为目前图书馆运行、管理、服务过程中的一个重要补充形式，丰富了图书馆建设的后备力量。但是，随之也带来一些管理上的问题，例如：由于社会力量准入标准、规范、监督等相关的实施细则尚未形成，曾经出现过文献捐赠过程不严谨、管理不完善、捐赠程序存在一定的法律隐患等问题，这将对图书馆阅读服务产生不利影响。因此，政府应充分征询、听取公共文化机构和图书馆行业的建议和意见，优化政策结构，建立、健全社会力量准入机制、管理机制，在捐赠、志愿服务过程中建立风险预测系统，降低可能存在的风险。同时，营造共建、共享的氛围，提升公众的参与意识，开展公益活动、优化激励机制，鼓励和引导公众积极参与志愿服务。[③]

二、社会力量参与共治

图书馆在为人民群众提供智慧阅读服务、实现终身教育的过程中，社会力量参与共治主要体现在以下三个方面：

---

① 关思思，刘晓东. 我国公共文化机构社会化发展的主要形式及特点 [J]. 图书馆建设，2020（4）：23－29.

② 李燕娜. 基于 SWOT 分析法的公共图书馆志愿者服务研究——以广东省为例 [J]. 情报探索，2021（8）：87－93.

③ 杨乘虎，李强. "十四五"时期公共文化服务高质量发展的新观念与新路径 [J]. 图书馆论坛，2021，41（2）：1－9.

第一，公众参与图书馆基础建设的规划以及运行机制的讨论，对与公众生活、发展紧密相连的终身教育实施方案提出建议，达成共识，实现决策过程的民主化、科学化、公开化。

第二，随着教育形态的多元化发展和社会协同育人的现实需求，社会组织也逐渐成为图书馆管理服务的一支重要力量，相关行业机构需要发挥沟通、协调的作用，促成图书馆多元管理服务的实现。如《图书馆服务宣言》《中国图书馆员职业道德准则》均表明规范、引导秩序的重要意义。图书馆应倡导社会力量参与教育服务管理，形成与社会力量共治、善治的合力。

第三，社会力量参与图书馆的教育服务管理，需要在建设规划、项目实施、组织管理等过程中充分表达社会公众的诉求，反映终身教育中最现实、最迫切的问题。同时，社会力量可以将自身的专业特长、行业优势应用到图书馆治理过程中，为其提供更多的建议，以此提高智慧阅读服务和终身教育的质量，逐步形成共建、共管、共享的格局。

三、社会力量参与监督

完善的社会监督体系有助于发现图书馆管理过程中存在的问题，其本质上反映了社会公众的现实需求、基本诉求，并以此督促图书馆对其改进，进而提升综合服务水平，实现推动图书馆阅读服务、终身教育深入开展的目标。此外，通过满意度评价、效果评估以及意见征询等多种方式，让社会力量对图书馆的管理进行全程化监督。例如：图书馆资源建设、阅读空间、学习空间、虚拟学习社区规划，相关服务是否按照标准开展、是否及时回应公众的诉求，制度设计的过程中是否按规定征集公众意见等。社会力量参与对图书馆监督主要体现在以下方面：

第一，社会力量发挥作用的基础是大量的社会公众参与，因此，应加强宣传，提高公众监督意识，激发参与热情。图书馆作为公民终身教育的重要场所，与人民群众利益密切相关，让人民群众参与监督，可以极大提升社会力量参与图书馆管理的主动性和创造性。

第二，完善社会力量监督机制，政府需设立意见征询、投诉、建议的沟通渠道，将其纳入日常考核体系，使之常态化、透明化；将公众对图书馆智慧阅读服务的满意度纳入形成性评价环节中，使其更具真实性、权威性；建立积极、开放的反馈系统，落实信息公开制度和年报制度，鼓励公众对信息公开和图书馆服务质量进行常态化评价、反馈。

第三，为社会力量参与监督提供法律保障。总体而言，现有行业条例中关于社会对图书馆监督的相关规定甚少，社会对图书馆监督的力度有限，因此，需要通过法律、法规进一步明确、规范社会监督行为，使其有法可依。如《公共图书馆法》提出公共图书馆应建立投诉渠道、完善反馈机制、接受社会监督。《广州市公共图书馆条例》制定了社会力量监督和反馈的沟通机制，并表明读者具有向图书馆提出建议和意见的权利。

第三节　图书馆在教育治理过程中的职能

图书馆不仅是现代社会治理体系的一个重要组成部门，也是治理过程中的参与者、贡献者，同时是教育政策的执行者。在终身教育服务过程中，图书馆的工作主要包括：建立完善的信息公开制度和反馈机制、健全法人治理结构、创新组织体系和服务模式三个方面。

一、建立完善的信息公开制度和反馈机制

首先，社会力量开展监督工作的前提是信息公开，《公共图书馆法》规定公共图书馆向社会公开开放时间、服务内容、服务开展情况等。《公共文化服务保障法》要求，公共文化设施管理单位建立公共文化服务开展情况的年报制度、公共文化设施资产统计报告制度。此项制度，便于图书馆透明化办公，为各项规则的制定提供数据支撑。同时，让社会公众更加全面地对图书馆各项服务运行情况进行深入了解。其报表内容主要包括：机构设置、队伍结构、社会贡献、经费情况、社会参与及评价等。目前，信息公开成为图书馆的常态化工作之一，大多数图书馆已经落实了年报制度。其次，《公共图书馆法》规定，要广泛听取读者意见，建立投诉渠道，完善反馈机制。图书馆应在接受广大人民群众监督的基础上，对公众合理的建议和提出的问题予以充分考量并及时沟通、反馈，进而形成行之有效的解

决措施。

二、健全法人治理结构

文化部在 2014 年和 2017 年推行法人治理结构试点改革，对理事会制度、收入分配自主权、社会力量监督管理、人事管理自主权等进行了明确要求。同时，《关于分类推进事业单位改革的指导意见》明确提出，政事分开、管办分离，此举受到社会各界的普遍关注。目前，图书馆建立法人治理结构，是实现图书馆服务高质量发展的内在动力，但是一些省级、市级图书馆依然存在治理形式化、改革不彻底、决策机制不完善等现象，也会出现因人员结构等原因导致效果不佳，以及因权限、权责、人事等因素产生的收入分配、人事管理等制度设计缺陷问题。

究其原因，一方面是图书馆的配套制度、运行机制未能紧随时代发展的步伐而转变，社会力量参与度有待提高，理事会运行规范性不足；另一方面，政府未能及时出台政策解决改革中出现的问题。随着简政放权、改革内容的持续推进，配套制度的制定和落实存在一定的滞后性，在探索中发现问题并提出解决方案，需要有一个过程。这就需要加强人事、财政等部门间的协调与沟通，将自下而上的探索转变为政府自上而下的推进。政府应进一步实施放管服改革，赋予图书馆更充分的治理自主权，可以从以下三个维度进行改革：

一是在尊重科学管理的基础上，构建理事履责的激励机制，通过相关履职培训、强化责任意识、优化管理模式等途径提高综合治理能力，使各项决策更科学、更合理。

二是《中华人民共和国宪法》规定"中国共产党领导是中国特色社会主义最本质的特征"和《公共图书馆法》明确"坚持社会主义先进文化前进方向"，坚持党组织在法人治理结构中的法定地位，在理事会运行及宏观规划、人事管理、基础建设、业绩考核中发挥党组织的政治核心作用和价值引领。

三是在实践中不断探索图书馆管理服务的新理念、新方法。不同级别、类型的图书馆，依据其发展水平和当地的政策，因地制宜，探索符合自身特点的管理机制。例如，2011 年佛山市图书馆探索优化组织结构、实行

"项目立馆"，开启了项目化管理，创新了业绩评价的新途径。东莞图书馆在人事管理、人员聘用、收入分配等方面进行卓越绩效管理，并展开了深入的探索。①

三、创新组织体系和服务模式

在创新组织体系方面，图书馆已经进行了深入的探索与实践。通过民主管理、综合治理，实现图书馆教育的快速发展，以总分馆制效果尤为明显。通过搭建多元主体对话、交流的平台，鼓励社会力量参与监督，完善信息公开与评价体系。图书馆肩负着中华优秀传统文化传播和终身教育的历史使命，勇于创新组织体系和服务模式，不断在组织架构、规划设计、资源建设等方面开拓创新、追求卓越，在参考国际科学管理的基础上，总分馆制的经验对终身教育服务体系的建设发挥了积极作用。如张家港市图书馆，不仅在基础建设和服务质量上取得显著成绩，还通过"合作共建"的形式，创新了社会力量参与图书馆管理服务的方式。

图书馆需要深入探索智慧阅读服务方式，积极构建其理论框架、模式，推动跨界合作、产教融合、文旅融合，持续扩大优质服务的覆盖面、提高资源利用率、提升社会公众文化水平和幸福指数。重点提高服务体系的科学性、合理性，均衡各方面的发展，不断满足广大人民群众日益增长的文化需求、学习需求，提升图书馆终身教育服务的质量。随着信息技术的快速发展，图书馆以智慧阅读服务为导向，不断创新技术手段和服务理念，逐渐形成图书馆联盟。创设线上、线下综合服务平台，开展智慧资源共建共享，打造智慧阅读空间，不断丰富场景化、个性化、特色化的阅读体验，为公众提供更优质、更方便、更立体的终身教育服务。

---

① 杨晓伟. 公共图书馆推行卓越绩效模式应用研究——以东莞图书馆为例［J］. 新世纪图书馆，2021（7）：26－32.

第四节　智慧图书馆服务乡村阅读的要素

智慧图书馆结合智慧化服务的理念，借助区块链、数字孪生、虚拟现实等技术条件，为用户提供及时、精准、立体化的信息服务。在此过程中，专业团队、信息资源、技术支撑、服务模式、用户五个要素彼此相互协同、相互作用，实现智慧阅读服务的教育功能。因此，智慧阅读服务是由专业团队、信息资源和先进的智能技术以及科学的智慧服务模式为用户提供一整套智慧化服务的系统，当图书馆智慧服务理念与智能技术、虚拟现实技术相融合，将阅读资源呈现于学习者面前，智慧阅读服务就产生了。

由此，可以运用系统论的观点对智慧图书馆服务乡村阅读的要素进行研究，系统论的研究旨在平衡系统各要素之间、系统与环境之间的关系，其核心理念是把事物、对象看作一个有机的整体，进行系统性研究，从整体上把握各要素间的内在联系，探究其规律，并提出解决问题的方法和步骤。系统论的创始人贝塔朗菲认为系统是指由两个以上相互联系的要素组合，具有一定功能的有机体，并对不断发展、变化的动态环境及相关要素进行分析、研究，发现运行规律。以系统论的思维和方法来研究乡村阅读，在实践探索和理论研究的基础上，明确阅读服务体系的构成要素，发现各要素在体系中的功能和作用，并将各要素进行合理的配置，形成一个具有终身教育功能的智慧图书馆阅读服务体系，该体系以及内部各要素是随着时间变化而不断发展的有机体，从宏观上考量各要素和整体之间的联系，促进各要素间的协同。

一、专业团队要素分析

（一）专业团队的信息管理能力分析

信息化时代智慧图书馆的专业团队需要有较高水平的信息管理能力，建设一支专业化的智慧阅读服务团队，让每位馆员领悟智慧服务的精神内涵，熟练掌握处理、分析信息技术的能力，具备对信息获取、分析、整合的技能，并具有较强的智慧服务意识和信息安全意识，此正是提升图书馆智慧阅读服务质量的基础，也是提升图书馆终身教育水平的重要体现。

专业团队信息管理能力包括：信息意识、信息道德和信息能力。信息意识是开展智慧阅读服务的基础；信息道德是指在阅读服务各个环节中，用来规范其间产生的各种关系的道德意识、道德规范和道德行为的总和；信息能力是为用户提供智慧阅读服务的重要保障。① 如图 2 – 1 所示。

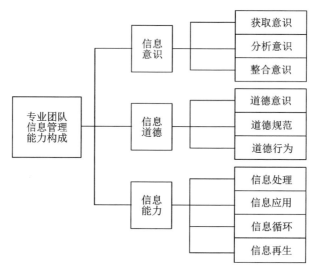

图 2 – 1　专业团队信息管理能力构成

1. 信息意识

信息意识是指专业团队在获取、分析和整合信息过程中形成的一种如何应用信息的意识，对信息的管理和有效利用具有导向性的作用。主要表现为专业团队的信息洞察力，从数据角度来分析用户行为，以及对未来信息需求的预测。具有较强信息意识的专业团队能够主动搜集、分析信息，对信息进行科学分析，挖掘其背后深刻的含义，并对当前环境中的动态信息作出解析。智慧图书馆专业团队需要具备在复杂的信息环境中，捕捉有价值的信息的能力，通过科学的方式对其进行评估，并运用先进的技术手段和研究方法，发掘信息中蕴含的知识。

---

① 瞿浩. 大数据时代高校图书馆员的数据管理能力研究［J］. 农业图书情报学刊, 2017 (10): 95 – 98.

2. 信息道德

信息道德是社会共识的一种体现，借助公共讨论和文化传统的力量，引导人们树立正确的价值观念和行为规范，这种内在的道德约束促使个体在信息活动中自觉遵守社会规范，确保其行为既符合个人判断也顺应社会期望，使其在此基础上遵守信息标准、信息法规，维护信息安全。智慧图书馆专业团队需要具备较高的职业道德，按照国家的信息安全法律、法规进行严格管理，确保信息的真实性、安全性、有效性。在遵守相关法律、法规的前提下，开展相应的智慧阅读服务活动，从而实现更科学、更合理、更规范的智慧阅读服务。

3. 信息能力

信息能力是指智慧图书馆专业团队在具备信息意识和良好的信息道德基础上，对信息进行处理、应用、循环、再生的能力。对信息的内在规律和趋势进行深度研究，对信息的准确性进行评估，运用专业的统计与分析，对信息进行判断、甄选、应用。同时，也要具备分析用户基本信息，关联用户需求后，进行决策判断的能力。在此过程中，随着用户需求的变化，不断修正信息，不断调整服务方式和工作方法，为用户提供有针对性的个性化服务，实现信息的重组、循环、再生，以此提高图书馆的服务质量和核心竞争力。

（二）专业团队的综合管理能力分析

智慧图书馆专业团队以用户需求为导向，运用专业知识，挖掘具有一定深度和价值的信息，从而对其进行深层次的加工、重构，为用户提供个性化、精准化的信息增值服务。面对复杂的信息环境和用户日益增长的信息需求，专业团队需要以更高的服务水平、更专业的理论知识、更贴心的服务标准、更精湛的操作技能和更广阔的视角，为广大用户提供最新、最全、最准确的智慧阅读服务。因此，这就对团队的专业能力和管理水平提出更高要求，由此需要团队具备多学科的背景，不断进行跨学科研究。另外，通过积极的政策，大力引入跨学科、跨专业的复合型优秀人才，并快速融入专业团队的发展中，壮大专业团队的队伍，提升专业团队的创新力、创造力、服务力、协同力，以此提高智慧图书馆专业团队的整体服务水平。目前普遍认为，智慧图书馆专业团队除了需要具有专业的多学科背景，还需要具备信息咨询能力、跨学科研究能力，以及处理信息与数据所具备的接收、应变、适应、开发的能力。① 智慧图书馆专业团队可以理解为：一是专业的"全才"和"通才"，二是为用户解决问题的团队。

智慧图书馆专业团队是智慧图书馆服务的具体实践者和组织者，通常是由图书馆的普通馆员经过选拔、考核，并通过一系列的培训，实现智慧馆员身份的转变。智慧馆员需要不断拓展知识面，增强智慧服务水平和新技术运用的能力，以满足用户更高层次的学习需求。

一是认知与应对能力。认知与应对能力是专业团队在智慧阅读服务过程中，面对复杂的信息环境，对不同信息持怎样的态度以及将做出如何反应的基础能力，考察专业团队对信息的感知度和敏锐度，属于一种隐性能力。拥有敏锐的感知能力是做好智慧服务工作的必要条件，也是专业团队完成各项教育服务的基础和先决条件。团队成员需要具备对新技术的敏锐洞察力，快速捕捉到公众的隐性需求，并能够作出反应，满足其需求。

二是智慧服务的行动能力。智慧服务的行动能力是专业团队具体落实智慧阅读服务的能力，根据图书馆阅读资源建设的特点、规律，不断发掘资源，并将智慧服务的理念、思想应用到智慧阅读服务的全过程，落实到图书馆终身教育的每一个环节，深刻把握用户阅读需求，为其提供所需的资源。

三是沟通能力。为了确保智慧图书馆阅读服务、教育服务的高效运行，专业团队必须具备扎实的业务技能，这是提供高质量服务的基础。此外，还需要具备与多主体协作和沟通的能力，以促进团队内部的协作和整体协同效应的发挥。这种协作不仅涉及团队内部，还包括与其他机构、个人、组织的关系，具体来说，包括三个方面：一是用户层面，作为智慧图书馆服务的对象，用户的需求和反馈是团队服务改进的重要参考。二是专业团队层面，团队成员需要通过有效的内部沟通，确保服务的连贯性和一致性。三是外部机构层面，与各类外部机构、组织及相关人员的沟通，是实现资源共享和智慧图书馆服务拓展的关键。

---

① 侯明艳. 智慧图书馆环境下高校馆员的角色转变 [J]. 现代情报，2015，35（5）：165 - 167.

　　四是自我发展能力。专业团队自我发展的能力对团队成员和智慧图书馆的全面发展起到了至关重要的作用，这种能力不仅关系到团队成员个人的成长和进步，也直接影响到智慧图书馆服务的质量和创新能力。主要包括自我学习的能力、组织协同的能力，这两种能力是专业团队的两大核心能力，贯穿于智慧图书馆服务的全过程，体现了团队成员的专业素养和工作潜力。此外，对资源深度加工的能力以及与学习者互动的能力也是专业团队自我发展能力的一个重要方面。因此，加强专业团队业务知识和技能的培训，坚持满足学习者当前需求与挖掘学习者潜在需求的有机统一，才能将阅读服务、终身教育服务落到实处。

　　五是开拓与创新能力。这项能力是专业团队综合管理能力的发展性指标，考察专业团队是否具有开拓创新的精神，是否能够取得创新型的突破，是否具备自我更新、自我提升且能够助力图书馆取得持续发展的能力。此项能力体现出专业团队自我提升的主观意愿，表现出专业团队始终保持着积极向上的乐观态度，这是专业团队最具生长力的部分，也是图书馆永恒的生长点，专业团队的开拓与创新能力是推动图书馆向前发展的不竭动力和源泉。①

　　六是自我评价能力。专业团队应具备自我评价的能力，目前，图书馆智慧阅读服务呈现出由技术到人、由技术到人文的评价过程。目前，图书馆专业团队自我评价的标准、评估方法不统一，绩效评估重视不足。因此，可以通过从用户感知角度开展图书馆智慧阅读服务质量评价，并进一步构建智慧图书馆专业团队服务质量评价体系，开展服务质量的自我评价。横向上从智慧管理、智慧服务、智慧感知、智慧决策 4 个维度，纵向上从技术、人文、知识 3 个层面展开，由浅入深，量化专业团队的服务质量，建立专业团队服务质量评价指标体系与评价方法，并在实践中检验其合理性和有效性。

二、信息资源要素分析

　　智慧图书馆的信息资源，可以分为内部资源和外部信息，其实质就是

---

　　① 郑怿昕，包平. 智慧图书馆环境下馆员核心能力研究［J］. 图书馆理论与实践，2016（3）：7 – 11.

以内部资源为基础，把握外部信息，并根据对相关信息的分析，为用户提供资源的过程。在此过程中，智慧图书馆专业团队需对每个环节的资源、信息进行深入分析、把握，将用户和资源进行关联，为用户匹配最适合的资源，以发挥智慧阅读资源的效用，为用户终身学习提供各项支持。

内部资源是图书馆的实质性资源，面向用户的阅读，具有基础性、支撑性的特点。智慧图书馆专业团队通过对原始资源的挖掘、分析、重塑，从而产生一系列符合用户需求的资源，并实时分析外部信息，进而对接最符合用户特征的阅读资源。内部资源主要包括：基础资源、技术和方法、生产资源三个方面。本地资源和资源架构，包括：元数据、原始信息、呈现方式、原始资源、资源挖掘、深度分析、资源重塑、资源整合。外部信息是终端信息，是经过处理后，具有一定价值的用户信息。主要包括：用户的阅读素养、阅读行为、用户主观体验、使用习惯、学习效能等。内部资源和外部信息共同作用，发挥智慧阅读服务的效能。如图 2－2 所示。

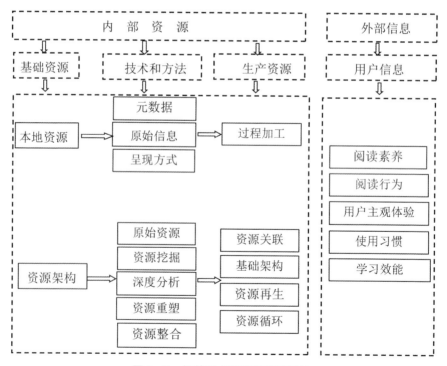

图 2－2　智慧图书馆资源管理系统

三、技术要素分析

（一）技术视角下的阅读服务

技术支撑下的智慧图书馆阅读服务，强调以技术为先导，以智慧阅读服务为发展理念，遵循以人为本，将技术、人文、管理科学地融入智慧图书馆阅读服务中，为智慧图书馆工作的有序开展提供技术保障。目前，智慧图书馆阅读服务的技术形态呈现出多种模式，例如：基于数据挖掘的智慧推荐模式、智慧场景模式、智慧检索模式、智慧咨询模式、智慧微服务模式等。此外，还有基于数据采集的人脸识别服务模式，包括：人脸识别的图书馆身份系统、智能行为轨迹采集、自助借还、智能信息推送等。大量新兴技术的出现，为图书馆智慧服务提供广泛思路，也为用户提供内容丰富、深层次、精准的信息资源。以沉浸式阅读、虚拟学习社区为典型代表的智能技术群，快速应用于终身教育的各个领域，由此给社会公众的学习带来更优质、更深层次的体验。① 随着科技力量发展的日趋成熟，目前图书馆智慧阅读服务系统也日趋完善，由单一的技术服务走向多维技术服务体系的应用开发。

综上所述，智慧图书馆阅读服务系统的构建，需要以高效、物联、便捷为主要特点，以数字化、虚拟化、智能化为方向，凸显万物智慧互通和智能互联的理念，运用 VR 等先进技术，实现服务的创新。同时，研究领域应进一步细化，尤其注重对技术支撑环境中资源、用户、空间等方面的智慧阅读服务的探索。

（二）技术支撑的内涵

服务方式智能化是智慧图书馆的特征之一，智能型的服务实质上是图书馆的一种技术智慧，是现代科技在图书馆阅读服务、教育服务中的综合应用，其实质是智慧图书馆技术理性、技术文明、技术范式的综合发展。智能型的阅读服务将智能化技术应用于实践中，对乡村阅读推广的发展起到极大的推动作用。在网络化时代，智慧图书馆需运用智能技术，洞察时

---

① 王维秋，刘春丽. 基于人脸识别技术的我国图书馆智慧服务功能设计与模式构建 ［J］. 图书馆学研究，2018（18）：44 - 50.

刻变化的信息环境，为用户提供及时、灵活的阅读服务。图书馆服务方式和服务理念的转变，通常是技术变革带来的，因此，智慧图书馆建设、图书馆学术研究、阅读推广服务体系等快速发展，都需得到有力的技术支持。

先进科技的应用为图书馆资源的整合、生成、定制、重构提供了有力支撑。例如：区块链技术的引入，为精准分析用户阅读行为、保护用户原创版权、回溯信息来源等带来了无限可能；智能代理技术，具有接受用户指令并帮助其完成任务的功能，可以自动化、批量化地为用户提供精准、快速和便捷的信息服务；大数据和小数据相融合，在收集、综合分析用户阅读行为的基础上，结合智能分析系统，判断用户的学习需求，并根据分析结果，有计划、分步骤地为用户提供阅读指导、教育引导以及个性化服务；在智能交互和云计算等技术作用下，智慧图书馆还可以为用户提供个人阅读分析报告以及针对用户学习情况而制订的专属学习计划。

（三）技术支撑下的图书馆智慧服务系统

物联网、人工智能等新兴技术的大量涌现，重构了图书馆阅读服务的整体框架。现代信息技术支撑下的智慧图书馆阅读服务体系，可以包括：技术支撑系统的构建、技术支撑环境的营建、技术支撑服务效果的评估三个方面。[①] 目前，学界关注度较高的是基于数据驱动，构建的智慧图书馆阅读服务系统。例如：构建基于数据分析与虚拟学习社区环境下的智慧图书馆阅读服务体系，实现技术、知识的高度融合，为用户创设虚拟化的沉浸式服务体验，同时，也减少了不必要的空间资源浪费。此外，可以实时分析用户的阅读效果，预测用户行为，自动判断用户阅读状态、学习需求，为用户定制别出心裁的服务，并提供可靠、有效的智慧阅读资源。[②] 构建基于数据挖掘的图书馆智慧阅读服务模型，通过对用户群体特征画像、用户学习需求的挖掘，对接大数据分析系统和智慧阅读服务。[③] 例如：通过构建

[①] 洪亮，周莉娜，陈珑绮. 大数据驱动的图书馆智慧信息服务体系构建研究［J］. 图书与情报，2018（2）：8-15，23.

[②] 柳益君，何胜，熊太纯，等. 大数据挖掘视角下的图书馆智慧服务——模型、技术和服务［J］. 现代情报，2017，37（11）：81-86.

[③] 陈臣. 基于大数据挖掘与知识发现的智慧图书馆构建［J］. 现代情报，2017，37（8）：85-91，97.

基于情境动态感知的数据分析系统，可以较好地提升智慧图书馆服务系统的兼容性和可扩展性。[①]

　　随着科技力量进步，智慧图书馆阅读服务系统需要对前沿技术进行深入研究，并将其应用于实际用户服务过程中，利用区块链、人机工程、机器学习等前沿技术的研究与应用，为阅读服务系统架构提供更加科学的设计方案。智慧图书馆不仅是一项技术革新，更是一种开放包容、绿色可持续的图书馆服务理念，致力于创造一个更加高效、更加文明、更加绿色的阅读环境。图书馆正经历着从传统纸本化、数字化服务方式向虚拟化、智能化、现代化的服务方式转变。在实践中要不断积累经验，探索技术服务的新范式、新方法，以现代化技术条件为引擎，驱动智慧图书馆阅读服务质量不断攀升。

四、服务模式要素分析

　　智慧图书馆采用多种服务模式，充分挖掘当地民间艺术、农耕文化、红色革命、英雄人物等本地资源，以文化传播、智慧服务等多种形式"进乡村、送精神、种文化"，讲好当地的"中国故事"。其服务具有普适性、实时性，让农民随处可获取丰富的信息资源，在交通不便的偏远村庄，加大智慧阅读服务平台建设，根据用户的个性需求，及时为农民提供阅读资源。

　　在理论层面，智慧图书馆服务模式强调"人"和"物"的结合，针对乡村阅读的特点，通过虚拟空间与智慧服务相结合的服务模式，实现图书馆阅读空间的延伸、服务空间的再生、虚拟空间的再造的融合服务模式。袁红军提出，"互联网＋"环境下，图书馆智慧阅读服务，包括了用户个性化服务、信息增值服务等。[②] 由此衍生出智慧导引、智能推荐、智慧共享、

———————

　　① 宋维维，夏绍模，李赞. 基于 SPARK 大数据处理平台的图书馆智慧服务探索与实践 [J]. 情报科学，2018，36（6）：45－49，56.

　　② 袁红军. 基于"互联网＋"背景的图书馆智慧服务研究 [J]. 图书馆理论与实践，2018（3）：109－112.

智能感知等系列化的图书馆智慧服务模式。① 潘雪、陈雅引入国家倡导的大众创业、万众创新的理念，并从信息获取、信息存储、信息加工、信息传递、信息管理等层面构建图书馆智慧服务模式。②

（一）单机构模式

传统的阅读方式常常是单机构模式，这也是最常见的方式，以图书馆单个机构为主体在读书月期间联合农家书屋，对乡村用户进行广泛的宣传，开展各项阅读活动。例如：征文比赛、评选优秀用户、阅读之星、读书会、知识讲座、有奖竞答等。这些活动是图书馆的常规服务方式的基本构成，尽管在现代科技条件下，融入了先进的科技元素，提升了乡村阅读水平。但是，图书馆作为单一举办主体，缺少机构联合和共同参与，往往功能有限，乡村智慧阅读推广活动的覆盖面也会受到限制。

（二）跨区域、跨行业联合模式

2020 年 9 月，在安徽省文化和旅游厅的指导下，由上海图书馆、浙江图书馆、南京图书馆、安徽省图书馆等机构、团体联合主办了 "2020 长三角阅读马拉松大赛"，在沪苏浙皖一市三省同步启动，此举促进了长三角地区的文化交流与合作，提高了公众的阅读兴趣和文化素养，推动教育高质量快速发展。各图书馆充分发挥产学研优势，秉承绿色共生、持续发展的理念，建立合作共赢的战略伙伴关系，推动长三角地区图书馆跨区域乃至跨行业的学习与交流。

通过举办阅读推广、公益巡讲等合作活动，吸引了各地众多用户参加，实现了跨地区阅读推广的联合。例如：红色研学之旅，阅读与公众的学习、教育相融合，以阅读为牵引，发展终身教育，使得彼此间的联合有了更广阔的发展空间。可谓以 "悦读" 为抓手，以多机构联合为主阵地，共同促进图书馆终身教育的开展，由此突破传统阅读推广的既定模式，也为图书馆行业、教育行业的联合行动注入新动能，打开了阅读推广新的发展局面。"长三角阅读马拉松大赛" 通过机构间的跨地区联合，形成共识、加强交流

---

① 崔海兰，姚牟媛. 移动网络环境下智慧图书馆的服务模式研究［J］. 情报探索，2018（9）：107 – 111.

② 潘雪，陈雅. 泛在网络环境下我国公共图书馆智慧服务模式探究［J］. 情报科学，2018，36（5）：30 – 34.

合作，为阅读推广的跨地区联合模式提供了参照，打开了广阔的思路。因此，通过开展区域与区域之间的广泛合作，组成联合体，使得阅读推广活动有序开展，同时进一步宣传了智慧阅读、终身教育的理念，扩大智慧阅读的影响力，更多用户在阅读中感受到文化的力量。

借助文旅融合的发展，形成了跨地区联合的阅读服务模式，使更多的机构、行业参与到阅读推广过程中，相应的运行成本和人力成本也明显降低。在此大环境下，智慧图书馆应当积极构建跨区域、跨行业的联合模式，积极利用各行业优势、专业优势、技术优势、人才优势，提倡馆际互借、馆际互助、行业优势互补，主动将智慧阅读推广融入区域化发展和终身教育的潮流中。

（三）集成化服务模式

智慧图书馆集成化的服务模式是以网络技术为基础，通过信息技术、多媒体技术等将图书馆、用户、信息资源以及阅读终端联合起来，实现图书馆资源、服务、用户相结合的一个网络化的服务集成系统。其服务呈现出网状化、全天候、立体化、全覆盖的特点，突破了传统用户和图书馆之间的单边服务，用户可以在图书馆多样化的服务中自由切换，以此提高图书馆阅读服务效率。

（四）虚拟化服务模式

虚拟化技术环境中的智慧阅读服务，可以实现用户足不出户，即可感受到和真实环境一样的体验，让用户感受"一机在手，服务随行"的智慧阅读服务。例如：引入元宇宙技术、虚拟现实技术，实现服务空间的虚实结合，形成用户的视觉、听觉、触觉等多感官体验，使其沉浸于图书馆的虚拟空间中，并实现与图书馆现实场景的互动。在基础设施欠发达的乡村，借助仿真系统、数字孪生技术，虚拟出一套与图书馆相同的环境，对接图书馆的数据库系统、身份认证系统、参考咨询系统、电子阅读系统。在此基础上，构建虚拟图书馆，让用户可以在虚拟情境中了解到图书馆总体布局、楼层分布，直至精确到具体的书库、书架和图书的馆藏状态，使用户在虚拟环境中，查找并获取图书馆的服务和资源。

（五）民间联合模式

经过多年的发展，阅读推广已经形成较为稳定的社会活动，通过终身教育背景下跨区域联合模式的拓展，逐渐走向成熟，并开始与各机构、各行业开展广泛的合作。同时，随着智慧阅读活动精细化程度的提高与品牌的树立，智慧阅读推广活动在创新能力和服务能力等方面均有了显著的提升。而采用民间联合的模式，是阅读推广、公众教育发展的新思路、新途径，也是终身教育环境下智慧阅读推广活动的重要补充形式。

结合文化旅游、乡村研学游的现实要求，虽然公众通过旅游进行阅读、学习具有一定的随意性，但是，如果把智慧阅读服务嵌入乡村旅游的各个环节，发动民间的力量，让游客在乡村游览中阅读，在阅读中游览，将文化旅游、乡村研学游与智慧阅读相融合，让游客带着书本去旅行，游客在交流互动中，传播文化知识、增长见识。同时，也为民间组织带来一定的经济价值、文化价值，形成互利共赢的局面。

图书馆要勇于站在时代发展的潮头，深入挖掘民间力量，例如："彩云之旅"阅读推广团队是民间自发组织的团队，主要由高校图书馆的女性馆员构成，在每次活动中与旅行者开展阅读方面的交流与互动。因此，旅行者也是读者、学习者，并使其形成在旅行中增长知识、在阅读中提升旅行品质的理念，其运行模式相对灵活，由各地有共同爱好且兴趣相投的人员自发组成，在旅行过程中开展智慧阅读推广活动。概而言之，民间联合的模式是对智慧图书馆服务模式的一种补充，借助民间力量，在旅游、研学过程中得以推广，因此，具有较强的参考价值和现实意义。①

五、用户要素分析

（一）服务需求的快捷性

终身教育时代的到来，用户对获取信息、知识的渴望更为迫切，希望在第一时间内获取最新、最准确的学习资料和资讯，尤其对于自己所关心的热点、焦点信息，表现出高度的关注。因此，借助先进的科技力量，为用户提供快速、精准的资源成为智慧阅读服务的一个重要环节。智慧图书馆专业团队帮助用户借助智能检索、一站式阅读等平台，让用户及时了解

---

① 张鑫，惠涓澈，王梅，等. 图书馆员阅读推广，流动的知识风景线——以"彩云之旅"云南大学图书馆交流活动为例［J］. 图书馆理论与实践，2020（5）：101 – 104.

新书上架、馆藏情况等信息，其便捷性的服务使用户的学习动机较之以往更为强烈，对智慧阅读服务提出更高要求。

（二）服务需求的碎片性

在终身教育背景下，用户更多表现出碎片化的阅读方式，将自己零碎的时间合理利用，可以在任何时间内进行阅读，与传统阅读形成优势互补。因此，对图书馆智慧阅读服务提出了更高的要求，主要表现在：资源的呈现更加简洁、更加精练、更加微型。如：微教学、微小说、微课程等都是经过信息加工后的微型学习资源。用户的阅读、学习方式呈现出碎片性，用户学习不再局限于传统的课堂教育或培训，而是广泛弥漫于网络和虚拟现实的环境中。

（三）服务需求的互动性

终身教育的蓬勃发展，更多体现在用户的交流、沟通等方面，强调主体的参与性、交互性，在积极的交流、互动过程中，碰撞出智慧的火花。此外，许多信息资源都是用户在不断地交流、反馈中，进行及时的修正，并不断丰富完善，形成的二次资源。用户通过智慧阅读服务平台进行对话交流、人机互动，其信息可以按照各种规则进行重组并加以聚合，借助于智能科技、多媒体呈现，通过移动终端为用户提供更多的线上交流以及沉浸式交流，使身处不同地域的用户在虚拟环境中，能够深入交流学习，加速信息、知识的聚合。因此，需要专业团队通过更加清晰、更加准确、更加灵敏的服务为用户的阅读、学习提供帮助，并在实时的交流互动中，激发灵感、改进不足、寻找共鸣。在快节奏的社会发展背景下，图书馆推动智慧阅读、终身学习的互通共享，成为时代必然。

第三章
智慧图书馆服务乡村阅读的系统架构

第一节　智慧图书馆服务乡村阅读的系统分析

　　智慧图书馆服务乡村阅读是基于智慧阅读平台，区别于传统图书馆服务的一种新型服务系统，具有精准化、个性化、泛在化等特征，是传统图书馆服务的延伸。智慧图书馆服务乡村阅读系统包括用户层、技术层、资源层、服务层，如图 3－1 所示。用户层包括用户个体、用户群体、专题用户、其他用户等，根据不同类型用户的具体需求，提供相应的智慧阅读服务。技术层是智慧图书馆服务乡村阅读的基础，为乡村阅读提供基础硬件、技术标准、技术规范、技术支持，具有安全性、可靠性、稳定性的特点。资源层是乡村智慧阅读服务的核心，基于技术层，通过挖掘乡村本土资源、结合网络资源、共享资源，以光、电、声多种复合介质触动用户阅读灵感，给用户带来多感官的刺激，进而构建移动化、微型化、虚拟化的阅读资源。服务层通过乡村智慧阅读服务平台、公众号、App 等，为用户提供沉浸式、立体化、全覆盖的智慧阅读服务，与用户层、技术层和资源层共同构成智慧图书馆阅读服务环境，是用户和图书馆交流互动的平台。

　　乡村智慧阅读服务以短小精悍、注重细节、关注用户体验为特点，充分满足用户的需求，基于智慧阅读服务平台，是一种为用户提供微型化、个性化的新型阅读模式。相比传统图书馆服务，乡村智慧阅读服务更强调用户的细分，每个用户都被视为图书馆服务中的一个变量，用户需求可以通过乡村智慧阅读服务平台与智慧图书馆进行交流，智慧图书馆根据用户需求有针对性地提供个性化、差异化的服务。乡村智慧阅读服务是细微化的贴心服务，智慧图书馆专业团队通过大数据技术，准确捕捉用户的隐性需求，并为其提供精准服务，尤其注重用户体验，具有精细、贴心的服务特点。以用户满意为宗旨，以服务用户终身学习为根本遵循，充分展示了终身教育背景下，智慧图书馆服务乡村阅读的优势。因此，乡村智慧阅读服务是终身教育时代，智慧图书馆服务功能的拓展和延伸，一切以用户为中心，更贴心、更细微。

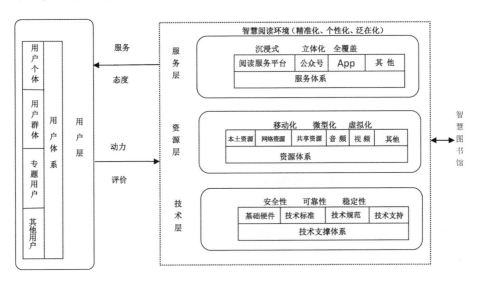

图3-1　智慧图书馆服务乡村阅读系统

第二节　统筹数字资源使用过程中的建设、管理与应用

　　乡村智慧阅读资源实质上是一种集乡村文化资源、乡村本地资源、红色经典资源、乡村农业信息资源等为一体，通过分布式信息系统，运用信息技术条件，把不同载体、不同地理位置的资源加以整合，跨越区域面向对象的智慧服务综合体。对乡村智慧阅读资源进行科学管理，发挥智慧图书馆服务乡村阅读的效能，对于促进民众终身学习有着重要的价值。

　　因此统筹乡村智慧阅读资源的建设、管理与应用是提升乡村智慧阅读服务质量和用户满意度的关键环节。笔者通过文献分析并结合实际调查，建议采用乡村智慧阅读资源建设、管理与应用的"三位一体"模型。如图3－2所示。

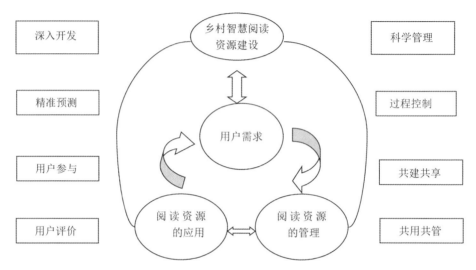

图 3－2　乡村智慧阅读资源建设、管理与应用的"三位一体"模型

该模型中乡村智慧阅读资源的建设、管理与应用是紧密联系的整体。在智慧阅读资源应用的基础上，用户和智慧图书馆进行双向交流，建立积极的评价反馈机制和良性的沟通机制，引导用户主动参与资源建设过程中，使资源的建设更加科学、合理，实现不同乡村区域之间资源的共建、共享、共用、共管。①

第三节　智慧图书馆的智能阅读服务框架

运用物联网工作的"感知—响应"原理，以智慧服务为开展实践的理路，分层构建智能阅读服务框架，层层之间相互递进、相互关联。

---

① 瞿浩，李群，李新宇．高校图书馆数字资源应用的策略研究——以安徽省为例［J］．兰台世界，2017（2）：93－96．

一、智慧图书馆智能服务框架

智慧图书馆融入物联网构建的智能场域中，需畅通网络、及时响应，全时域为用户提供信息服务。具体分层如下：

（一）情境感知层

情境感知是智慧图书馆服务的核心，为教育工作提供适宜的环境，以硬件感知技术为基础，主要包括：传感设备、超宽带技术、远距离通信技术、定位系统、射频识别等，并与情境感知设备关联，快速感知用户的需求，预判其行为，形成反馈，为情境建模提供精准的数据支撑。

（二）情境建模层

情境建模是对情境感知层的基础数据进行特征提取，在此基础上构建模型，其中用户、服务、资源是 3 个变量。根据不同的用户群体，提供差异化的资源和服务，并按照不同的用户、服务、资源，匹配、构建相应的情境模型。针对乡村用户，因其具有碎片化阅读、阅读时间短的特点，可以提供"短平快"形式的阅读资源，将智慧阅读服务平台与"学习强国"平台对接，畅通信息流，为用户提供更多选择空间，并覆盖农业技术信息、农产品养殖信息、养老保障、天气情况、疾病医疗等与乡村用户日常生活息息相关的资源。

（三）情境计算层

情境计算主要是根据用户学习的状态、环境，动态匹配智慧图书馆"用户—服务—资源"三个变量组合的过程，其原理主要是：收集用户阅读行为特点，采用推理规则、机器学习和算法来实现一系列的图书馆资源和智能服务的设计。情境计算根据用户的阅读行为方式、阅读需求，对图书馆信息资源进行准确查找、计算，具有自动化判断和具身化服务的特点。[1]

（四）资源服务层

资源服务层主要功能是输出，将用户的信息需求，通过多种渠道推送给用户，实现情境化的过程。其原理是通过开放资源、信息重构、知识再

---

[1]　范炜，胡康林. 物联网环境中的智慧图书馆智能响应服务研究 [J]. 图书情报工作，2020，64（12）：19 – 25.

生、概念地图等方式、方法，融合虚拟场景，对阅读资源进行细化、提取、重组，为用户构建符合其学习风格的可视化阅读资源。尤其注重阅读服务的质量和效率，对阅读资源的完整性、准确性和创新性提出较高的要求，既充分考虑到阅读服务的质量，也注重阅读服务的响应时间、效率，更及时、更便捷、更精准。

（五）智能终端层

智能终端层是图书馆智慧服务最终呈现给用户的层级，通过为用户提供智能阅读导航、智能信息查询、智能信息推送，解决传统阅读服务过程中信息传递延迟、服务效率不高等问题，不断推动图书馆智慧阅读服务水平的持续攀升。通过设置精准推送、关联推荐、自助借还、社区互动、智能答疑等功能，及时对用户反馈的问题进行处理、反馈，提升智慧图书馆服务的整体质量和品牌价值。在智慧图书馆智能阅读服务实施过程中，这5个层级相互关联、相互依存，是逐渐递进的关系，也是物联技术、虚拟技术对于"感知—响应"理念的具体体现。同时，智能阅读服务框架中的各层级都是一个线性、可持续、可循环的子集，并形成用户、任务和资源动态分配、智能感知、实时响应的互通、互动、互融状态，从而推进智慧阅读服务的实现。

二、智慧图书馆的智能阅读服务框架带来的思考

智能阅读服务框架的提出，为智慧阅读系统化、模块化带来更多有新意的设计思考，但此框架的构建与实施是一项庞大而复杂的系统工程，涉及用户数据、终端感知、虚拟化设备、网络通信、智能判断等技术，还需要技术服务、智能情境、智能场景以及用户反馈等多方面共同作用。由此带来以下思考：

一是加强情境服务的技术体系建设。随着物联网和生物识别技术的发展，图书馆智能化服务的方式更加丰富。因此，要加快图书馆智慧阅读服务的技术服务系统建设，尤其注重智能情境、智能场景的建设，加速形成智能阅读服务保障机制。

二是培养阅读服务的情境思维。信息化时代，人们的阅读时间呈现碎片化特征，图书馆需要为用户提供正确的阅读资源指引，为用户把握正确

的舆论导向，并合理分配时间。这就需要在智慧图书馆的阅读服务场景中，具备情境思维，借助技术手段，进行建模。由此，凸显智能阅读的创造性和创新性。此外，多情境、多维度、多场域的阅读服务思维，是发挥智能阅读理论研究价值的最终体现。①

第四节　基于用户画像的图书馆智慧阅读服务框架

基于用户画像的图书馆智慧阅读服务框架，通过先进的科技手段，构建基础层、采集层、处理层、关联层、服务层，凸显大数据技术的优势，并借助自动化感知设备、机器人助手、云存储平台等技术，收集用户行为日志，对用户的阅读行为进行画像。

一、画像的类型分析

通过为用户构建画像，模拟用户的阅读思维方式、行为方式，进而深入理解用户的内心感受、学习动机，更好地为用户提供精准的阅读资源、学习资源。根据智慧化服务的理念和个性化阅读的服务标准，对用户阅读特征进行深描，以此更好地了解用户阅读、学习的现实需求。在此基础上可以将用户进一步细化，根据用户个体、群体的差异，有针对性地开展智慧阅读服务，助力其学习效能的提升。

一是个体用户画像。通过对个体用户标签化的定义，提取个体用户的阅读特征，包括用户阅读兴趣、爱好、习惯等因素，对用户阅读行为、阅读心理、阅读能力进行总体概括。例如：用户性别标签（男性、女性）、阅读领域标签（文化旅游、生物科技、农产品销路）、用户身份标签（商户、农民等），还可以对用户的生活环境、阅读环境进行定义，形成对用户全方位、叙事性的描绘，为其提供高品质的阅读服务。

二是群体用户画像。与个人用户画像同理，将阅读行为、阅读习惯、

---

① 范炜，胡康林. 物联网环境中的智慧图书馆智能响应服务研究［J］. 图书情报工作，2020，64（12）：19－25.

阅读偏好、阅读水平相近的用户列为一个群体，多维度发掘用户共同的阅读兴趣和阅读特征。可以通过自动化系统，根据用户的特征进行分类，继而定义标签，也可以通过人工的方式，进行人工分类。例如：可以将农业养殖户列为一个群体，针对农业养殖户的生活特点，深入挖掘他们所需要的信息，为其提供适合的农业养殖信息。同时，可以预测农业养殖户未来的行为趋势，并为其提供相应的信息，最大程度地帮助群体用户通过阅读提升文化水平，提高生活质量。

三是特殊群体画像。对某一特殊群体的阅读需求进行精准定位、画像，根据其特点，提供与之相适应的阅读资源。针对乡村地区的留守儿童、阅读障碍群体，根据其年龄、心理和生活情况，如缺少父母陪伴、课后遇到学习问题无人指导、缺乏对外界世界的认识，为其提供与之需求相符的智慧化阅读资源，帮助他们克服困难，完成学业。针对阅读障碍群体，为其进行群体特征的画像，并据此特征提供相应的阅读服务，如：为无法进行文字阅读的用户，提供电子听书功能，构建情境感知的场景；为失聪的用户，提供文字、视频、动画等阅读资料，通过虚拟现实技术，使其身临其境地处于智慧阅读服务的过程中。①

二、基于智能分析的图书馆智慧服务的层级功能设计

（一）用户画像的原理

通过概念、类属和客体的建构，用数据、自然语言深描用户的特征，为用户刻画出一幅准确的学习者画像。在此过程中，标签的意义非凡，是进行用户画像、建模的核心部分，也是实施精准画像的基础和保证，主要包括：标注、解释、推演。标签可以在对用户开展的调查问卷、访谈和工作交流中获取，经过人工整理或大数据分析得到一个客观的用户画像标签。此外，用户画像标签的下级目录可以分为：人口属性标签、用户偏好和兴趣标签。其中人口属性标签包括年龄、职业、学习自我效能感等，用户偏好和兴趣标签意涵着用户持续对某一领域的图书、期刊的高频率借阅量，

---

① 黄春晨，瞿浩，凌慧斌. 社会支持视角下农村儿童数字阅读服务体系构建［J］. 滁州学院学报，2023，25（6）：125-130.

由此画像系统会判断出该用户对某领域持有兴趣，即用户在文献资源选择上有明确的指向性，包括用户的借阅、收藏、下载等行为数据。[①]

通过先进的算法技术，可以对用户的隐性需求进行深入分析和预测，从而生成精确的用户画像预测标签，深入挖掘用户对于使用资源的情感、态度、价值观以及阅读的动机、倾向。由此，通过机器学习的方法对用户关于阅读的情感、价值进行判断，如果用户对此类阅读资源表现出一定的倾向性，则把该用户列为潜在受众。同时，聚合该用户的相关阅读信息，为其精准画像，推送符合其学习特征的阅读资源。用户画像技术为图书馆智慧阅读服务制定差异化、个性化、多元化的阅读服务方案提供科学的参考：第一，鼓励高活跃度用户，持续为其培养高阶阅读思维和阅读能力，并以会议、活动、论坛等形式，引导高活跃度的用户带动低活跃度用户参与阅读，形成良好的学习氛围。第二，鼓励低活跃度用户，将低活跃度用户作为服务的重点改进对象，通过降低阅读门槛，帮助其树立学习自信，培养终身学习的目标，与用户建立起长期教育服务的联系，以此提升用户活跃度。第三，通过对用户多角度、多方位、多层次的对话，全面洞察用户学习的内心体验和情感态度取向，以此动态调整服务策略，实现高质量、高品质的阅读服务、教育服务。

（二）硬件基础层

硬件基础层是图书馆智慧阅读服务框架的基础，起到了技术支撑的作用，包括：服务器设备、交换机网络设备、存储器设备、多媒体终端设备等，为数据的采集、智能数据分析、面向用户的资源服务提供系统性的硬件保障。

（三）用户数据采集层

数据采集层主要包括：用户数据、动态行为数据、情境感知数据、资源数据等。其中，用户数据主要包括：用户的基本信息（姓名、性别、学历、职业等）、用户事实数据、用户行为数据。在智能技术的支持下，系统可以通过生物识别、日志查询等方式获取用户行为数据，如借阅量、下载

[①] 陈丹，柳益君，罗烨，等. 基于用户画像的图书馆个性化智慧服务模型框架构建［J］. 图书馆工作与研究，2019（6）：72－78.

量等，也包括评论、社交数据以及智能设备采集到的数据。动态行为数据主要包括：用户在阅读过程中，参与其活动、阅读、交互的数据，具有动态性、过程化的特点。情境感知数据主要包括：来自无线传感器、射频技术等采集到的监控数据、流量数据等。资源数据主要包括：阅读资源数据、书目数据、数据库数据等，这些数据主要来源于图书馆文献信息管理系统和电子资源平台，也包括互联网、机构知识库、政府公开数据等。

人工智能、虚拟现实、大数据等技术的应用为图书馆阅读推广的开展提供了更广阔的发展空间。随之而来的是，用户难以在海量信息中寻找到适合自己的学习资源。因此，图书馆需要借助用户画像技术，通过对用户的阅读习惯、学习特征、兴趣偏好等进行分析，为用户精准画像、提供所需的资源。

用户数据在多维度的海量数据库中庞大而复杂，形成了具有规模性、多样性、分散性等特征的用户大数据，为图书馆用户画像提供了数据支撑。在此情形下，虽然图书馆拥有了用户数据，但也随时面临着数据带来的风险。第一，用户数据具有动态性和不确定性，有些数据的真实性有待甄别，也存在结构化和非结构化数据并存的现象，需要对数据进行清洗、标注，为数据处理如编码、分类等提供必要的条件。第二，用户画像需要强大的计算处理能力和存储系统，主要涉及对用户数据的二次计算和重构，因此需要具备大容量、可拓展的存储空间和快速计算的算力。第三，随着时间的推移，用户特征也在发生改变。因此，用户画像对时效性具有较高的要求，需要各处理单元具有较高的协同性和一致性，对相应数据进行调取、处理、并发控制，并具有实时把控用户数据及匹配相应资源的能力。①

（四）技术处理层

智慧阅读服务的开展离不开技术支持，技术处理层是智慧阅读服务的关键部分，对图书馆智慧阅读服务工作的开展起到至关重要的作用。通过数据挖掘技术支持下的聚类分析，并结合定量分析与定性分析，对用户阅读、学习行为特征进行分析，预测并发现用户的潜在需求，有针对性地提

---

① 瞿浩. 大数据环境下图书馆信息服务策略研究［J］. 河南图书馆学刊，2018，38（6）：117－118，128.

供阅读服务，不断提升用户满意度，并通过多元化的技术处理方式，融合多元化的技术手段，为图书馆智慧阅读服务提供全面的技术支持。

（五）用户资源关联层

用户资源关联层可以实现图书馆资源与用户、用户与用户、用户与资源之间的关联，系统、动态地调动资源，及时将用户所需的资源进行合理分配。通过在用户、资源之间建立内在联系，进行数据挖掘和关联性的演绎，深度分析用户特征，为其提供高质量的资源和阅读服务，并及时根据用户阅读、学习情况的变化而更新画像，为其关联更为精准、更贴合用户实际需要的资源。

在终身教育理念的指导下，让资源在用户和图书馆之间流动起来，并贯穿于用户阅读、学习的全过程，实现用户时时可学、处处可学，精准化学习的目标。图书馆智慧阅读服务就是以用户为中心，构建用户画像、准确匹配资源，以资源为载体，以阅读推广为途径，强化教育功能，重塑资源、用户、图书馆三者之间的关系，为用户提供最专业、最温暖的阅读服务。

（六）个性化智慧服务层

个性化智慧服务层是图书馆智慧阅读服务的具体体现，深入挖掘和了解用户的阅读需求，帮助用户获取、运用阅读资源、学习资源，帮助用户更好地利用资源发挥学习效能，继而为进一步研究图书馆智慧阅读服务提供参考、依据。[①] 主要体现在：

第一，智慧阅读的内容，如：文献资源的知识图谱演进、研究热点、研究兴趣、研究话题等。第二，智慧阅读的服务形式，如：阅读资源的供给、阅读资源的交互、阅读资源的循环、再生等。第三，智慧阅读的资源定制，如：个性化推送、阅读定制、专家答疑等。

个性化智慧服务层为用户提供情境化、智能化的阅读服务，并为其生成了精准的用户标签，洞察用户的阅读兴趣，发现其学习规律，为制定个别化阅读、学习策略提供依据。

智能推荐是图书馆个性化智慧服务的一个重要环节，需要借助技术条

---

① 刘爱琴，李永清. 基于 SOM 神经网络的高校图书馆个性化推荐服务系统构建 [J]. 图书馆论坛，2018，38（4）：95 – 102.

件，准确判断出用户当前的学习状态，为其推荐相关信息、资源，适时、合理地运用画像技术，可以为用户提供更多个性化、内容丰富的智能推荐服务。① 如：场景推荐，根据用户标签所描述的学习场景，为用户推荐与之相匹配的阅读资源，并根据用户的学习状态、学习需求，构建学习场景，增强用户学习效果。

智慧检索是图书馆海量资源精准提取的分拣平台，根据用户提供的检索词，结合过滤技术，将最符合用户需要的资源置于顶端；新品推荐通过基于内容推荐的算法，结合用户画像描述的用户偏好，将图书馆最新采购的资源推荐给用户，且为用户提供不同的排序形式，增加更多的个性化选择范围，以此提升用户的学习体验。

第五节　元宇宙环境下的智慧图书馆终身教育

在元宇宙环境下，图书馆需要配备功能完善的实体教育空间和交互方式多元化的虚拟空间。用户在实体教育空间中，通过虚拟化设备进行深度学习，并与图书馆、学习同伴进行积极的互动。在此过程中可以将学习过程、学习心得通过虚拟平台与同伴分享，记录学习档案，经过图书馆的修正、完善，形成个性化的学习资源。同时，将其导入虚拟学习助手中，通过云计算的自动分配算法，保存到云存储系统，为以后的学习提供便利，实现学习资源的即时取用、共建共享。

智能机器人也是图书馆帮助学习者实现终身学习的一个重要工具，通过机器学习，具备较高的交互、处理、解决问题的能力，并与云平台关联，将学习资源可视化处理，及时提供用户所需的学习资源，保障学习内容的多元化、立体化，学习过程的丰富性、真实性，让实体图书馆与虚拟图书馆有更强的资源交互能力。

图书馆首先对用户的学习行为特征进行提取，并对其数据化，借助边

① 陈丹，柳益君，罗烨，等. 基于用户画像的图书馆个性化智慧服务模型框架构建［J］. 图书馆工作与研究，2019（6）：72－78.

缘计算技术，图书馆将提取情况分布导入可视化运维系统中，实现实体图书馆与虚拟化平台的有效对接，从而优化资源管理，实现对数据运维的统一管理，提升服务效率。基于此，从智能化虚拟学习助手、沉浸式虚拟学习空间、交互式学习场域、云端化的学习资源、元宇宙融合图书馆终身教育发展五个方面，探讨元宇宙环境下的智慧图书馆终身教育。

一、智能化虚拟学习助手

图书馆作为文化传播、公众终身学习的文化教育机构，需要根据不同用户群体的学习目标，帮助用户学习各自专业以及日常生活中的知识，这就要求图书馆具备多元化、专业化的知识存储和结构。在海量知识面前，仅仅依靠馆员提供信息，显然是远远不够的，在此情形下，智能化虚拟学习助手应运而生。

元宇宙时代，未来图书馆终身教育的重要部分是通过人工智能实现自然语言处理技术的虚拟学习助手。主要包括两个方面，一是存在于图书馆空间内的智能机器人，二是存在于虚拟平台中的虚拟学习助手。前者通常存在于图书馆的展厅、书库、检索台，一般用于用户的咨询答疑、导览讲解、信息查询、图书检索等常规服务，例如：国家图书馆公共数字文化展的"小图"，从整体外观到控制系统均体现了人性化、智能化的多元交互功能。但是，在实际应用过程中，前者的实际应用，由于常常处于展厅、书库等位置，功能发挥较为有限。而在虚拟技术条件支持下的智能虚拟学习助手突破了图书馆物理空间的限制，凸显出虚拟化、智慧化的特点，发挥虚拟化技术的优势，承担起智慧图书馆"信息咨询""知识导航""学习助手"等工作，结合大数据技术，深入挖掘用户学习需求，充分调动各类学习资源，帮助用户完成学习内容。图书馆通过实体空间与虚拟化平台结合的方式，提高终身教育的服务效能，不断丰富完善用户的学习资源，增强阅读服务的情境体验，提升用户获取知识以及解决问题的能力，进一步提升图书馆服务的整体质量。①

---

① 朱晖. 数字孪生技术在图书馆的应用研究综述［J］. 大学图书情报学刊，2023，41（5）：38-44.

二、沉浸式虚拟学习空间

在未来元宇宙时代，终身学习实现由实体空间向虚拟空间转变，图书馆的虚拟空间也由此应运而生。基于智慧阅读服务的图书馆终身教育，以虚拟现实、大数据、人工智能等技术构建形象逼真、情感细腻、内涵丰富的虚拟场景，并从触觉、听觉、视觉等多感官体验，架构虚拟学习空间。①

可以从两个维度来探讨虚拟学习空间的架构：一是建设用户的孪生体，使之进入虚拟学习空间的场景中；二是通过创设数字孪生体，让用户以虚拟身份进入数字空间。第一种方式，以数字孪生、脑机计算、神经网络等技术手段为依托，构建用户的数字孪生体，通过模拟客体对象使用户具有虚拟身份，形成具有独立思考能力的虚拟用户，从而进入虚拟学习的场景中。② 第二种方式是对实体图书馆物理空间进行分区域标签，将虚拟图书馆中的场域与之相对应，对现实中图书馆的教育空间进行虚拟化构建，这就需要图书馆本身具有专门的学习空间，如：学习云空间、电子阅读空间、创客空间等。

因此，图书馆在为公众开展智慧阅读服务，实现终身教育的途径上，不断发展实体学习空间，拓展图书馆终身教育的空间属性，并架构对应的虚拟环境、模拟现实场景、增强用户学习体验，实现智能感知、虚实结合，提高复合型学习效能，为图书馆终身教育提供更广阔的发展空间和平台。③

三、交互式学习场域

随着信息技术的快速发展，交互技术也日益成熟，传统的网络直播、录课等形式已难以满足用户日益多元化的学习需求。因此，现代终身教育的发展需要更加智能、多元的交互技术支持，不断创新终身教育的方式、

① 华子荀，黄慕雄. 教育元宇宙的教学场域架构、关键技术与实验研究 [J]. 现代远程教育研究，2021，33（6）：23－31.

② 刘革平，王星，高楠，等. 从虚拟现实到元宇宙：在线教育的新方向 [J]. 现代远程教育研究，2021，33（6）：12－22.

③ 杨新涯，钱国富，唱婷婷，等. 元宇宙是图书馆的未来吗？[J]. 图书馆论坛，2021，41（12）：35－44.

方法、模式，利用交互式的虚拟情境开展终身教育。

在此过程中需充分发挥全息投影、传感技术、增强现实等技术融合的优势，结合虚拟阅读与情景化教育，构建基于交互技术的交互式学习场域。

虚拟阅读交互形式：借助在线阅读，运用多媒体技术将文字、图片、动画、声音等元素，通过智能阅读终端，立体化、全方位地呈现于用户面前，与用户产生沟通、交互，并将实体阅读材料，以数字化的方式加以存储。实现随用随取，具有智能笔记、智能感知、情境记忆、互动共享、即时交互的功能。

虚拟情境化交互形式：基于分布式虚拟现实系统，将不同区域地理位置的学习者根据学习目标、任务的不同，有计划地安排在相应的学习场景中，并对学习内容进行科学规划、任务分解。对学习对象进行虚拟化、情景化呈现，让学习者在虚拟环境中，真实地感受到学习过程的发生，全方位感知学习内容，进而实现学习目标。[①] 例如：当进行红色主题教育时，可以借助虚拟技术充分还原革命先烈为了祖国英勇战斗的激烈场景，让用户在虚拟环境中，与历史情境发生交互，融入革命年代的岁月中，感受幸福生活的来之不易，由此帮助用户深度学习红色历史，树立正确的历史观和价值观。

四、云端化的学习资源

元宇宙时代，作为信息处理的核心部分，单独的服务器设备并发容量有限。面对用户映射的海量信息，需要有更新的技术体系支撑。未来6G以及云计算技术是建设虚拟学习资源的关键所在，在功能上具有万物互联、无限感知的特点，使每个用户的数据都会得到合理的资源匹配。因此，需要功能完善、信息处理能力强大的云计算来处理不同类型的海量数据。[②] 图书馆需要部署云服务数据仓储，贯通各级各类图书馆的学习资源，统一云平台接口，加强资源一体化联动，根据不同学习任务、学习类型、学习主

① 向安玲，高爽，彭影彤，等. 知识重组与场景再构：面向数字资源管理的元宇宙［J］. 图书情报知识，2022，39（1）：30－38.

② 吴江，曹喆，陈佩，等. 元宇宙视域下的用户信息行为：框架与展望［J］. 信息资源管理学报，2022，12（1）：4－20.

体对数据进行分类。面对海量的信息资源，图书馆可以用云计算技术进行归档、整理以及去冗，杜绝因资源的重复推送带来的信息冗余现象，并将整理后的学习资源，根据不同的用户需求，精准推送给用户，用户也可以根据自己的学习习惯、学习兴趣对其进行调整、编辑。在此过程中，用户可以及时发布信息，并与他人分享学习经历，形成图书馆与用户之间的资源交互，实现共建、共享、共用的学习机制。借助云端化的智能系统，可以及时、准确地调配不同区域图书馆资源。智慧馆员可以根据用户实际学习需要，分配建立学习单元模块，精准匹配学习资源和前置知识，通过引导模块，对学习过程进行正确引导，为用户学习提供明确的指引。同时，用户也可以根据学习需求和学习进度，自由调整所需要的学习资源，匹配相应的学习模块，进而高效地完成学习任务。

五、元宇宙融合图书馆终身教育发展

目前关于元宇宙的理论和实践仍处于探索阶段，未来图书馆终身教育具有广阔的发展空间。因此，需要充分考虑元宇宙环境下，图书馆终身教育的发展模式和策略，充分发挥好图书馆的育人功能，促进智慧阅读和终身教育的一体化发展，着重于跨界合作、技术融合、精准服务、全域联动。

（一）跨界合作丰富教育内容

长期以来，图书馆"边界论"一直是学界讨论的热点，相对于普通民众的一般认识：图书馆是广泛开展文化传播、文化休闲服务的公益性机构，事实上图书馆的终身教育职能是有边界的。[①] 随着信息技术的迅速发展，科技水平的日新月异，图书馆突破传统服务限制，更多地体现在跨界合作，为用户带来更新的阅读服务、终身教育服务以及更完善的学习体验。通过与各文化机构、教育机构、社会职能机构、企业、乡村的广泛合作，开展符合用户学习特征的各项教育培训。

游戏领域最先运用元宇宙概念，例如：Roblox 公司。2017 年，美国图书馆协会与商业逃生室合作推出的"逃离图书馆"活动，图书馆通过跨界合作，将娱乐元素融入教育，吸引公众参与并提升学习体验。图书馆通过

---

① 王晶锋. 公共图书馆服务体系可持续发展研究［J］. 图书馆，2009（6）：84－85，112.

与游戏公司合作，开发游戏学习场景，例如：模拟火灾、地震、海啸等灾难性场景，借助事先设定好的虚拟场景，面对紧急突发情况，让用户在"真实"的灾难中学会应急处置，提高用户的自我求生能力。

目前，社交平台和媒体通过虚拟化资源，正在引领社交互动的新方向，使得社交体验更加具有具身性，满足用户个性化和多元化的需求。图书馆可以借此与众多社交媒体机构开展跨界合作，结合自身的技术优势、人才优势，勇于创新，拓宽合作范围，变革终身教育方式，扩大虚拟现实技术在教育领域的应用，创作具有图书馆特色的终身教育平台。让元宇宙时代的数字原住居民，在智慧阅读服务过程中感受终身教育带来的时代红利。由此，图书馆在提升终身教育服务水平的同时，也扩大了社会影响力、提升了核心竞争力。①

（二）技术融合拓宽教育形式

元宇宙是技术领域的超融合与现实社会发生联系的一种新型社会形态，包含多种技术条件和交互方式，结合元宇宙的理念和实践，不断推动图书馆多元化的终身教育变革和服务方式的全方位升级。② 目前，图书馆终身教育的形式主要有各类专题讲座、培训活动、慕课、读书会等，其教育的内容、方式缺乏新意，图书馆对网络技术的应用能力还需进一步提升。而元宇宙时代图书馆所需要具备的基础能力之一，便是以信息互通为核心的一体化联动力，由此构成以网络技术为基础，多种技术相融合的体系，共同推动图书馆终身教育发生变革。因此，可以从交互技术与网络技术融合、人工智能与物联网融合两个方面探讨图书馆终身教育形态的改变。③

第一，随着新兴科技的不断涌现，助推图书馆终身教育形式朝着沉浸式、虚拟化方向深入发展。智慧馆员在虚拟教育空间中与用户的交互，可以及时、准确地帮助用户完成学习目标，为用户和馆员、用户和用户之间

① 方向明，曹迎杰. 元宇宙与图书馆：理论研究与实践进展［J］. 图书情报工作，2023，67（17）：129 – 140.

② 文伟. 元宇宙赋能智慧图书馆服务：重大变革、问题挑战及实现策略［J］. 图书馆理论与实践，2023（5）：120 – 128.

③ 姚伟，周鹏，于会伶. 基于元宇宙场景的双重知识孪生架构研究［J］. 现代情报，2023，43（10）：97 – 106.

建立互动、协同的学习机制，实现虚实结合。第二，在未来，随着人工智能与物联网技术的深度融合，一个万物互联的智能环境将成为时代发展的主流，引领社会进入一个全新的智能化时代，为各个领域带来革命性的变化和无限的可能，因此，智慧阅读促进教育变革是必然趋势。

图书馆在探索6G技术与交互技术深度融合的实践基础上，其配套设施需要具有一体联动和智能交互的功能。将物联网技术与人工智能技术相结合，充分融合智能科技条件与智慧服务理念，智慧馆员为用户提供可生长、可感知，自适应的情境化、模块化的学习服务，不断开拓教育服务场域，从而实现终身教育形式的多元化、虚拟化。①

（三）精准服务促进普惠均等

终身教育的均等化是指人人都可以不受经济、文化、地域的限制，平等地接受教育，实现"学习无门槛"。因此，图书馆通过智慧阅读服务为民众提供的学习资源和终身教育是一项惠及全民的教育服务。② 即以公益性、文化性、教育性为主旨，根据"开放、平等、共享"的原则，为公众提供具有智慧阅读功能的各项学习、教育服务。

在实践中，由于各地区经济发展不平衡，基础配套设施条件不同，在某种程度上影响我国图书馆终身教育的均等化发展，因此，在普惠均等的层面上依然有很大的上升空间。图书馆终身教育可以运用元宇宙的理念，为不同学习阶段、成长阶段的学习者创设人性化、个性化的学习空间，提供适合的教育服务，让公众可以平等地接受图书馆终身教育服务。

随着图书馆智慧阅读服务的广泛开展、终身教育的普及，图书馆服务群体越来越庞大，可以根据年龄将群体划分为：少年儿童、青年人、老年人；根据地区人群可划分为：城市用户、乡村用户、发达地区用户、欠发达地区用户；根据职业人群可划分为：学生、白领、蓝领工人、农民工；根据学习能力可划分为：无障碍人群、学习障碍人群。为此，图书馆需要因人而异、精准施策，根据不同的群体为其提供智慧阅读、终身教育的服

---

① 勾丹，崔淑贞. 智慧图书馆的智慧服务模式及其实现［J］. 情报探索，2016（3）：112 - 115，121.

② 联合国教科文组织国际教育发展委员会. 学会生存：教育世界的今天和明天［M］. 北京：教育科学出版社，1996.

务，为用户提供不同需求的学习空间，帮助学习障碍群体获得更多的学习便利，克服学习过程中的困难，完成学习任务，并使其享受与普通民众同样的学习机会。同时，为弱势群体提供更多的学习机会，创造更好的学习条件，为其提供就业、工作、生活等实际所需的信息。例如：农民工吴桂春对东莞图书馆的感受——"最好的地方就是图书馆"，反映出农民工群体对学习、美好生活的向往，渴望一个温暖和谐的阅读空间，并不被身份所限制。未来元宇宙时代，在图书馆实体教育空间服务体系基础上衍生出相应的虚拟教育空间服务体系，并使其与用户群体精准匹配，实现终身教育服务的精准化、全域化、立体化，促进图书馆智慧阅读服务深入开展，推动终身教育朝着更广阔的空间发展。

（四）全域联动实现融合发展

新兴科技在图书馆智慧阅读服务中的广泛应用，为元宇宙环境下的图书馆终身教育提供了基础保障。未来元宇宙时代，图书馆的终身教育将突破固有的实体教育模式，通过融合现实、用户画像、区块链等新技术，增强用户的视觉、听觉、触觉等多感官感受，丰富学习体验，实现时间、空间上的融合发展。

在空间设计方面，传统图书馆的阅读服务往往通过线下的方式进行，即：在固定场所举办阅读活动，如大礼堂、会议室、广场等，这就对场所空间提出了更高要求，需要图书馆馆员提前安排会场，布置空间。同时，用户也可能因为地理位置较远而无法到达，从而失去学习交流的机会。针对此类问题，图书馆可以通过搭建虚拟教育空间的形式开展阅读、教育教学等活动。通过引入元宇宙理念和关键技术，在未来虚拟阅读、教育教学活动中，图书馆为用户提供丰富多样的虚拟学习空间，使不能到达活动场所的用户，可以及时参与到学习的过程中。在时间规划方面，突破了以往固定时间的限制，用户可以根据自己的时间，有计划、合理地安排阅读、学习时间。

在终身教育服务的过程中，图书馆运用智能技术和流媒体技术，创设出丰富多彩的教育内容，不仅涵盖了广阔的知识领域，还具有高度的互动性和具身性，注重在场体验。同时，将机器学习生成的内容进行场景化储存，用户可以自由选择阅读、学习时间，从而为用户提供更加便捷的学习体验。

通过大数据技术对用户的阅读需求、学习需求进行智能分析，并在此基础上，对用户的认知结构、前置知识进行把握，构建用户专属的知识体系，从而实现用户学习需求的精准匹配。目前，实体图书馆的联动尚处于起步阶段，馆员可以科学合理地把握图书馆全域联动，运用元宇宙理念，构建一个统一协调、高效运作的"一盘棋"服务格局，以此推动图书馆的融合发展，实现资源和服务的无缝对接，为用户带来学习的便利。

第四章
智慧图书馆服务乡村阅读的模式和策略

第一节 智慧图书馆服务乡村阅读的模式

一、智慧图书馆服务乡村阅读的营销模式

（一）营销框架的构建

1. 专业化的营销团队

专业化的营销团队是智慧图书馆服务乡村阅读的核心力量，充分发挥团队的合作精神，调动团队的主观能动性，是一个营销团队的灵魂。高质量的营销团队给智慧图书馆带来更多的发展空间，调动团队的一切有利因素，在营销服务过程中，碰撞出集体智慧，实现营销服务的目标。团队之间紧密协作，个人与团队共同成长，彼此相互依存，团队在集体的力量中成长壮大，个人的综合服务能力也因参与营销服务的策划、宣传、建设而得以提升。专业团队需要具有宏观的营销服务理念，并对乡村智慧阅读未来的发展空间、方向，予以充分把握，不断提升自身营销能力、业务水平、组织策划能力。同时，也要具备对信息资源的开发、建设、组织、宣传以及营销平台系统架构的能力。

图书馆可以建立一套人才引入机制，吸引高质量人才参与到乡村智慧阅读的营销服务过程中，尤其是跨学科专业的人才，如：信息技术、农业科技、营销学等专业的人才。通过对引入人才进行系统化、专业化的培训，运用大数据、人工智能等先进技术条件，使其可以对用户的阅读行为、阅

读需求、阅读偏好、个人习惯进行深度分析，以及对市场进行调研、科学论证。同时，可以设计乡村智慧阅读品牌，树立乡村智慧阅读品牌形象，以此发挥营销团队的力量。此外，还需要对团队的服务效能进行考核，通过完善的考核机制，建立科学的奖励制度，调动团队积极性，发挥每一个人在团队营销过程中的力量，形成服务乡村智慧阅读的凝聚力、向心力、服务力，推动乡村智慧阅读的长效发展。

2. 营销产品

营销产品是营销活动的实质性内容，主要指智慧图书馆在服务乡村阅读过程中显性的阅读资源、阅读设备，也包括隐性的阅读软件开发，其质量高低关系到营销活动开展是否成功。针对不同类型、不同类别的乡村智慧阅读服务，在设计营销产品时，营销服务的侧重点将有所不同，由此凸显营销服务的产品竞争优势，增加乡村智慧阅读服务的附加值，从而给用户带来更多立体化、多元化的乡村智慧阅读体验。

3. 营销机制

营销机制是指智慧图书馆在适当的时间、地点，通过推广途径，将事先设计好的阅读资源，合理地、有层次地呈现在用户面前，满足用户的阅读需求，在此过程中，协调各方面关系、行为的总和。

4. 营销评价

营销评价是沟通智慧图书馆和用户之间的桥梁，是用户在体验乡村智慧阅读服务过程中，对智慧阅读服务的反馈结果。科学的评价可以吸引更多用户参与其中，客观的评价更是智慧图书馆和用户良好沟通的基石。营销评价可以通过多种方式、途径反馈于智慧图书馆。

（二）树立品牌形象

著名营销专家拉里·莱特指出，拥有品牌是拥有市场的唯一办法，品牌靠质量取胜，并附有情感、文化内涵，会增加产品附加值，直接影响消费者的选择。智慧图书馆要在乡村阅读中充满活力，也需要打造自己的营销品牌。通过对乡村阅读营销品牌的功能定位，提高其辨识度，从而使用户在检索阅读资源时能够做出更恰当的选择。同时，通过营造营销氛围，建立统一的营销服务标识、Logo，在用户心中建立起独有的品牌标识。

笔者通过查阅文献，结合调查发现：图书馆在阅读服务营销方面，为用户提供了大量丰富、优质的阅读资源。但是，随着海量信息的涌现，阅读平台数量的增加，缺少了统一的品牌标识。这就需要对阅读资源进行模块化的管理，构建统一的智慧阅读平台，打造具有当地文化特色的阅读服务品牌。从而加强对乡村智慧阅读服务的管理，树立乡村智慧阅读服务品牌在用户心中的形象。

同时，要让乡村阅读服务品牌观念深入用户的心中，这就需要智慧图书馆对其品牌的定位、设计进行细致的划分，设计好每个环节，如：工作人员的挂牌、App、微信公众号的标识、网站的 Logo 等，都需要以统一的标识呈现。细分市场，创新营销机制也是提升品牌形象的重要途径，智慧图书馆营销的目的是将资源、信息，及时、精准地推送到用户面前，全天候为用户提供高效、智能的阅读服务。这就需要智慧图书馆勇于创新并完善营销机制，针对不同的乡村用户群体，对市场进行细分，满足用户日益增长的多元化信息需求，从而提升用户的体验感、获得感。为增强用户的互动体验、情境体验，提高资源获取的便捷性，可以为用户创设轻松愉悦的阅读环境，从而吸引更多的用户参与到乡村智慧阅读的过程中，提升智慧图书馆在阅读中的引导力。另外，也要注重个性化营销服务的建设，以满足用户个性化、差异化的信息需求，引导用户科学地使用阅读资源。

（三）智慧图书馆服务乡村阅读的营销理论模型

智慧图书馆服务乡村阅读的营销理论模型如图 4-1 所示，从五个层面开展营销活动，层层细化。[①]

远景计划层：从宏观上对营销活动的远景计划、预期效果等进行规划，制定相关的制度、规则，建立营销活动工作机制。同时，对营销活动的相关信息进行调查、统计，如用户需求、用户的阅读环境、用户的群体特征等，为制定营销方案提供事实依据。

营销方案层：在充分调查、分析用户需求的前提下，确定营销方案、目标，建立阶段性目标，通过构建远期、中期、近期的阶段性目标，实现最终的营销计划。例如：建立起用户对品牌的认同感和忠实度的目标、用

---

① 瞿浩. 图书馆信息服务的营销策略研究［J］. 大学图书情报学刊，2019，37（1）：47-50.

户对乡村智慧阅读服务认可度的目标。

方案实施层：根据营销方案层的设计、前期宣传、策划，实施具体项目，通过阅读积分奖励、智慧阅读送流量包等推广活动，实现宣传阅读教育，提升用户对乡村智慧阅读服务平台的认可度。

用户群体层：通过图书馆信息资源项目的实施，增加用户群体对营销服务产品的认知，在使用中相互交流、沟通，分享使用感受、激发灵感、引起共鸣，进而达成共识，群策群力形成品牌效应，产生文化认同。用户在此氛围中，将品牌文化的认同感转化为日常使用品牌服务的习惯性行为。

用户个体层：用户对品牌有着自己的选择倾向，选择符合自己使用习惯的品牌服务，形成品牌价值取向，对自己的阅读心得、体会、感悟进行共享，继而参与到资源的共建过程中，主动融入营销推广服务的互动中。

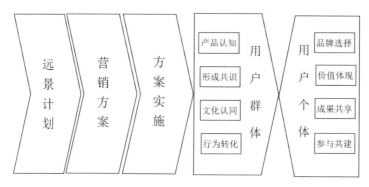

图 4 - 1 智慧图书馆服务乡村阅读的营销理论模型

二、"红色经典"智慧阅读推广的应用模式

（一）深入挖掘"红色经典"内涵，丰富呈现方式

"红色经典"是一种特殊的历史文化资源，只有将历史与现实相结合，以最贴近广大用户工作、学习的方式进行推广，才能更容易为广大人民群众接受，并将之应用于实践。在科学运用信息技术的基础上，将"红色经典"与阅读空间融合，营造立体化的"红色经典"空间环境，为用户提供由影视、动漫、图片、游戏、文字等构成的全覆盖信息网。借助人工智能、虚拟现实等先进的技术，开发"红色经典"资源，让用户在虚拟环境中感受真实的历史故事，在光、电、声的多重感官刺激下，为用户提供一场视

觉盛宴，使其加深对"红色经典"的认识。①

同时，对用户的阅读能力进行分析，充分调动用户的想象力，帮助用户建立思维导图，在博大精深的红色文化中探索，追寻"红色经典"的足迹，增强用户沉浸式阅读体验。用户与资源、空间实现互动，在互动中感受"红色经典"，让用户从思想上深刻感悟红色文化，领悟红色精神，实现用户对"红色经典"全面系统的感悟、理解。通过创作富有红色文化气息的影视戏曲、短视频、相声小品，并借助图书馆微信公众号、抖音、官方网站等媒体平台，开展广泛的宣传。此外，也要继续发挥传统阅读的优势，积极引导用户精读、泛读红色纸本文献，培养用户热爱阅读的良好习惯，为"红色经典"阅读的深入开展奠定基础。

（二）多方筹措，整合资源

打破传统图书馆机构单独开展阅读推广的形式，联合各文化资源建设单位、宣传单位，共同开展"红色经典"资源建设，积极融入阅读推广的整个过程中。紧紧围绕"红色经典"的内涵，按照阅读推广价值实现的要求，将其整合"再生"，形成以"资源为核心"和以"用户为中心"的双向赋能的阅读推广方式。统筹兼顾、多方筹措、整合资源，调动一切可以调动的力量，形成以图书馆、文化馆、博物馆、纪念馆为主体，文化旅游产业、资源运营商共同参与的联动一体式"红色经典"智慧阅读推广新模式，共同开发具有当地人文特色的"红色经典"资源。同时，对各类"红色经典"资源进行分类、细化，不断变革服务方式，提升阅读服务质量。

（三）扩大"红色经典"宣传力、影响力，激发红色基因

社会主义发展新时代，"红色经典"被赋予新的时代内涵，为更好地传承红色文化、发扬红色精神，图书馆借助信息化条件，建立"红色经典"资源共享机制、畅通立体化宣传网络，联动各级图书馆，提升"红色经典"宣传力，广泛开展集红色教育、终身学习、智慧阅读为一体的教育形式。

针对不同的阅读群体，有针对性地开展阅读推广。使用多元化的宣传方式，拓展阅读途径，将沉浸式阅读、AI 科技等新理念、新技术应用于

---

① 瞿浩. 高校图书馆红色经典阅读推广的策略研究［J］. 大学图书情报学刊，2023，41（1）：20 - 24.

"红色经典"阅读。此外，加强实践活动，通过成立红色社团、招募志愿者，充分调动用户参与"红色经典"阅读的积极性，包括：组织参观革命纪念馆、参加红色话剧演出、拜访抗战老兵等，开展丰富多彩的红色文化活动，促进图书馆与社会机构、用户等多元主体的协同，让"红色经典"阅读在社会主义新时代蓬勃发展。①

（四）"红色经典"阅读推广与社会主义精神文明建设相结合

"红色经典"阅读推广应与社会主义精神文明建设相结合，这对于宣传爱国主义教育，实现中华民族伟大复兴有着重要的时代意义。因此，"红色经典"阅读是一个系统性、长期性的推广工程，并随着时代发展而不断进步。图书馆围绕社会主义建设，从用户阅读的特点出发，注重用户的内心感受，激发阅读潜能，使用户在红色文化熏陶的过程中提升文化修养，从而提高国民整体素质，厚植家国情怀，增强文化自信。②

（五）构建"图书馆＋红色文旅"的发展模式

新时期，促进红色文旅高质量发展，是图书馆与旅游行业共同面临的时代挑战，也是双方携手发展的时代机遇。以"红色精神"为行动引领，以"红色经典"阅读服务为价值核心，

紧紧围绕"传播爱国主义精神"的目标，构建"图书馆＋红色文旅"的新模式。拓展红色旅游阅读服务推广渠道，构建图书馆红色文旅阅读服务体系，实现图书馆和旅游行业的双赢共生格局。图书馆将"红色经典"精神融入阅读的各个环节，强调红色文化在教育领域的重要作用，致力于传承这一宝贵的文化遗产，并深入挖掘和广泛传播"红色经典"中蕴含的爱国主义精神，以此激发全民族的爱国情感和历史责任感。

图书馆联合旅游行业，立足地区红色旅游发展，深度挖掘英雄人物的先进事迹、历史事件，推出"红色云阅读"旅游品牌，使用户在旅行的过程中，学习红色文化、感悟红色精神，激发人民群众对祖国大好河山的热爱，在推广"红色经典"阅读的过程中，为红色旅游发展赋能。图书馆

---

① 瞿浩，周小李，陈珊珊. 高校"红色经典"阅读体系建设的策略研究［J］. 湖北开放大学学报，2023，43（4）：54－58.

② 赵发珍. 面向红色文化资源的图书馆阅读推广：价值、模式与路径［J］. 图书馆学研究，2021（14）：87－94.

"红色经典"阅读推广，需要广泛宣传，通过当地政府的政策支持，融合乡村旅游产业，将"红色经典"阅读推广与乡村红色旅游相结合，提升"红色经典"阅读的服务质量。

（六）广泛开展"红色经典"阅读合作

目前，"红色经典"阅读成为思想政治教育、传承红色文化的重要方式，但是仅仅依靠图书馆自身的力量开展"红色经典"阅读推广，难以形成持久的社会影响力。因此，图书馆应积极拓展"红色经典"阅读推广渠道，扩大"红色经典"阅读服务范围，与政府、高校、公共文化机构、旅游业、企业等开展广泛的合作。图书馆可以与社区街道、乡镇开展合作，推动"红色经典"阅读走基层、进乡村，不断将资源推送给广大人民群众，加大"红色经典"阅读推广的力度，着力打造"红色经典"阅读推广服务品牌，提升服务品质。借助图书馆自身的人才优势，对当地"红色经典"阅读资源进行整理、加工，形成人民群众广为接受的阅读方式，以动漫、游戏、卡通等多种形式呈现，挖掘"红色经典"内涵，传承红色记忆，提升红色故事的教育价值。[①]

三、以用户为中心的智慧图书馆阅读服务模式

（一）个性化定制服务模式

个性化定制服务是智慧图书馆创新乡村阅读的一种形式，由于用户在日常阅读时间和空间上具有碎片性和任意性的特点，智慧图书馆可以为用户量身定制个性化的智慧阅读服务。针对农产品经营户，通过智慧图书馆微信公众号向用户推送本地农产品信息、农业经济新闻，并结合经营户的经营状况，对未来销路进行预测，帮助用户建立销售渠道的信息链。从关心留守儿童的角度出发，开展丰富多彩的阅读活动，采用线上、线下相结合的方式，为乡村的留守儿童开展乡村实践活动、阅读指导，并提供所需要的书籍。针对独居老人，为其提供日常生活出行、健康养生以及心理辅导等个性化的信息咨询服务。此外，还可以收集当地红色故事，展示当地

---

① 谭华云，许春晓．行动者网络视阈下红色旅游融合发展中的利益共生研究——以韶山红色旅游为例［J］．广西社会科学，2016（1）：64 – 70.

革命先辈的生活轨迹，为弘扬当地红色文化，丰富乡村生活，提供具有当地特色的个性化定制服务。

（二）以用户为中心的智慧图书馆阅读服务模型

不断满足用户日益增长的阅读需求、文化需求，为用户提供及时、精准的信息，是开展乡村智慧阅读的服务宗旨。因此，应当以智慧图书馆为中心，根据用户的需求，组织好资源的内容、结构以及呈现形式，将其合理地组合和运用；同时，智慧图书馆的设计应以功能模块为单位进行规划，通过各平台接口实现对接，使之互相配合、互相补充，发挥整体资源优势，充分满足用户的学习需求。

笔者通过文献分析，结合实际调查，建议采用"以用户为中心"的智慧图书馆阅读服务模型，如图4－2所示。该模型可以充分发挥智慧图书馆资源优势，相应的资源可以通过各个接口与智慧平台、服务平台及管理平台进行无缝对接，用户可以通过智慧图书馆获取实时、最新的信息，并参与到资源建设、服务的各个环节中，以此更好地发挥资源效用。

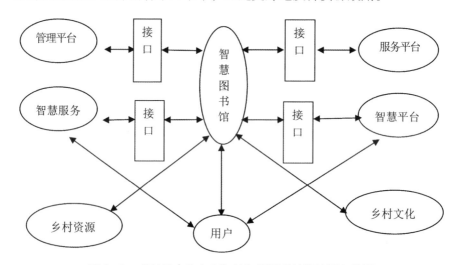

图4－2　"以用户为中心"的智慧图书馆阅读服务模型

● 智慧图书馆为作为独立的应用系统为用户提供共建、共享、共用的环境。

● 与其他平台结合，提供标准程序接口，将智慧图书馆的资源引入乡村智慧阅读服务过程中。

●通过挖掘乡村资源、乡村文化，与同行、专家以及其他服务平台，建立信息交流网，获取智慧阅读服务的新思路、新方法和新技术，开拓智慧阅读服务新空间。①

四、基于数据驱动的乡村智慧阅读服务模式

（一）智慧图书馆数据驱动的内涵

1. 图书馆馆员既是数据研究的发现者，也是数据服务的开发者

智慧阅读时代，用户面对海量数据、信息，难以进行有效选择，另外，众多的数据信息具有异构性、多元性、隐蔽性等特点。这就需要馆员通过专业的分析，研究数据的价值，发现用户的隐性需求，并对用户的阅读行为、阅读偏好、资源选择倾向进行了解，分析其特征、规律，为用户提供优质的服务。在此过程中，图书馆馆员对数据进行收集、整理、加工、开发。因此，图书馆馆员不仅是数据研究的发现者，也是数据服务的开发者。

2. 图书馆馆员具有数据管理者和文献提供者双重身份

在传统阅读服务过程中，图书馆馆员仅仅提供纸本资源给用户阅读，而缺少了对数据系统的管理和挖掘。在现代信息化技术环境中，图书馆馆员通过大数据、智能技术等先进的技术手段，对数据进行科学管理并按用户的阅读需求，精准地提供给用户。并且在准确研判的基础上，对数据进行筛选、分类、管理，洞察用户不断变化的阅读需求。由此挖掘当前和未来数据背后潜在的信息，根据用户阅读的兴趣、习惯，制定出个性化、精准的阅读服务，以此满足用户的不同需求。因此，图书馆馆员具有数据管理者和文献提供者的双重身份。②

3. 图书馆馆员是具有专业性、创新性的数据管理职业者

乡村的智慧阅读服务需要专业性、创新性的数据管理服务。调查发现，乡村用户信息素养普遍不高，对信息的选择、甄别能力较弱，自主选择信

---

① 瞿浩. 移动图书馆环境下的创新服务模式研究［J］. 农业图书情报学刊，2018（6）：193－196.

② 瞿浩. 大数据时代高校图书馆员的数据管理能力研究［J］. 农业图书情报学刊，2017，29（10）：95－98.

息的能力有待提升。而专业性、创新性的数据管理服务可以有效改变这一现象，随着信息技术的不断进步，大量数据、信息，需要图书馆馆员通过专业的知识和对数据服务的不断创新，提高数据在使用过程中的有效性。因此，图书馆馆员必须具备较高的数据管理专业水平和创新意识，才能更好地做好乡村智慧阅读服务工作。

（二）数据驱动的乡村智慧阅读服务模式

1. 形成大数据团队思维，加强数据服务团队建设

（1）培养并形成大数据团队思维

随着全民阅读活动的展开，对图书馆阅读服务水平提出更高的要求，这就需要图书馆馆员发挥团队的力量，共同努力，通过数据分析，研判当前和未来乡村阅读的各类业务、资源使用情况，为制定智慧图书馆服务乡村阅读相关政策提供重要的依据。

因此，培养大数据团队思维显得尤为重要，通过加强专业团队之间的合作，让枯燥的数据活跃起来，发挥集体智慧，形成积极而有效的沟通，探寻数据中相互关联、隐藏的信息。大数据团队思维在不断沟通、讨论、实践中保持高度活跃的状态，在沟通中碰撞出智慧的火花，从而避免因专业团队个体思维方式的局限而影响对数据的判断，具有较强的互补性。在大数据团队的协同中，需要不断创新服务方式、提升服务效能，提高对数据挖掘、数据存储、数据加工的能力。

（2）智慧阅读团队和数据服务团队深度融合发展

智慧阅读团队和数据服务团队融合发展，发挥不同团队的专业优势，提高图书馆阅读服务、终身教育服务的核心竞争力，这是工作方式、方法和服务形式的根本转型，也是图书馆在终身教育服务层面上的开拓与创新。为此，建设一支专业化程度高、业务水平强，具备数据挖掘和智能分析能力的综合型终身教育服务保障团队尤为重要。因此，必须具备以下三种能力：

一是数据挖掘力。在众多数据和海量信息中，挖掘、提取有价值的信息，并可以科学合理地加以使用，为用户提供有价值的信息资源。

二是信息研判力。具有对数据、信息的筛查能力，剔除无效信息，并

结合舆情系统，对思想、意识形态进行严格管控。在此基础上对用户需求、用户评论、用户阅读习惯以及使用信息资源的情况进行准确把握，快速判断出为用户提供的服务内容、服务方式和方法，以此更好地服务广大乡村用户。

三是服务表达力。在前期数据挖掘、处理的基础上，通过网络系统，将信息资源以不同形态、不同表达方式呈现于用户面前。对用户的需求，作出快速回应，并能满足用户不断变化的信息需求，实现多种渠道传播数据、信息的能力，为其提供有针对性的个性化信息服务。在各数据之间建立起联系，并能够组织好各种复杂数据，用智慧服务的理念将数据进行关联、整合，从而做好乡村智慧阅读服务保障工作。

2. 健全数据管理的培训机制

（1）提高数据管理培训的科学性和有效性

作为一项具有建设性的图书馆业务培训科目，数据管理培训为乡村智慧阅读服务模式发展提供了强大的内驱力，凸显图书馆培训方式的科学性、有效性。在现代科技环境下，图书馆需要与时俱进，从传统的基础性业务培训，转向为用户高效服务的数据管理培训。区别于传统图书馆培训业务，数据管理培训对于提升图书馆整体数据管理的科学性、有效性有着现实的时代意义。图书馆数据服务团队在培训中，应站在用户的角度，洞察用户多元化需求，创新服务水平，拓展服务思路，提高数据管理的综合能力。

（2）加强团队的数据管理能力培训

团队数据管理能力提升的一个重要途径，是加强岗前和职后专业培训。目前，国外已经有相关的实践，并取得较好的效果。例如：西俄勒冈大学图书馆在培训中着重提升团队数据的分析能力，提高数据管理的水平。尤其注重岗前与职后培训的质量，以用户需求为导向，并将数据采集、数据分析，通过信息化手段进行处理、分析，对整个过程进行评估、完善。通过此举，该馆的数据服务水平显著提升。美国研究图书馆协会也提出，研究数据管理将成为下一代图书馆团队的能力之一，数据管理培训为馆员提升服务技能提供更多的专业指导，也为其职业生涯的发展探索出一个全新的发展方向。

随着科技力量的发展，社会信息化程度的提升，近年来，我国图书馆在团队培训中，关于数据管理培训的内容明显增多。但是，在具体培训科目、实操课程方面依然处于探索阶段，缺少相关的理论指导和培训经验。因此，图书馆要为团队建立健全科学的培训机制，根据不同馆员的专业背景、学科领域，制定具体的培训目标和方案，并形成科学的培训体系。在此过程中，需要积极调动团队的参与性和主观能动性，发挥每一位馆员的专业特长，不断提升团队的数据管理能力。

在大数据技术蓬勃发展的时代，数据管理的功能定位尤为突出，馆员在进行入职培训时，要将此作为重点培训工作。另外，不能仅仅局限于理论知识，数据管理的专业化培训更多是在实践中不断总结，与同行进行交流学习、分享经验的过程中形成的。图书馆可以增加相应的实践课程，让馆员将数据管理的理论在实践中充分运用，并在实践中不断总结管理经验，使馆员内化为自身的能力，经过反复锤炼，提升数据服务水平，增强数据处理、数据分析的本领。

五、基于信息生态理论的乡村智慧阅读服务模式

（一）信息生态理论

信息生态，是指在信息环境中，信息人运用信息技术，以满足信息需求为目的，通过与用户之间的互动，进行的一系列信息传递的活动。其核心理念是以人为中心，协调人、信息和信息环境之间关系，进而形成和谐、有序、良性循环的平衡状态。

信息生态系统是指在信息环境中，信息人与信息之间彼此交互、联系而形成的一个有机体，具有一定自我调节能力的系统。如同自然界的生态系统，信息生态系统也具有开放性、生态性、循环性等特征，具有自我净化、自我调节的功能，从而达到生态平衡。信息生态系统健康、绿色的理念直接影响信息传播的效率，并对社会经济发展产生积极的作用。①

---

① 钱丹丹，王丽华，刘炜. 元宇宙图书馆智慧生态系统构建与典型应用探索［J］. 图书馆建设，2023（4）：59-66.

20 世纪 90 年代初，我国开始对图书馆生态系统进行研究，侯晓军于 1993 年提出了图书馆系统是一个生态系统，以图书馆生态系统为其研究对象。他认为，图书馆和用户、环境之间的信息交流，共同构成了图书馆生态系统。① 薛卫双以系统整体为研究起点，从系统结构、系统活力和系统服务力三个方面，探讨了高校数字图书馆信息生态系统健康评价体系。② 张春春认为，图书馆信息生态系统是由信息资源、图书馆员、用户、信息环境构成的人工系统，应立足于各要素之间的关系，优化资源配置，为阅读困难群体提供服务。③ 郭海明等认为，数字图书馆信息生态环境是网络环境下的数字化生态环境，健康的数字图书馆生态系统是图书馆建设的重要组成部分。④ 王宁通过对国内 50 个图书馆的微信服务进行抽样调查，发现图书馆信息服务过程中存在的问题，从信息人、信息传播内容和信息传播途径三个维度，提出图书馆微服务的策略。⑤ 王瑶等在图书馆信息生态系统完整性假设的基础上，探讨如何对信息资源进行管理，开展新型业务，以满足读者的需求。⑥ 通过调查研究，很多学者认为需要构建科学的图书馆信息生态系统，平衡信息生态系统中的各构成要素，合理使用信息资源，正确处理好图书馆、用户、资源之间的关系，实现图书馆信息生态系统的健康、可持续发展。

（二）乡村智慧阅读生态系统

乡村智慧阅读生态系统实质上是以智慧图书馆为中心进行的信息流转，其生态要素包括三个方面：智慧图书馆、用户和阅读环境，如图 4 - 3

---

① 侯晓军. 浅议图书馆生态学 [J]. 图书馆学刊, 1993 (6): 27 - 28.

② 薛卫双. 高校数字图书馆信息生态系统健康评价研究 [J]. 情报科学, 2014, 32 (5): 97 - 101.

③ 张春春. 基于图书馆信息生态系统的阅读困难群体服务路径研究 [J]. 图书馆, 2014 (5): 81 - 83.

④ 郭海明, 刘桂珍. 数字图书馆信息生态分析 [J]. 图书馆理论与实践, 2007 (1): 12 - 13.

⑤ 王宁. 图书馆微服务信息生态链动力机制及优化策略研究 [J]. 情报杂志, 2015, 34 (9): 202 - 207, 196.

⑥ 王瑶, 武含冰. 图书馆信息生态系统的完整性评价研究 [J]. 教育教学论坛, 2019 (32): 8 - 9.

所示。①

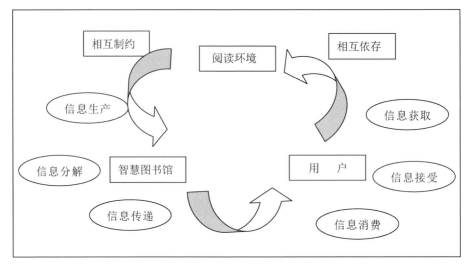

图 4 - 3　乡村智慧阅读生态系统

智慧图书馆是信息资源的生产者、加工者、传播者，在信息生态系统中是主导性要素，负责收集、整理信息，分析用户的需求，对用户运用资源有着导向作用。用户是信息资源的接受者、消费者，对图书馆提供的信息资源进行阅读、学习，同时，也是信息的再生者，用户在使用信息资源的过程中，提出自身的学习需求，通过网络将其精准地反馈于智慧图书馆，继而为智慧图书馆完善服务内容、改进服务方式、提升服务质量提供基本参考。阅读环境是生态系统中智慧图书馆和用户以及信息交流的总和，可以是网络环境、阅读平台、虚拟学习空间、图书馆实体空间等。乡村智慧阅读生态系统的三个要素是一种互动、共生、共赢的关系，彼此相互依存、相互作用。

（三）乡村智慧阅读生态系统的构建

乡村智慧阅读生态系统主要是指智慧图书馆在为用户提供学习信息、资源的过程中，由智慧图书馆、环境和用户共同组成的一个绿色、共赢、可持续发展的阅读服务系统。智慧图书馆和用户是紧密联系的统一体，如

---

① 瞿浩. 基于信息生态理论的图书馆服务策略研究［J］. 池州学院学报，2019，33（3）：102-104.

图4－4所示。

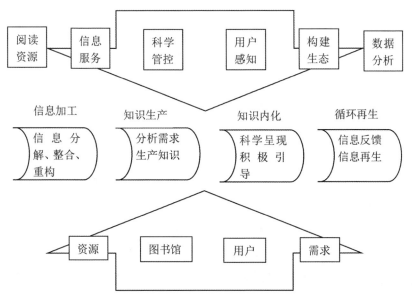

图4－4　基于信息生态理论的乡村智慧阅读服务模式

基于信息生态理论的乡村智慧阅读模式包括以下部分：

信息加工：通过运用科学的加工理念、技术手段，对信息进行分解、整合、重构。

知识生产：图书馆通过深入分析用户学习需求，整合各项资源，生产用户学习所需的知识。

知识内化：将阅读资源、知识，科学、合理地呈现在用户面前，引导用户正确运用阅读资源，进行自主学习、内化知识、满足用户多元化学习需求，并对阅读过程进行科学管控，构建生态、和谐、愉悦的学习氛围。

循环再生：借助智能技术、大数据技术，分析用户的学习效果和需求情况，对用户的学习效果和资源使用反馈结果进行分析，并进一步改进，实现信息资源的循环再生。减少阅读服务中的资源浪费和信息污染，保障乡村智慧阅读生态系统的稳定运行。

在经济快速发展的信息化时代，注重乡村智慧阅读生态系统的建设，是营造和谐阅读环境、改善信息生态的重要举措，对于构建和谐、稳定的学习环境，提高用户阅读效率，提升学习效果，实现乡村智慧阅读服务可持续发展具有深远的意义。

六、基于文旅融合的乡村智慧阅读服务模式

（一）文旅融合背景下的乡村智慧阅读服务

1. "文旅融合 + 智慧阅读"的时代呼唤

2018 年 4 月，新一轮政府机构改革，"文化和旅游部"正式挂牌，并于当年完成了机构合并，成立各级文化和旅游行政部门。同时，国家在文化旅游领域相继颁布了超过 50 部相关政策，涵盖了从财政补贴到促进就业等多个层面，为该领域的发展提供了全面的政策扶持和激励措施。由此，促进了文旅融合以及各机构之间的联合，智慧图书馆服务乡村阅读的开展，迎来了更为广阔的发展空间和时代契机。这将有利于阅读推广向新的领域拓展，促进图书馆与多机构联合，创新阅读服务方式、方法，提升智慧阅读服务效能，为乡村的终身教育、文化建设提供精神动力，在广大乡村形成良好的学习氛围。

2. "文旅融合 + 智慧阅读"的新理念

文旅融合为乡村智慧阅读的开展提供了新的发展方向和发展空间，突破了传统的阅读局限，带来更多具有创新性的阅读方式，融合乡村智慧阅读的理念与文化旅游的理念，将智慧阅读覆盖到乡村的各个角落，为乡村的终身教育服务提供更广阔的思路。同时，也为智慧图书馆服务乡村阅读带来了新理念、新思路，加强了图书馆与各机构的合作。例如：通过与乡村旅游产业合作，为从事乡村旅游业的从业人员提供阅读资料、开展培训，并为其职业技能的发展，提供学习和交流的平台。①

"全域旅游"与"全域阅读"融合发展，成为时代的呼唤，智慧图书馆将积极探索乡村阅读的新思想、新方法、新路径，构建文旅融合的新模式，积累新范例，为乡村终身教育提供更多的服务保障。持续发挥各个机构的优势，博采众家之长，运用先进的技术手段、发挥智慧服务的效能，通过整合阅读资源，倡导终身学习理念，共同推进乡村阅读朝着更深、更广的领域发展，让用户在文化旅游的服务过程中学习，并积极探索文化旅游服

---

① 王世伟. 关于公共图书馆文旅深度融合的思考［J］. 图书馆，2019（2）：1 - 6.

务的新功能，将智慧阅读推向广袤的乡村大地，使之成为乡村终身学习的新名片。

在文旅发展的新时代，文旅融合作为乡村智慧阅读、终身教育发展的新路向，智慧图书馆与文旅产业融合发展，创造了乡村阅读、乡村教育的新气象、新面貌，创造性地实现了文旅融合、教育融合、服务融合，推动了乡村文化旅游和乡村教育的共同发展。以乡村智慧阅读为切入点，为新时代图书馆服务乡村教育、文化旅游发展作出贡献，并将其纳入社会公共文化服务和图书馆服务体系建设中。因此，图书馆积极探索文旅融合带来的新机遇，凸显智慧阅读服务优势，将乡村的阅读推广工作与文化旅游深度融合，推动乡村终身教育朝着更深的层次发展。①

（二）文旅融合时代，乡村智慧阅读的新契机

1. "文旅融合 + 图书馆" 的探索

文旅融合为乡村智慧阅读带来了更多的拓展性和延伸性，使得智慧阅读服务、终身教育的理念在乡村快速普及，推动了乡村教育事业的发展。智慧图书馆以此为契机，与文化旅游部门、社会机构开展广泛的合作，开展形式多样的阅读推广活动，以点带面、逐步推广，积极构建乡村阅读的新业态、新模式，形成良性互动、创新驱动、一体发展的智慧阅读服务综合体。文旅事业的蓬勃发展，凝聚了各方力量，突破了传统组织管理、机构交流的壁垒，使之不再受制于行业的限制，形成文化、旅游、教育一体化发展的趋势。同时，有利于图书馆在乡村智慧阅读服务过程中，节约运行成本，提高行业的影响力和辐射力，提升乡村整体经济、文化教育发展水平。

2. "文旅融合 + 智慧阅读" 的新业态

文旅融合催生了智慧阅读多元化的生长点，集旅行、居住、游玩、研学于一体的旅游综合产业，给乡村旅游业的发展创造更多的机会，而智慧图书馆可以发挥自身智慧服务优势，构建一种全新的格局，将阅读推广嵌入文化旅游的过程中，随着旅游活动的开展，提升公众的阅读体验，丰富

---

① 周芸熠，张磊，董群. 文旅融合时代下的公共图书馆发展研究与思考 [J]. 图书馆学研究，2020（2）：25 - 31，24.

文化知识。

通过智慧阅读服务平台与当地经济发展相结合，例如：借助智慧阅读服务平台宣传旅游地的历史文化，让旅行者在旅途中，领略当地自然风光，促进旅行者和乡村文化交流，让城乡的交流更加活跃，形成文旅机构和智慧图书馆的共赢局面。智慧阅读服务平台的开发为乡村智慧阅读推广提供了便利性和可操作性，智慧图书馆有了更为广阔的探索空间。在"智慧图书馆+文旅"的阅读推广中，智慧图书馆因地制宜、因人施策，为广大乡村用户提供了更有内涵、更有价值的阅读资源。

目前，国内一些图书馆结合自身专业优势和当地文化特色，积极开展"文旅融合+智慧阅读"的新业态。通过文化旅游带来大量的人群，将其吸引到阅读推广的活动中，让旅游者变成用户，让用户成为旅游者，实现知行合一，使其相互融合。同时，文化旅游具有无地域限制的特点，对接文旅融合的旅游平台，将二者融合，实现乡村智慧阅读的跨地区联合，弥合了智慧图书馆难以涉及的领域。

（三）文旅融合的乡村智慧阅读服务模式

20 世纪 80 年代，我国曾兴起"图书馆+旅游"的服务模式研究热潮，受限于当时社会经济发展水平，没有深入展开研究。随着经济的发展、科技的进步，文旅融合理念得到了进一步的发展，并在实践中取得了较好的成绩，为新时代文旅融合背景下的乡村阅读推广提供了可行性。①

1. 打造跨地区的研学旅游基地

研学旅游通常是阅读推广活动与旅游联系最紧密的内容，可以在乡村打造跨地区的研学旅游基地，将文化、旅游、人文、生态、经济等多种因素融入研学过程中。深入挖掘、开发乡村人文资源，将智慧阅读服务嵌入乡村旅游区域，实现诗与远方同行。通过开发红色经典研学、历史文化研学、乡村生活研学、生态经济研学等课程，突破城乡信息交流的壁垒，为城市和乡村的用户建立相互沟通、交流的桥梁。使之成为公众学习的第二课堂，推动城乡的经济合作、文化教育事业发展，实现乡村阅读资源共建、

---

① 郭生山，张莉，李霄，等. 文旅融合背景下阅读推广现状分析及模式拓展 [J]. 图书馆理论与实践，2021（3）：70-77，89.

共享。

以智慧图书馆为引擎，以乡村阅读为导向，联合相关机构构建立体化、全域化的乡村研学阅读服务体系，开发具有当地乡村特色的智慧阅读资源，使城乡之间的资源互通、互补。以研学旅游为载体，各主体间以智慧图书馆为纽带，打造集公众学习、休闲、交流于一体的智慧阅读综合体。

文旅融合为乡村阅读推广提供了新的发展机遇。深入探索"阅读+"新业态、新模式，将智慧阅读与乡村旅游、乡村研学、乡村农业等深度融合，营造阅读氛围，畅通城市和乡村的信息交流，保持研学旅行的趣味性、生动性。通过与文化旅游事业融合，与乡村旅游产业结合，将智慧阅读服务嵌入文旅过程中，为乡村智慧阅读培育新的服务增长点。丰富研学旅游的合作方式，推动乡村智慧阅读的深入开展，充分整合社会资源，推动乡村阅读资源多元化建设，助力乡村智慧阅读服务的可持续发展。

2. 基于文旅融合的智慧阅读服务模型

根据要素理论，系统中的要素是共同生长的有机体，彼此相互依存、相互影响。由此，提出基于文旅融合的智慧阅读服务模型，如图4-5所示。该模型主要由文旅融合和智慧服务两个模块构成，具体包括：学习行为、阅读行为、互动平台、资源建设四个变量，各个变量彼此关联，相互作用。

第一，通过前期为用户输入教育资源、乡村资源，分析用户的学习行为、阅读行为，以及互动平台、资源建设的具体情况，分析用户具体需求，有针对性地开展资源库建设。

第二，通过对用户的学习行为、阅读行为进行分析，包括用户的阅读倾向、学习特征等，对其数据进行关联，同时，进行情境创设，为用户的阅读、学习提供更为直观的资源，提升用户体验感，便于用户理解、识记知识。

第三，融合乡村本地的乡风文明、旅游资源、文化资源，对其进行多维度挖掘，实现文旅融合的一体化发展，进而促进乡村文化的发展。

第四，智慧图书馆团队在对用户的行为、需求充分把握的基础上，精准推送阅读资源，开展阅读服务，建立良性、动态的交互。积极听取用户的反馈意见，增进用户和智慧图书馆之间的交流，进一步促进资源的建设。在此过程中，智慧图书馆团队对资源不断地修正，形成符合具有当地特点的阅读资源，以此提高用户的学习质量，并形成长效机制，实现乡村终身教育的可持续发展。

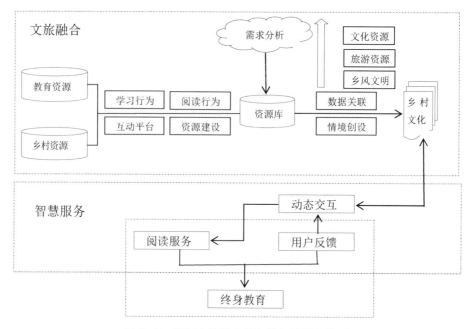

图 4 – 5 基于文旅融合的智慧阅读服务模型

七、基于数据安全、区块链技术构建的乡村智慧阅读服务模式

（一）基于数据安全的乡村智慧阅读服务模式

随着时代的发展，智慧图书馆逐渐与智慧城市、智慧乡村交汇融合，并形成相互支持、共同生长的态势，从内部机理来看，智慧图书馆、用户、阅读资源也构成了一个社会子系统，其三者之间高度互联与互通。从外部环境看，智慧图书馆起到了在信息环境中传承文化、传播知识、终身教育的社会责任。网络技术的不断进步，社会信息交流日益频繁，更多的新技术、新方法应用于智慧图书馆的阅读服务中，给用户带来更多愉悦的、便捷的阅读体验。但是，信息安全问题也随着信息的快速流动而日益凸显。智慧图书馆的服务器、网站、网络体系、资源建设体系，都曾遇到过被黑客攻击、数据丢失、网页被篡改等严重问题。由此带来的用户数据泄露、网络设备瘫痪，甚至引发社会舆论等，严重阻碍了智慧图书馆服务乡村阅

读的有序开展。

　　笔者在文献调查的基础上，对智慧图书馆信息安全问题和安全管理问题进行分类，自上而下地可分为：软件服务层、数据层、系统管理层、基础设备层，如表4-1和表4-2所示。根据图书馆的发展现状，以及图书馆面临的信息安全问题，在智慧图书馆服务乡村阅读活动中，信息安全可以从以下方面开展。

表4-1　智慧图书馆信息安全问题分类

分层	安全问题				
软件服务层	信息泄露	非法信息	隐私泄露	外侵渗透	侵害名誉
数据层	信息篡改	窃取账号	信息监听	篡改程序	窃取密钥
系统管理层	远程攻击	黑客侵入	瘫痪网络	网站攻击	系统崩溃
基础设备层	设备损坏	设备故障	通信干扰	网络瘫痪	终端失效

表4-2　智慧图书馆信息安全管理的分类

分层	安全管理				
软件服务层	信息安全	密钥验证	服务稳定	管控安全	信息准确
数据层	数据安全	智能识别	精准研判	数据稳定	准确可靠
系统管理层	运行稳定	智能防盗	网络对抗	防范攻击	管理安全
基础设备层	基础安全	设备安全	网络安全	终端安全	通信安全

　　1. 乡村智慧阅读服务模式的基础设备层

　　基础设备层是智慧图书馆开展乡村阅读服务的重要基础，包括了基础的网络系统，如交换机、路由器、网络服务器等硬件设备；涉及多种技术设备，如服务器、智能终端、数据备份设备等。由此，需要建立一套稳定的基础设备系统，具体可包括：容灾备份服务器、智能阅读终端、抗干扰的电磁技术设备、具有网络安全防护和入侵检测的设备。同时，图书馆可以建设智能移动终端，如智能语音机器人。也可以根据乡村阅读的实际情况，增加虚拟化设备和人工智能设备。此外，考虑到智慧图书馆服务器通常采用中心化存储，如果遭受到网络攻击、停电、洪水等灾难性事件，可能存在信息丢失的风险。因此，可以采用区块链技术，通过"去中心化"，防止信息、数据的丢失、篡改，提升智慧图书馆服务乡村阅读的效能。

2. 乡村智慧阅读服务模式的系统管理层

系统管理层，存在远程攻击、黑客侵入、网络瘫痪、网站攻击、系统崩溃等问题，需要保证系统管理层的运行稳定、智能防盗、网络对抗、防范攻击、管理安全。主要表现在：防止黑客通过外网或境外服务器对本地系统进行入侵、攻击，致使网站等系统崩溃。智慧图书馆在服务乡村阅读的过程中，面对此类安全问题，需要保证图书馆内的系统不被外界干扰，可以通过以下技术措施防范，如：对身份认证的识别、信息安全风险的评估、虚拟环境的检测，以此提升阅读服务平台的可靠性。随着网络环境的发展，网络世界的复杂性也日益明显，需要考虑更为安全的传输技术，防止黑客的干扰和侵入。因此，可以增加安全认证平台、安全认证技术。同时，对访问记录进行溯源，还可以通过分析网络，检测入侵地址的来源，提升对黑客攻击的追踪能力，大大降低信息泄露的风险和隐患。

3. 乡村智慧阅读服务模式的数据层

数据层主要包括数据安全、智能识别、精准研判、数据稳定、准确可靠，防止数据在传输的过程中被黑客篡改，防止盗取账号、信息监听、窃取密钥。智慧图书馆在服务乡村阅读的过程中，用户数据通常需要通过网络上传到云服务器，在此过程中容易造成数据的丢失，由此产生一系列不良的后果。因此，智慧图书馆在信息安全方面需要采用数据验证的技术，对数据进行统计、分析，构建服务对象的特征。例如：运用生物技术对用户信息进行验证，达到信息安全的目的。此外，乡村特色数据库通常代表了一个乡村的乡土文化，具有唯一性、本土性、不可复制性。因此，在建设过程中，应当增加安全备份系统，防止相关数据丢失。

4. 乡村智慧阅读服务模式的软件服务层

智慧图书馆信息安全中的软件服务层，主要防范：信息泄露、非法信息、隐私泄露、外侵渗透、侵害名誉。防止因用户个人或者智慧阅读系统建设等因素，造成被外界黑客非法盗用信息、盗取个人隐私、侵害单位或者个人名誉的问题。针对此类问题，智慧图书馆应当采取严格的信息安全建设标准，通过一系列举措，包括对用户进行信息素养教育、信息安全培训，不断提高图书馆自身的信息安全级别，确保信息安全、密钥验证、服务稳定、管控安全、信息准确，为用户提供高质量的阅读服务，让用户在一个安全、稳定、可靠的信息环境下进行阅读。

（二）基于区块链技术的乡村智慧阅读服务模式

智慧图书馆在服务乡村阅读的过程中，充分发挥技术优势，将智能技术融入乡村阅读活动的全过程，在此基础上可以嵌入区块链技术，实现信息资源、用户、图书馆之间的信息畅通，凸显全面感知、无限泛在的智慧化服务理念，为乡村阅读提供可靠的技术保障和高效的智能服务。

1. 区块链技术具有去中心化的优点

第一，通过去中心化使信息系统里的所有节点可以均等地分享、获取、加工、存储信息，采用智能合约思路，实现了过程透明，对于防范黑客恶意攻击、篡改信息起到了重要的作用，确保了信息的真实性。在安全性方面，具有数据的可追溯性，信息需要前后保持一致，如果在前面的一块区域被修改，那么后面所有的信息均需要修改，通过此举，大大提高了信息的安全性。

第二，在智慧乡村的建设过程中，将区块链技术应用于乡村智慧阅读，具有明显的智能化、精准化特点。基于区块链技术的乡村智慧阅读服务平台，可以科学分析用户阅读行为，精准发现并预测用户的信息需求，通过区块链技术使用户可以及时获取资源、分享信息，进而共建、共享阅读资源。因此，这是一个信息开放的模式，彼此之间可以互通有无，畅通信息渠道。[1]

第三，通过分布式记账技术，可以记录用户的阅读轨迹、深度挖掘用户的阅读需求，有效推动用户与图书馆之间的交流。并且可以针对乡村不同的群体，如：留守儿童、农业生产者、阅读障碍者，根据他们的信息需求进行分析，由此提高用户阅读的精准性，发挥出应有的智慧阅读效能。[2]

第四，在传统阅读过程中，用户通常会因为阅读平台单调的呈现形式而丧失阅读热情，通过嵌入区块链技术，结合视频、音频等，可以充分调

---

　　[1]　曹宁. 基于区块链的图书馆自建数据库数据资源安全共享机制研究 [J]. 大学图书情报学刊，2023，41（5）：118 – 121，145.

　　[2]　刘一鸣，王佳佳. 基于区块链技术的公共图书馆文化精准扶贫研究 [J]. 图书馆建设，2021（3）：143 – 150.

动用户的积极性，使其参与到阅读交流、视频互动、作品分享的过程中，形成独具特色的阅读品牌。在此过程中，可以发挥用户的主观能动性，使其主动参与到平台的资源管理过程中，实现阅读服务平台的开放式管理。同时，针对乡村用户学习农业技术的特点，用户可以借助智慧阅读服务平台，将学习心得、学习体会进行记录，形成自己的知识体系，进而成为自己的学习成果。区块链技术具有不可篡改性，结合分布式记账，可以为作者建立一个安全且不可侵犯的知识产权体系。在此过程中，用户既是资源的消费者，又是资源的提供者，进而形成互信、互惠的机制。

第五，区块链技术通过特有的工作原理，增进用户彼此之间的信任，加快了农业知识技术转化为财富的速度，调动了用户的参与度，使其养成终身阅读、终身学习的良好习惯。通过区块链技术建立生物认证、智能管理机制，保证了信息的安全性，将以往传统的、分散的、孤立的阅读内容整合成丰富多样的学习资源。此举对乡村智慧阅读起到了积极的促进作用，更好地为广大农民群众提供智慧阅读服务，提高了智慧阅读的效率，并为其提供了一个可互动、可持续、可拓展的致富途径。

2. 区块链技术在乡村智慧阅读中的应用

乡村智慧阅读服务平台，由智慧阅读服务平台和区块链平台共同构成，通过区块链技术对信息、资源进行加工，进而形成区块链技术的基础数据，为用户提供方便、快捷的交流界面。区块链技术在乡村智慧阅读中的应用主要包括四个方面。①

第一，去中心化阅读系统。运用去中心化的技术管理思路，改变传统阅读平台单一化建设的困境，实现用户与用户、用户与阅读资源之间的信息畅通。根据设计的智能合约，可以使阅读平台自动批处理复杂的认证工作，比如：用户在线注册账号、人工认证等。用户可以将自己的作品，经舆情系统审核后，上传至乡村智慧阅读服务平台，供所有用户学习、分享。例如：某用户可以将自己擅长的养鱼经验、注意事项、饲养周期等心得体会，通过现场直播或者录像的形式，上传并分享。同时，其他用户在观看

---

① 周耀. 基于区块链技术构建高校图书馆智慧阅读平台研究［J］. 现代情报，2020，40（2）：96 – 102.

时可以点赞，并筛选出优质的作品收藏，方便后期观看分享。①

　　第二，作品众筹系统。乡村智慧阅读服务平台不仅具有阅读推广、信息推送、互动交流的功能，还应具有调动用户积极性，使其主动参与到乡村阅读资源建设中的能力。区块链技术的出现，提高了用户的参与度，为乡村阅读资源的建设作出积极的贡献。与传统社交媒体平台有所区别的是，运用区块链技术，可以实现数据的分布式存储和信息的不可篡改功能，在很大程度上遏制了侵权、盗版等现象。通过智能合约算法，根据作者意愿，可以免费使用，或者通过众筹的方式支付给作者一定的酬金。通过此举，一方面可以降低购买阅读资源的开销，另一方面可以保护作者的著作权，调动作者创作的积极性。同时，平台应具有舆论监测、敏感字监测、作品质量分析等功能，以便更好地发挥服务效能。

　　第三，个人管理系统。通过运用区块链技术，建立个人管理系统，实现用户个性化信息定制的功能。在功能模块中，根据用户的基础信息，为用户推送所需的阅读资源，并通过阅读积分奖励用户，产生阅读排行榜。在乡村智慧阅读服务平台内建立积分系统，可以展示用户的知识财富和用户在平台中取得的成绩。如：学习时长、文章点击量、文章下载量、用户互助答疑、作品展示等，并且可以对转发、阅读、点赞、互助答疑等环节进行积分奖励，用户也可以通过积分兑换自己所需的服务。通过此举，调动了用户参与阅读的积极性，也为智慧图书馆服务乡村阅读的可持续开展提供了有力支持。同时，也可以将其作为评价乡村智慧阅读服务效果的指标。

　　第四，线下阅读系统。区块链技术在智慧图书馆服务乡村阅读活动的过程中，发挥了重要作用，其创新的服务内容和方法，成为帮助用户阅读、学习的脚手架，区块链技术在线上可以通过管理系统，为用户分析需求、推送信息、管理个人学习资料。同时，也可以对线下活动进行精准的预测、分析，并对线下相关阅读活动进行监督，通过数据链结构，科学评估线下活动，协助智慧图书馆开展乡村阅读服务。

---

　　① 严贝妮，王露雅. 乡村振兴战略背景下乡村阅读推广品牌化运作路径研究——以"新时代乡村阅读季"为例［J］. 图书馆学研究，2023（6）：77－86.

第二节　智慧图书馆服务乡村阅读的策略

一、建立健全乡村智慧阅读服务机制

（一）转变服务理念，优化运行机制

第一，转变服务理念，知识无边界、用户零跑路，实现由人找知识变成知识找人的服务形式，以资源为载体，通过智能技术、知识服务等方式锻造集阅读、教育、服务于一体的智慧阅读服务平台。通过"云课堂"为农民普及文化教育和农业技术知识，为农民和专家之间建立起沟通的桥梁，畅通信息渠道。

第二，通过对本地文化资源的数字化，构建"乡土记忆"数据库，记录民间风俗节庆、戏曲、自然人文等信息，科学运用数据分析技术、增强现实技术等，实现对乡村文化资源、教育资源的多维挖掘和长效保存。收集并整理当地文化旅游、历史人文、自然地理等资源，打造具有当地特色的阅读平台，让村民在学习中增长知识，增强对乡土历史文化的热爱。

第三，在制度保障方面，利用线上平台，加强对专业人才的培养和培训，加快乡村建设步伐以适应智慧阅读服务，构筑村民畅享的智慧生活。聚焦教育、农业、文化、养老等重点领域，支持智慧图书馆对接基层，扩大优质阅读服务资源覆盖范围，实现智慧图书馆阅读服务惠及全民，保障乡村阅读服务的均衡性、育人性、公益性。

第四，在运行机制方面，以"终身教育"为目标，以"智慧阅读"为途径，联合文旅部门、教育部门、县级图书馆、农家书屋、村委会开展广泛的跨界合作。发挥资源整合优势，充分挖掘本地具有文化教育价值的资源，并使之数字化，形成符合用户学习需求的阅读资源，为用户提供精准的阅读服务，实现更有效率的资源利用模式、更加便捷的教育服务方式、更为灵活的运营机制。

第五，加大宣传力度，畅通信息渠道，开展专业化、社会化的智慧阅读服务，开创一个智慧图书馆服务乡村阅读的"新业态"，使之成为智慧阅

读和终身教育的服务综合体，助力信息互通的学习型乡村社会。以当地的文旅特色为抓手，以培育文明的民俗乡风为目标，以建设特色资源为契机，打造文旅融合模式，广泛吸纳社会力量参与，扩大资金投入渠道，创建具有当地特色的文旅品牌，以此帮助农民增加致富的途径。同时，结合当地文化特点，运用科技手段对乡村资源进行深入挖掘和长效保存，提升乡村终身教育服务的质量。

从运行方式、服务方式、人员管理等方面，建立健全运行机制，并制定一套符合乡村阅读特点的标准化制度，对智慧馆员进行系统化的培养，打造专业团队，优化服务内容，完善科学评价体系。建立资金保障机制，政府职能部门需深入了解乡村智慧阅读服务的实际情况与具体需求，统筹规划、广泛宣传、促进文旅融合，吸引企业资金投入，充分发挥企业资金的作用，形成资金保障合力。

此外，通过数据分析技术、竞争性情报和知识管理，精准刻画用户需求，为其量身打造学习内容。例如：针对老年村民，提供直观、易懂的视听资源，为其阅读、学习提供便利，帮助他们克服阅读困难。针对留守儿童可以以培养阅读兴趣、阅读习惯为主要目的，进而形成爱读书、读好书的阅读态度，并加强国学、科普方面的知识学习指导。

（二）培养阅读习惯，提升阅读素养

信息化时代，5G 网络的出现加速了信息的快速流动。用户在高速度、低延时的信息面前，往往会忽视阅读内容的价值判断和内容甄别。因此，智慧图书馆团队需要对村民阅读素养开展相应的培训，提升阅读的能力和对信息判断的能力，引导村民遵守网络道德规范，科学、合理地进行阅读，掌握阅读技能、学习文化知识、领悟文化的内涵，树立正确的价值观念。

1. 构建以乡村文化服务为主导的智慧阅读服务

智慧图书馆服务乡村阅读，秉承阅读助力教育事业发展的理念，积极建设农民所需的信息资源。突破传统服务机构的边界，协同各方力量，发挥智慧阅读服务平台在资源共建、信息共享等方面的优势，通过开展资源合作网的服务形式，提升终身教育服务的能力。构建公共文化机构、用户、社会力量共同参与的信息共享机制，不断扩大融媒体的宣传力度，为广大村民提供自助式的智慧阅读服务，使其更加快速、便捷、准确地获取知识。

建立以乡村文化为载体的智慧阅读服务平台，为村民学习交流、经验分享提供沟通的渠道。合理利用乡村本土文化资源，丰富与村民生活、生产息息相关的文化知识。提高村民的参与度和认同感，推动以乡村终身教育为导向的智慧阅读，向着更高质量、更高层次的服务水平迈进。

2. 提升智慧阅读的专业性和科学性

虽然目前乡村网络体系已经完善，相应的阅读平台也初步形成，村民具备了阅读的硬件条件，但是与之相适应的信息素养、阅读能力还需要进一步培养，村民对信息的甄别能力、舆论的判断能力还需要大幅度提升。因此，为村民培养良好的阅读习惯，提供专业的阅读、教育指导，普及乡村文化知识显得尤为重要。

智慧图书馆需要对乡村智慧阅读的现状进行充分的调研，因人而异、精准施策，提升智慧阅读服务体验，为村民提供适合本地生活特点的阅读资源、学习资源。例如：针对种植户可以进行农业技术阅读辅导和帮助。以村民的满意度为目标，帮助村民获取专业的养殖技术知识，培养运用信息技术自主学习知识的能力。

3. 有效整合社会资源，推动乡村阅读推广

智慧图书馆可以整合社会资源，与博物馆、文化馆、艺术馆等机构合作，共同开展具有当地风俗特点的阅读、教育活动，厚植乡土文化，为乡村营造浓厚的文化学习氛围。也可以在当地政府支持下，对接企业、引入资金，开展线上智慧服务，帮助农民宣传农业文化产品，扩大智慧阅读服务的影响力、服务力。

4. 丰富沉浸式阅读体验

随着信息技术的日新月异，可视化阅读带来直观、灵活的感官体验远超传统阅读。在高网速、多感官体验的驱动下，智慧图书馆可充分发挥乡村阅读推广的趣味性，调动广大村民参与阅读、学习的积极性。

聚焦本地特色，因地制宜，拓展教育服务功能。借助现代科技条件，营造沉浸式学习氛围，创设智能虚拟环境，深化用户"在寻访中阅读""在行走中学习"的感受。大力开发具有本地文化特点和特质的教育资源，将虚拟技术应用到智慧阅读服务中，为村民学习带来更多的直观感受，提升身临其境的感官体验，增加对知识的理解。

加强社交平台运营商和智慧图书馆的合作，运用微信小程序、阅读虚拟社区等平台开展各项服务工作，开发具有聚客引流功能的新型线上平台，扩大优质阅读内容的覆盖面。此外，将阅读资源、学习内容及时通过智能手机等终端呈现于村民面前，为村民提供所需的智能查询、智慧学习、答疑解惑等服务，不断推动乡村智慧阅读服务走深、走实。①

二、智慧图书馆服务乡村阅读的保障体系构建

（一）构建完善的资源建设体系

第一，悉力深化运行机制，完善顶层设计整体规划。将网络全覆盖延伸至乡村的每一个角落，加大基础硬件的投入力度，把智慧图书馆服务乡村阅读的保障体系融入城乡公共文化服务建设整体规划。以广阔的视角，构建技术支撑系统，通过对接城乡公共文化服务基础硬件设施，优化设施布局，完善技术支撑系统。从硬件方面可以分为三层。基础层：包括网络设备、实体服务器、存储系统等，建立智慧阅读服务保障体系的硬件基础。资源层：在建设虚拟服务器的基础上，搭建应用软件，以大数据技术等为引擎，构建乡村智慧阅读服务平台。并将农业技术信息、致富信息等一系列丰富多样的阅读资源，及时推送给广大村民，使其深刻感受到智慧阅读服务的高效性、精准性、便利性。服务层：提升阅读服务的技术条件，勇于创新服务内容、服务方式，不断提高服务质量，为用户阅读提供一个绿色、安全、个性化的阅读微环境。

第二，整合社会资源，打造一站式的智慧阅读平台。深化智慧阅读服务理念，以图书馆为主导，联合文化旅游、教育部门等机构以及数据服务商、资源运营商，共同开发建设智慧阅读平台，整合区域内农家书屋、村图书室、当地旅游产业等社会资源。同时，积极运用智慧服务的新理念和新方法，依托"学习强国"等平台，与运营商开展跨界合作，不断提升智慧阅读活动的宣传力和影响力，并根据当地的文化水平和教育现状，因地制宜地开展符合当地村民阅读习惯的阅读活动。营造良好文明的阅读环境，

① 汤尚，柳菁．"5G＋"时代图书馆智慧阅读服务新生态研究［J］．图书馆工作与研究，2021（6）：17－23．

积极建设"书香乡村"，运用现代科技，通过开发"乡村本地化资源库"，以此记录、反映当地乡风、习俗、生活。以教育服务为导向，充分发挥文化教育功能，在乡村文化建设中，实现"文化育人""服务育人"的教育服务理念，在长期的阅读、学习中，帮助村民树立文化自信。①

第三，深入挖掘地方文化特色，帮助村民体悟本地文化。在项目资金和阅读推广等方面应广泛吸纳民间和社会力量，融合智慧阅读的理念，通过技术驱动、服务创新、情境体验、挖掘乡村文化教育资源，打造集阅读、教育、服务于一体的一站式智慧阅读服务平台，为村民提供便捷、个性化的教育服务。

（二）构建以创新型人才为依托的专业团队体系

智慧图书馆专业团队积极引导用户开展智慧阅读活动，提升乡村教育服务水平，运用智慧化的理论和方法对乡村阅读服务、教育服务的设施、资源等进行管理。加强团队成员之间的沟通、协调，提升团队的整体服务力、创新力，从而具备较高的专业应用能力和服务水平。

大力发展创新型人才队伍建设，针对乡村阅读、教育的特点，引进具有相关专业背景的人才，为人才队伍建设注入新的活力。

第一，通过聘请农业领域的专家、学者、一线农业技术人员，给专业团队讲授农业知识、传授经验，以此提升农业信息服务的业务素质。也可以通过广泛宣传，吸纳更多的本地志愿者参与到乡村阅读服务、终身教育的过程中，使之成为专业团队的得力助手。在此过程中，志愿者也直接或间接地参与了阅读、教育的全过程，实现阅读、教育服务的双向赋能。

第二，邀请专家、学者到乡村、景点实地讲解，以线上线下相结合的方式，增强用户阅读服务的体验感，让用户了解本地的历史文化底蕴。同时，也让外界更好地了解乡村文化，实现信息的相互交流，推进乡村文化教育发展，提升阅读服务的品质和宣传力。②

第三，图书馆专业团队要提高自身的专业素养。一是要提高运用信息

---

① 瞿浩. 乡村文化振兴背景下智慧图书馆阅读推广研究［J］. 池州学院学报，2023，37（3）：157－160.

② 邓娟，张言. 公共图书馆助力乡村文化振兴的逻辑与实践——以伊犁州图书馆为例［J］. 图书馆，2021（4）：26－32.

技术的能力，并能将其在阅读服务中合理地运用，服务好广大用户。二是以用户为中心，运用智慧服务的理念，为用户带来更便捷、更高效的阅读服务、教育服务。丰富并完善用户信息素养培训的内容和机制，帮助用户合理运用数据，查询信息资源，提高用户智慧阅读、自主学习的综合能力。同时，图书馆专业团队需要创新智慧阅读服务的方式、方法，运用智能技术，开展一系列线上咨询、培训等活动，为用户提供更高质量的智慧阅读服务。

第四，创新专业人才队伍建设。随着智慧图书馆服务乡村阅读活动的深入开展，专业人才队伍为乡村阅读活动的有序开展提供各方面的服务保障。优质的人才队伍，既是乡村智慧阅读活动的组织者也是乡村智慧活动的参与者，具有创新服务内容、提升服务质量的能力。对信息资源的建设和宣传提供专业的指导和规划，助力乡村文化资源建设，以此提升阅读服务的品质，实现乡村阅读服务的个性化和智慧化。同时，专业团队在阅读活动中以多重角色、多重身份出现，可以是"信息提供者""教育服务者""资源建设者"，并对村民的阅读心得、学习体会、反馈意见进行收集，根据实际需求，为其提供个别化、差异化的阅读服务。

（三）构建以用户为中心的多维度评价体系

第一，构建以用户为中心的多元化评价体系。多元化的评价体系可以促进乡村智慧阅读服务质量的提升，通过智慧阅读服务 App、公众号等平台，向用户发放问卷，广泛征询意见，包括用户体验、用户满意度、个性化需求等，对乡村智慧阅读的效果进行全方位评价。在此基础上，以用户需求为驱动，根据用户的阅读兴趣、学习习惯制定个性化的阅读资源、学习资源，结合大数据技术、人工智能技术，对用户开展一系列高水平的个性化阅读推荐服务。

第二，建立阅读奖励机制和反馈评价机制。积极的反馈评价机制，是推动乡村智慧阅读发展的重要途径，通过智慧阅读服务平台与用户交流、互动，及时掌握用户的阅读感受、学习体验，并对其进行分析，为后续修正阅读资源、提升智慧阅读服务质量提供有力的依据。如：增加阅读的趣味性，举办"你购书，我买单"等阅读推广活动，给予物质和精神奖励，调动用户阅读的积极性，吸引村民主动参与到智慧阅读活动中。

第三，智慧图书馆营销活动评价。邀请市场营销领域的专家、学者对营销方案的科学性、合理性进行论证、评价。以用户为中心，全方位满足用户的需求，开展用户需求调查和服务评价，听取用户对服务体验的感受和建议，并对用户阅读倾向、学习习惯等，进行综合的评价、分析、预测。乡村智慧阅读服务营销活动既需要考虑到及时的评价，进行实时修正，也要结合长期的营销服务评价，将形成性评价与长效评价相结合，建立持续有效的评价机制。并根据评价反馈的结果，及时、准确地调整智慧阅读营销方案，从而有效开展智慧阅读活动。

（四）构建以乡土文化为载体的信息资源保障体系

顺应文旅融合新形式，打造文化旅游的融合模式，实现诗与远方同行。开发符合当地特色的文化产品，让乡村经济与文化品牌互利共享，发挥乡村特色文化资源的天然优势，将智慧阅读服务嵌入乡村旅游的全过程。利用先进的信息技术，对不同领域的农业信息、资源进行整合，建设具有乡村旅游、产业发展特色的本地资源库，并随着用户阅读需求的发展而不断丰富。因地制宜地推进乡村智慧阅读服务，提高资源的实用性和可拓展性，扩大图书馆与用户之间的交互功能。因此，既要关注显性的媒体，也要关注隐性的因素，如：智慧阅读服务平台设置本地方言、风俗习惯等，充分满足用户的个性化需求，为用户提供无限阅读的可能。

（五）构建以信息安全为基础的网络安全体系

随着智能技术在乡村阅读推广中的普及，信息网络建设正逐渐成为图书馆终身教育发展的基础性工程，网络安全的保障也日益成为图书馆乃至社会安全不可或缺的组成部分。

智慧图书馆的信息安全，由于服务机制、业务对接等原因，缺乏统一建设标准，曾出现匿名入侵追踪困难等问题。构建以信息安全为基础的网络安全体系可以为乡村智慧阅读提供更多安全防护措施。智慧图书馆阅读服务的开展是一项长期、复杂的系统工程，运用智慧服务的理念，合理运用人工智能、元宇宙等新技术，突破传统阅读服务、教育服务的范式，顺应时代发展，满足公众多元化的阅读需求，具有广阔的应用前景和实践意义，但也面临着诸多风险和挑战。2016 年 12 月 27 日，国家互联网信息办公室发布《国家网络空间安全战略》，指出"网络安全形势日益严峻，国家政治、经济、文化、社会、国防安全及公民在网络空间的合法权益面临严峻风险与挑战"。在全国第六次公共图书馆评估定级中，图书馆智慧服务与智能建设的指标设计得到了明确，这不仅指明了图书馆的发展方向，也体现了标准化建设的重要性。

图书馆只有时刻树立信息安全意识，牢牢把好信息安全关，才可以持续稳定地开展乡村智慧阅读服务的各项工作。信息安全通常包括：信息保密、数据安全、身份认证安全、舆论安全等，在图书馆智慧阅读服务平台的建设中也均有体现。在此基础之上还应包括：云计算安全、个人信息安全、社交安全等，涉及智慧图书馆的管理系统、虚拟服务器系统以及用户智能终端等。需要对软件和硬件进行分层管理，使其具备防渗透、防用户信息泄露、防篡改、防窃听功能，从而确保信息在传输过程中的安全、稳定，并增加舆情管理、数据备份管理、网络谣言甄别等功能，建立生物身份数据认证系统。

同时，针对老年用户，有针对性地开展信息素养培训，增强风险防范意识、信息安全意识，开展防诈骗等宣传活动。随着社会科技的发展，各类智能技术已经广泛应用于人们的日常生活，为公众带来了信息交流的便利。智慧阅读服务过程中，信息安全是智慧图书馆高质量服务的基础保障，没有信息安全，智慧阅读服务将无从谈起。只有充分考虑到信息安全，净化网络空间，做好服务器系统、信息系统、业务系统等安全保障工作，通过构建以信息安全为基础的网络安全体系，将信息安全、网络安全的隐患消除在萌芽状态，乡村智慧阅读才可以健康、有序地开展，才能更好地发挥智慧图书馆服务乡村阅读、乡村教育的效能。

构建以信息安全为基础的网络安全体系，能够有效应对智慧图书馆在乡村阅读推广过程中，被黑客攻击、信息泄露、信息篡改等风险，从而提升智慧图书馆的安全性，为用户的阅读、学习保驾护航。智慧图书馆为村民提供多元化的阅读服务，使其可以足不出户就能在手机上查阅所需的信息，用户可以通过多种终端进行阅读，包括：学习答疑、专家咨询等服务，还可以通过智慧阅读服务平台，定制个性化阅读服务。因此，对应用软件的安全提出更高要求，尤其应注重对网络谣言、网络攻击的防范。在智慧阅读服务平台建设和运行维护过程中，智慧图书馆需要对相关信息进行识别、监测，通过文本特征抽取、信息过滤、字符串匹配等技术识别方式，确保用户的信息安全、网络安全。

通过区块链技术，设置哈希算法，建立身份认证系统，根据用户的阅读轨迹等信息，在个性化推送过程中，提高信息传递的安全性、保密性。同时，实时监测并防范恶意攻击，检测未知的网络入侵，包括：恶意软件、间谍软件等，不断提升智慧图书馆的网络安全防范能力。

三、构建乡村智慧阅读服务机制

（一）建立科学的乡村智慧阅读营销机制

一切营销活动都是围绕用户进行展开的，建立科学的营销机制，智慧图书馆需要积极与媒体合作，加强宣传，结合营销理论开展相关工作。第一，智慧图书馆在开展乡村智慧阅读营销活动中，要尽可能与社会媒体、自媒体开展广泛的合作，提升乡村智慧阅读的推广、营销能力。第二，以用户需求为导向，以智慧服务为核心，创新智慧阅读服务营销理念，积极营造智慧阅读氛围，将阅读服务品牌推广到乡村智慧阅读的每一个角落，使乡村的智慧阅读推广工作更加高效、灵活、便利。主要包括以下方面：

1. 树立正确的智慧阅读营销意识

乡村智慧阅读营销意识的培养，需要专业团队每一个馆员的积极参与，集思广益、发散思维，形成合力，共同推动乡村智慧阅读营销活动的深入开展，形成有口皆碑的品牌效应。通过对馆员开展营销专业培训，提升馆员的营销意识、营销思维、营销能力，加强馆员的沟通技能，并在营销实践中，积极探索新技能、新方法、新思路。在此过程中，优化奖励机制，评选金牌营销员，增加馆员的荣誉感、获得感。例如：暨南大学图书馆的"书虫志愿者"，分别对志愿者和专业团队进行营销服务、营销技能的培训，提升营销服务意识，形成一支专业素质过硬、综合能力强的营销服务队伍。武汉大学图书馆在营销服务方面，通过 SERVICE 模式，为营销团队的服务提供指导。即（S：sincere，真诚；E：expert，专业；R：rapid，快速反应；V：value，价值；I：interaction，互动交流；C：cooperate，合作互助；E：easy，简单易用）

2. 注重营销理论的培训和学习

营销理论是在营销活动实践基础上，对营销理念、营销方法、营销服务的概括和总结，具有高度的市场指导意义。第一，通过邀请营销领域有实践经验的专家、学者以及一线营销人员，对智慧图书馆专业团队进行理论和实践的指导，在营销理论指导下，学习营销的基本方式、方法。同时，结合实际工作，在乡村智慧阅读推广中进行不断的实践。第二，注重营销理论的培训和学习是图书馆营销工作顺利开展的基础。在营销课的培训中，结合新闻传播学、教育学、心理学的相关专业知识和理论，拓展智慧馆员知识的广度和深度，并使其将所学知识在乡村智慧阅读推广中有效应用。

3. 营销方案的精准定位

相较于传统图书馆阅读服务的单一化，智慧图书馆的阅读服务要突出用户服务的个性化、精准化、多元化。面对信息化时代的海量数据，智慧图书馆可以运用先进的科技手段，把握不断变化的信息环境，对用户的阅读需求、学习需求进行精准定位，积极推送所需资源。因此，智慧图书馆需要制定合理的乡村智慧阅读营销方案，精准定位用户学习需求，尤其注重智慧阅读服务平台的个性化设计，以及资源的深度开发工作。第一，对资源的深度开发和精准推送，充分挖掘乡村本土资源，准确判断用户学习方向，帮助用户快速、准确地选择自己所需资源。第二，对智慧阅读服务平台的个性化设计和研发，针对不同用户阅读、学习的需求，增加个性化阅读服务的模块，让用户可以根据自己的学习目标，添加所需的资源，并可以对其进行模块化处理以及个性化定制。

4. 开发符合乡村阅读特点的 App

随着微信的普及，其各项功能日趋成熟、完善，微信平台拥有更广阔的用户群体，具有更多的功能延展性和可拓展性，便于模块化嵌入和平台的二次开发，这对于提升用户体验、提高用户学习效率，具有较高的实用价值。例如：可以将智慧图书馆资源模块化，在丰富乡村文化元素的基础上，嵌入微信平台，以此增加用户的黏性，具有很强的可操作性。

5. 完善营销评价体系

通过制定乡村智慧阅读推广的营销评价标准、规范、制度等，提高营销推广的整体效能，树立优质的品牌形象和口碑。具体评价内容可以包括：第一，关于营销团队的评价。通过对营销团队工作的态度、技能、内容、效果进行多维度评价，及时了解团队的工作状态，并建立相应的奖励机制，形成团队的凝聚力，发挥营销团队的整体效能。第二，制定评价的标准。包括营销目的、营销方式、方法、营销路径、营销结果等，以此提高乡村智慧阅读服务的整体质量。第三，用户主观性评价。包括情感、态度、价值观等，并与其他评价形成互补，以此完善乡村智慧阅读推广的营销评价内容。第四，建立积极的评价机制，在乡村智慧阅读推广过程中，用户及时有效的评价为阅读服务的改进提供最直接的参考。智慧馆员可以及时对阅读资源的类型、内容进行完善，在此过程中，不断修正阅读资源，为用户日益增长的多元化学习需求提供保障。

6. 制订科学的营销方案

乡村智慧阅读推广的营销方案，需要在品牌宣传、内容策划、传媒设计等方面科学合理地规划，以此提高对村民的吸引力。根据当地文化特色，主动融入乡村文化教育中，在为广大村民提供阅读服务、教育服务的过程中，建立起村民有口皆碑的阅读品牌，为村民提供具有当地特色的阅读服务和教育服务。积极顺应文旅融合的发展趋势，以乡村文旅特色为抓手，按照"旅游＋"文旅融合发展的理念，充分发挥文化惠民的优势，用好乡村文化旅游资源，丰富智慧阅读活动内容，将智慧阅读服务融入乡村旅游的全过程，实现乡村智慧阅读品牌与文化产业合作共赢，树立乡村智慧阅读服务的品牌形象。

（二）基于智慧图书馆的营销服务应用模型

在分析乡村智慧阅读服务的基础上，结合相关营销理论，进一步提出基于智慧图书馆的营销服务应用模型，按照自上而下的原则进行设计，如图4－6所示。

通过对乡村智慧阅读资源服务的大量宣传，营造乡村智慧阅读推广的营销氛围，增加用户对智慧图书馆的认识，使用户更深入地了解智慧阅读，并根据用户阅读的特征分析，制定营销方案；对用户开展信息素养的培训，帮助用户养成良好的阅读习惯，借助大数据技术，分析用户的行为特征，深入挖掘信息需求，进而细化用户群体，分层营销，定制个性化阅读资源、学习资源；制定奖励机制，调动用户阅读的积极性，鼓励用户参与智慧阅读服务的全过程，此即是一个畅通信息、增进交流、互通有无、循环递进的过程；用户通过阅读进行学习的过程也是参与营销推广的过程。在此期间，用户与用户、用户与智慧图书馆之间，通过与智慧阅读服务平台建立联系，增加交流、增进了解，并在阅读过程中互动，碰撞出集体智慧，不断丰富知识储备。

因此，乡村智慧阅读推广的营销过程就是合作共赢、品牌共建、双向赋能、良性循环、生态发展、提升用户满意度、产生教育价值的过程。由此，创生乡村智慧阅读服务文化，树立营销品牌的形象，从而实现图书馆和用户之间相互信任、相互依存、共同发展的局面。①

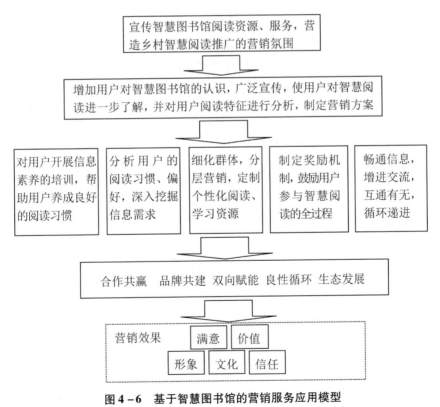

图 4 - 6　基于智慧图书馆的营销服务应用模型

---

① 瞿浩. 微服务视角下的图书馆营销策略研究［J］. 四川图书馆学报，2018（5）：6 - 8.

四、倡导智慧化的阅读理念

（一）注重阅读服务平台和文化资源建设

阅读是获取知识的主要途径，是提高个人综合素质和能力的必备环节。随着社会经济的发展，乡村逐渐富裕，村民开始重视终身学习和自我价值的追求。在实际调查中，大部分村民希望通过阅读增长见识，提升自己的生活质量，具有明确的阅读动机和学习兴趣，5G网络的出现为乡村智慧阅读提供了更广阔的空间。在高速率、低延时的网络环境下，多元化阅读方式成为乡村智慧阅读服务的主要形态，电子听书、智能阅读等新型阅读方式逐渐受到村民的欢迎。

智慧图书馆可以顺势而为，在建立智慧阅读服务品牌的基础上，加速乡村智慧阅读资源的建设。以乡村智慧阅读、终身学习为导向，联合高校、院所等机构建设智慧阅读服务平台，助力农家书屋、村图书馆（室）发挥阅读引领和终身教育的功能。通过优化管理、畅通文旅研学全过程，锻造集教育、阅读、休闲为一体的一站式学习平台，持续为村民提供系统、安全、个别化的学习资源和阅读服务，努力提升教育服务的全面性、精准性。

科学合理地运用现代信息化条件，对乡村文化资源进行多维挖掘和长效保存。通过虚拟现实、图像处理、人工智能等技术深入挖掘、记录乡村节日庆典、民俗风情，助力乡村文化的发展。

地方文化资源是传承传统文化、激活乡村记忆的有效载体，在乡村智慧阅读服务中，图书馆具备自身的专业优势，即：深入挖掘、保存和传播当地文化资源，由此，赋予了图书馆独特的魅力和吸引力。智慧图书馆将资源建设融入当地民俗风情、历史遗迹、文化传统，以传承发扬中华优秀传统文化为核心，以培塑淳朴文明的民俗乡风为目标，以建设特色资源和终身教育服务体系为契机，发挥智慧图书馆的时代使命。例如：在实体空间方面，结合智慧服务的理念，可以发掘乡村每一栋古建筑中蕴藏着的传统和朴素的历史价值，并与现代文化融合，让新的文化思想与古老的价值理念深度融合，产生新的活力与生机，为乡村带来更浓厚的文化感染力。

（二）拓展乡村阅读推广思路

1. 优化乡村阅读推广方式

扩大阅读推广的影响力，结合融媒体，优化阅读推广活动方式，形成阅读推广品牌，使之产生积极的社会效应。以主题活动为主要形式，以农民喜闻乐见的民俗、歌舞等为载体，结合智慧服务理念，创新阅读推广的形式。

增强活动的指向性和针对性，明确阅读的目标、目的，对于广大村民终身学习理念、学习意识的形成有着积极的意义。因此，智慧图书馆需要开展实地调查，对当地的教育环境、群众的阅读情况以及特殊群体的实际需求展开深入了解，可以开展专业化、个性化的阅读指导，帮助他们建构知识体系，营造爱读书、会读书、读好书的氛围。此外，智慧图书馆合理运用多媒体技术和手段，结合微博、微信等平台，实现乡村文化的多维表达、立体化传播，为群众提供更多的学习机会，打造智慧化阅读服务的新业态。

2. 提升乡村阅读的便利性

乡村智慧阅读服务，更多是要实现智慧阅读的可及性和时效性，让阅读变得更加智慧、更加愉悦，提升智慧阅读服务的便利性、科学性、合理性。在乡村振兴的时代背景下，国家大力倡导文化普及、文化教育，乡村的基础文化设施基本实现全覆盖，文化资源得到进一步开发和利用，由此，给村民日常阅读带来更多的便利性和舒适性。但是，由于未经过系统化的阅读培训，村民存在着不良的阅读习惯和阅读行为，且阅读素养不高，以至于阅读资源没有得到很好的利用。因此，智慧图书馆可以开展横向合作，吸纳社会力量，结合智慧阅读服务团队，深入调查村民的阅读现状以及遇到的困难，发现产生问题的原因，帮助村民克服困难，提升阅读质量，形成长效服务机制。智慧图书馆可以与出版发行机构、书店联合，推荐更多优质的阅读资源，为乡村输入高质量的阅读资源。①

---

① 杨素红，王志纯. 优秀传统文化乡村阅读推广实践与路径研究——以皖北县级图书馆为例[J]. 大学图书情报学刊，2023，41（3）：67–71，112.

3. 提升乡村信息服务质量

智慧图书馆要深入开展长期的农业信息服务，打造一支复合型人才队伍，引进具备丰富的农业知识和实际指导能力的生物科技、农业技术专业人才，加强岗前培训，使之形成集农业知识服务、技术指导、经验传授为一体的综合服务模式。此外，还可以邀请专家、学者与农户面对面对话，并对其进行农业技术的指导。

同时，助"读"于弱者，让智慧图书馆聚焦弱势群体阅读需求，为弱势群体带来更多的阅读便利和学习机会，从而提升生活质量。建设乡村本地文化数据库，智慧图书馆需以乡村振兴战略布局为指引，以文旅融合、终身教育、乡村发展等关系国计民生的问题为导向，打造本地化资源库，积极顺应文旅融合新形势，竭力建设全新模式，打造"智慧云"阅读服务平台。利用智能技术，对各类农业信息网站、数据库、平台的资源进行提取、归类、整合，并对相关农业实践经验、观点、评论进行筛选、分类，形成农民专属的资源库。

以"村民文化学习"为主题，探索丰富多样的培训形式和服务方式，开展接地气的讲座，构建科学的培训体系。一是开设文化学习大讲堂，收集、整理和村民生产生活息息相关的家庭生活、学习教育、技能提升等信息，以及村民普遍关注、感兴趣的名人轶事、民间历史、地方文化，从而帮助老百姓拓宽知识面、提升文化层次。二是建立终身学习基地。以农家书屋、文化站等公共服务单位为抓手，深入乡村、融入乡土，开展田间地头的文化教育模式。围绕农业生产、优良乡风、社会发展等主题，对村民进行文化教育和宣传，使之掌握所学知识，增加经济收入，并树立终身学习、终身受益的理念。三是"云计算技术+阅读服务"模式的推广。通过运用云计算技术，借助智慧阅读服务平台对碎片化知识、信息进行多维度、深层次的加工，以文档、音频等多种阅读途径的形式，提升村民学习的便捷性、精准性。并根据村民学习的显性行为特征，分析目前的学习状态、学习心理，为村民量身定制一系列专有化课程。

（三）做好文化惠民工作，解决用户阅读的实际问题

智慧图书馆服务乡村阅读，符合了新时代发展的需要，在促进乡村文化发展、终身教育等方面发挥了智慧阅读的巨大优势，稳步推动了全民阅

读进村庄、进家庭，在推进中华优秀文化传播等方面发挥了积极的作用。智慧图书馆服务乡村阅读，打通了乡村致富的信息壁垒，拓宽了农民的收入渠道，提升了村民的生存技能且丰富了乡村文化生活。

智慧图书馆的实施主体通过组织专家、学者挖掘当地民间艺术、农耕文化、红色故事等具有当地特色的文化资料，以文化宣传、公益讲座等多种形式"进讲堂、送精神、种文化"，讲好当地的"中国故事"。在交通不便的偏远村庄，加大智慧阅读服务平台建设，运用信息技术，让村民在田间地头、院里弄堂随处可获取所需的信息。并根据用户具体需求，有针对性地提供阅读资源，以多方位的人文关怀，增强了村民的获得感、幸福感。

第一，健全资金保障机制。各级政府在对乡村智慧阅读调研的基础上，根据实际情况对乡村公共文化服务给予财政投入的适度倾斜，以保障在公共文化服务过程中，人、财、物的合理配置。同时，可以通过集中投入、多方筹措的形式，发挥社会各界力量，扩大阅读推广的宣传力、影响力。吸纳更多的企业、社会团体通过募捐、合作等方式加入乡村智慧阅读服务的过程中，鼓励民间力量参与，形成多途径、多渠道的社会资金供应链。

第二，完善运行管理机制。借鉴市级和县级图书馆的管理经验，结合乡村的实际情况，从服务标准、教育内容、用户评价等方面构建一套具有乡村特色的图书馆运行机制。使其在标准化服务的前提下，充分灵活地开展阅读、教育工作。亦可通过外包、社会公益服务等方式统筹协调，以此弥补乡村图书馆工作人员的不足。同时，建立合理、规范的激励、考核机制，构建科学的评价体系，不断激发智慧图书馆专业团队的创造力和创新思维。

第三，紧紧围绕"新时代、新农民、新阅读、新理念"开展乡村智慧阅读。切实解决广大农民群众"买书难、借书难、看书难"的问题，推动乡村智慧阅读服务的健康、可持续发展，以乡村智慧阅读新成果为乡村终身教育战略的实施赋能。智慧图书馆可以联合各机构、单位，共同开发乡村智慧阅读服务平台，优化区域内资源结构，不断提高阅读服务、教育服务的全面性、多样性、精准性，为村民提供高质量的阅读服务。将公共阅读、教育设施与服务体系覆盖至乡村的每一个地方，畅通公共阅读、教育服务的"最后一公里"。广大乡村是全民阅读推广的"一体两翼"落脚点，也是公共文化服务和图书馆教育服务的"最后一公里"，更是实现社会教育资源均衡、公平的最好体现。因地制宜，积极开展调研，大力推广智慧图书馆的新技术和新业务，真正实现智慧图书馆服务惠及全民。在调研的基础上，以乡村用户需求为导向，开发具有本地特色的阅读资源，将资源的本地化和文化知识的普及性相结合，不断提升村民的文化水平，进一步缩小城乡间的信息鸿沟。利用线上、线下途径，为村民提供智慧阅读服务，保障公共文化服务的公益性、文化性、均等性和便利性。

（四）以智慧化服务为主导方向

习近平总书记在多个场合和视察中都强调过阅读对于民族发展的重要意义：人民群众多读书，我们的民族精神就会厚重起来、深邃起来。因此，要倡导阅读改变精神世界的理念，建设书香社会。区别于其他服务平台，乡村智慧阅读服务平台的价值，是为广大村民提供一个读书的平台而非社交、媒体平台，要发挥智慧阅读服务在乡村终身教育、文化学习方面的引领作用，紧紧围绕终身学习的教育思路，以智慧化服务为主导方向，办村民满意的智慧阅读服务。同时，乡村智慧阅读服务平台的内容以数字化图书、期刊、报纸为主，是一个具有终身教育属性的虚拟学习共同体平台，这是与社交平台、娱乐平台的最显著区别。

第一，作为服务乡村阅读的智慧化平台，要贯彻乡村振兴、乡村教育发展、美丽乡村建设的精神。通过政府采购等方式，购置农业信息资源和配套设施，在乡村智慧阅读服务平台，设立农业专题阅读区，为村民提供多元化的阅读内容，并及时更新信息，为村民提供丰富的学习资源，为乡村教育、经济的发展提供精神动力。鼓励、引导社会各界力量参与到乡村阅读、乡村教育的各个环节中，形成合作共赢、持续推动、长期繁荣的乡村阅读局面。

第二，《公共图书馆法》规定：国家鼓励公民、法人和其他组织自筹资金设立公共图书馆。《公共文化服务保障法》也规定：国家鼓励公民、法人和其他组织兴建、捐建或者与政府部门合作建设公共文化设施，鼓励公民、法人和其他组织依法参与公共文化设施的运营和管理。随着国家对知识普及和文化建设的重视，乡村阅读正逐渐成为社会各界关注的焦点。越来越多的个人、企业、非政府组织以及其他社会团体，开始积极参与到乡村图书馆的建设和发展中来。

乡村文化、教育的发展是乡村阅读的发力点，通过线上、线下相结合的阅读方式，建设实体农家书屋、乡村图书馆（室），包括参与建设阅读服务平台等，都是社会力量广泛参与的表现。因此，要充分尊重、鼓励和支持社会力量参与建设乡村阅读空间、阅读平台，以终身学习、智慧服务的理念为指引，筑牢乡村阅读的根基。[①]

（五）建设"书香农村"，让文化"种"在村居

图书馆作为公共文化建设的关键组成部分，其价值追求与乡村振兴的核心理念具有一致性。智慧图书馆的服务性、公益性，不仅体现了对知识普及和文化传承的重视，也展现出人们享有教育机会均等的价值期待。

通过一系列的跨界合作，与文化机构、高校、社会组织等共同开发阅读资源，整合社会力量，形成各方力量的优势互补，积极构建智慧阅读服务平台。不断提升资源供给的智能性、科学性和合理性，为村民提供快捷、优质的资源和服务。

智慧图书馆以"一乡一品，一村一特"为抓手，与文化旅游、文创中心、民俗馆等机构开展广泛的合作，推进乡村智慧阅读、终身教育服务的有序开展。构建乡村本地文化品牌，实现乡村经济与文化产业的互利共赢，共享乡村文化教育事业发展成果。智慧图书馆作为乡村振兴的文化粮仓，坚持"因地制宜"原则，深入挖掘乡村本地资源，提升本地化智慧阅读服务的影响力，以丰富的信息资源为乡村文化事业、教育事业提供智力支持，不断满足人民群众日益增长的文化需求，通过制定个性化的阅读资源、学习资源，实现"所需皆所愿，所求皆可得"的美好学习愿景。[②]

机构间的合作、协同，为智慧图书馆推进乡村阅读活动，注入了新的活力。通过机构间的人才交流、人才引入，激发人才的创造力、创新力，为乡村智慧阅读资源的建设提供更专业的指导，为乡村振兴的实施提供有力支撑。

———————

　　① 瞿浩. 智慧图书馆服务乡村阅读的保障体系研究 ［J］. 湖北师范大学学报（哲学社会科学版），2023，43（3）：151－156.

　　② 瞿浩. 数字人文背景下的乡村智慧阅读服务应用策略研究 ［J］. 辽宁工业大学学报（社会科学版），2023，25（2）：27－30.

智慧图书馆充分利用科技力量，借助虚拟现实、大数据技术，对乡村资源进行深度挖掘和二次加工。以"影像记录"与"数字重构"的形式，反映民间乡风民俗、地理风貌、生活状况，使村民对乡村文化、中华文明有更深入的认识，并内化为行动自觉，形成自己的文化知识体系。

智慧图书馆以资源建设为基础，以服务用户为宗旨，以终身教育理念为价值指引，积极营造良好文明的阅读、学习环境，不断创新阅读服务、教育服务方式，充分发挥图书馆文化育人的功能，坚守智慧图书馆教育使命担当，大力建设"书香农村"，让文化"种"在村居，在塑造乡村生态文明建设中，实现"以文化人"。

通过乡村智慧阅读服务，确保党和政府的文化惠民和终身教育政策得到有效实施，让文化和教育的成果惠及每一个公民，实现成果由全民共享。优化顶层设计，深化运行机制，完善智慧图书馆服务乡村阅读服务体系。充分发挥文化惠民的优势，将公共阅读设施与服务体系延伸至乡村，以乡村教育服务和知识供给为主要手段，以乡村文化教育为主体丰富村民知识储备，以智慧阅读资源为核心塑造服务平台，以其时代使命为导向宣传终身教育理念，在智慧图书馆服务乡村阅读实践中勇于探索、不断创新。①

五、基于信息生态理论的乡村智慧阅读服务

（一）提升管理效能

智慧图书馆服务乡村阅读，采用人性化的服务方式，坚持"以人为本"，将用户的满意作为服务效能提升的重要指标，对图书馆阅读服务过程进行科学管理。第一，打造智慧图书馆专业团队，建立良性、互动、和谐的工作环境，充分尊重每一位馆员的创造力、创新力，鼓励发明、创造，提高专业团队的技能。不断扩大计算机、教育学、心理学专业人员在专业团队成员中的比例，激发专业团队的工作热情，通过多种渠道吸引更多优秀的人才加入乡村智慧阅读服务的队伍中。不断优化工作绩效考核方式，让每一位馆员都能最大程度地发挥自身专业的优势，为乡村智慧阅读服务

---

① 瞿浩．智慧图书馆服务乡村阅读的优化路径研究［J］．合肥师范学院学报，2022，40（4）：81 - 84.

贡献自己的力量。注重提升专业团队智慧服务的理念以及对智慧阅读服务平台的管理和操作能力，不断适应时刻变化的信息环境。第二，建立合理的服务流程、服务机制，规范各项信息资源的使用标准，注重资源使用的规范性。同时，将资源使用的原则性与灵活性充分结合，满足用户个性化、差异化的需求，构建起自由、开放的信息资源使用环境。

（二）提高图书馆服务水平

办用户满意的终身教育是智慧图书馆服务的核心价值所在，为广大村民服务，帮助村民有计划地进行阅读和学习、完成学习目标是智慧图书馆服务乡村阅读的重要职能。因此，图书馆应以资源为中心，注重用户体验，构建和谐的信息生态环境，将用户的满意度放在首位，倡导信息资源循环利用，减少信息污染，使用户准确、有效地获取所需信息，愉悦地沉浸于信息资源的海洋中。

另外，在信息资源的建设、开发流程上要本着生态循环、可持续发展的理念，为用户创设个性化的智慧阅读、智慧学习环境。建立与用户沟通的长效机制，促进图书馆与用户、用户与用户之间的交流互动，及时把握用户学习需求的脉络，对用户反馈的信息资源进行二次加工，形成符合用户学习特点的再生资源，实现资源的再生、循环。定期召开听证会，认真听取广大用户的意见和建议，注重对用户心灵的呵护和学习能力的提升，让阅读成为一种快乐的学习经历。

（三）培养资源使用意识

技术层面的创新只能解决资源加工、生成和应用方面的问题，而人的主观能动性对信息生态的和谐、稳定具有长期的导向作用。智慧图书馆的信息生态不仅要在技术层面上把关，更要注重对用户和专业团队信息生态意识的培养，强调生态图书馆的价值理念，构建绿色、生态、可循环的资源建设体系。

重视信息人技能的发挥，包括：用户和专业团队。一方面，不仅强调用户信息资源的习得技能，增加对用户信息获取、判断、检索、应用技能的培训。另一方面，更强调智慧图书馆专业团队对信息资源生产、加工、管理的能力，加强专业团队的信息安全教育和信息处理的基本技能。

智慧图书馆专业团队，需要系统掌握信息资源生产、加工、重构、存储的每一个环节，以及智慧阅读服务平台的架构，使信息资源经过重组后，产生新的有价值的信息，实现资源的循环利用。培养用户正确使用信息资源的良好习惯，树立正确的信息价值观，从信息安全、信息生态、信息价值等方面，提高对智慧图书馆信息资源的认识。

（四）智慧图书馆信息生态服务模型的构建

1. 智慧图书馆生态服务模型

笔者通过对文献分析，结合实际调查，提出智慧图书馆生态服务模型，如图4-7所示。

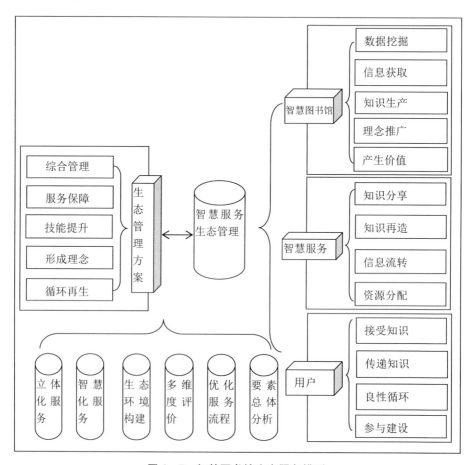

图4-7 智慧图书馆生态服务模型

智慧图书馆生态服务模型由智慧图书馆、智慧服务、用户、智慧服务生态管理四个子系统组成。智慧图书馆对乡村本地文化资源的基础数据进行深度挖掘，获取当地历史人文、红色故事、乡风习俗等信息，进行知识生产，运用智慧服务的理念对其开展推广，在智慧阅读服务的过程中产生教育价值。在此过程中，知识被按照最佳的状态进行整合，各子系统通过信息传播，进而互动交流、紧密配合，避免冗余信息的产生，从而使知识的流通和传递更加便捷；智慧服务进行知识分享、知识再造、信息流转、资源分配，并以最佳的方式呈现在用户面前，为用户提供一个健康、绿色、身心愉悦的阅读环境，使用户深度融入智慧服务的过程中，为用户进行有效阅读、学习带来质的飞跃。用户对知识进行接收、传递的过程，是一个良性循环、参与资源建设的过程，借助于先进的智能科技，用户及时将阅读情况、学习心得反馈于智慧图书馆。根据用户的建议，智慧图书馆对其作出进一步调整，实现资源的二次加工。最终通过智慧服务生态管理模块，运用用户画像技术、元宇宙技术，对其进行分析、处理，得到更完善的运行方案。

同时，智慧图书馆从综合管理、服务保障、技能提升、形成理念、循环再生五个方面促进智慧图书馆生态服务的健康发展。具体可以包括：立体化服务、智慧化服务、生态环境构建、多维度评价、优化服务流程、要素总体分析。由此，避免了信息服务失衡，从而实现智慧服务良性循环，促进智慧图书馆生态服务的和谐、可持续发展。

2. 基于生态理论的智慧图书馆阅读服务应用模型

基于生态理论的智慧图书馆阅读服务应用模型是一个良性的、开放式的生态循环系统，由多个用户群体、智慧图书馆专业团队和数据库构建而成，如图 4 - 8 所示。

用户可以不受时间、空间的限制，在任意一个节点环境中进行访问、交流、互动，通过智慧阅读服务平台，将阅读需求反馈给智慧图书馆专业团队。专业团队根据预先设定的虚拟学习空间、学习资源、阅读资源对其进行知识服务、集体学习、信息交互，并开展一系列良性友好的互动。在此过程中，也是生态构建的过程，包括：场景渲染、学习环境构建、过程控制。进而借助大数据技术对用户的阅读行为、学习需求等进行分析，结合当地乡村文化，构建适合乡村用户的学习资源。

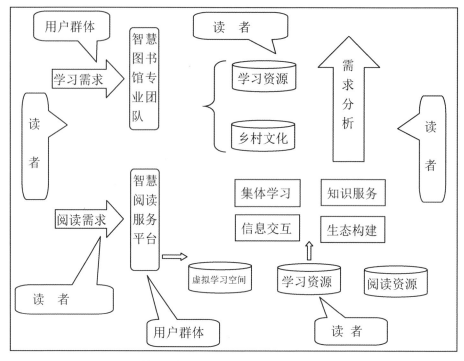

图 4-8 基于生态理论的智慧图书馆阅读服务应用模型

智慧图书馆专业团队对用户进行阅读指导和学习引导，及时对阅读资源、学习资源进行修订，形成符合用户阅读习惯、学习特征的信息资源。因此，该系统是一个开放、交互、非线性的生态服务模式。用户在智慧图书馆专业团队的帮助下，通过相互支持、发挥集体智慧，共同完成学习目标、共建学习资源、达到预期学习效果，实现智慧图书馆阅读服务的生态化建设。

3. 面向公众终身教育的智慧图书馆生态服务体系构建

笔者通过访谈，结合文献分析，从而构建一个面向公众终身教育的智慧图书馆生态服务体系框架，该框架涵盖了以下几个方面：

第一，服务主体模块。一是图书馆是开展终身教育工作的发起者和资源建设者，在学习者阅读、学习的过程中起到引导、推动、促进的作用，帮助其建构知识体系，是学习者攀登知识高峰的脚手架。二是智慧图书馆作为乡村终身教育的重要平台，其发展和完善需要与其他具有文化教育属性的组织和机构形成合力，从而共同构成乡村终身教育的生态圈。三是政府机构，主要负责政策制定、资金支持、监督管理，把握图书馆终身教育的发展总体方向，为其有序开展提供政策支持和资金保障。

第二，服务内容模块。图书馆的终身教育是面向公众，为其提供阅读、学习的一系列教育服务的有机体。可以包括：职业素养教育，如职业培训、岗前培训等；学习素养，如阅读素养、信息素养教育等；阅读推广，如面向公众阅读、学习的各类推广活动；技能培训，如计算机技术培训、外语水平提升、各类专业技术的学习等；智慧图书馆新技术及新业务，如元宇宙技术、数字孪生技术等；学习空间，如创客空间、云平台交流共享空间，以及相应的实体空间和虚拟空间，通过虚实结合，更好地发挥智慧图书馆空间服务的效能。

第三，服务方式模块。公众对于图书馆终身教育服务的接受效果，主要与教育方式、教育过程，以及学习者的情感、知识结构等因素有关。因此，图书馆在进行教育服务时，需要对学习者的认知能力、知识结构、信息处理能力等相关因素加以把握。可以通过问卷的方式展开调查，根据不同的群体特征，提供相应的教育服务，建立起学习者与资源、服务之间的联系。

第四，服务客体模块。服务客体是终身教育服务的对象，按照学习年龄段可以分为：婴幼儿、儿童、青少年、成人、老年人。

第五，保障机制模块。主要包括：技术保障、配套设施保障、资金和人员保障、制度保障等。技术保障是指图书馆为不同年龄段的学习者提供适应其成长阶段的技术条件，为其阅读、学习提供有力支撑；配套设施保障是指图书馆为公众阅读、学习提供所需的设施，以学习者为中心，创设阅读空间，营造优质的学习氛围；资金和人员保障是确保终身教育顺利开展的必备条件，同时，馆员的能动性具有无限创造的潜力，也是创新终身教育服务方式、服务形态的主要动力；制度保障主要体现在，图书馆教育服务规划、评价、管理等系统化的运作模式，确保终身教育工作稳步向前推进。

4. 生态服务体系运行方案

（1）开展跨界合作，共同推动终身教育可持续发展

终身教育的广泛性和持续性决定了其发展需要多机构联合助力，因此，

图书馆应积极与其他相关组织、机构进行协同。在各机构间建立起积极的沟通机制，畅通信息渠道，与各文化机构、旅游机构等开展广泛合作，共同推动终身教育的可持续发展。图书馆应积极倡导社会力量与社区建立教育联盟。在此过程中，图书馆起到联结多元主体的桥梁作用，致力于汇集多方力量，共同推动终身教育工作有序开展。例如：海南省图书馆与深圳凡赛迪美术培训基地开展合作，丰富了教育培训的配套设施，充分利用教育服务空间，最大程度地发挥资源利用率，加大了图书馆的宣传力度。

（2）精准对接不同用户的学习需求

终身教育的理念意涵在人的一生中，不同成长时期、不同发展阶段，教育者对受教育者实施有计划、有针对性的教育。因此，图书馆可以以学习者年龄段作为一种划分依据，开展终身教育活动，为其提供长期性、系统性的技术支持和资源保障。尤其是对于特殊群体、弱势群体、阅读障碍型群体，可以因人施策，提供有针对性的学习资源和辅导，帮助其克服学习困难，提升学习和生活质量。

（3）完善终身教育服务内容，提升综合教育能力

智慧图书馆通过与各行业、各机构开展合作，实现"图书馆＋"的多领域融合发展，推进图书馆终身教育走出去、引进来的发展思路，不断完善并创新终身教育的服务内容，为用户带来更新、更便捷的学习资源，提升综合服务能力。并通过学习交流、产学研合作、外聘专家等方式吸引更多的优秀人才加入终身教育服务行列。

（4）建立健全图书馆终身教育机制，完善保障体系

健全的图书馆终身教育机制可以更好地调动各方面力量的积极性并发挥资源效率，为终身教育发展提供充分的保障。通过建立一系列人才管理机制、绩效考评机制、用户学习交流机制、资源建设机制以及机构间的合作机制，制定与图书馆相适应的终身教育规划，力求符合现代化终身教育的发展需要，形成一个良性、可持续发展的图书馆终身教育保障体系。并制定积极的政策，倡导非学历教育机构与图书馆开展合作交流。

结合考核指标，对优秀馆员和贡献突出的合作单位给予表彰和奖励。同时，通过科学的评价机制对图书馆终身教育的全过程进行监督和考核，形成事前规划、事中监督、事后评价的管理措施，并在此基础上广泛听取

公众对终身教育服务的反馈意见和建议，实行常态化管理。例如：纽约公共图书馆终身教育在评价机制方面，将调查用户满意度和员工反馈的问题，作为判断终身教育服务效果的依据，主要包括：图书的借阅情况、资源的访问情况、学习项目出勤率等方面。

图书馆可以结合社会公众受教育的程度、学习能力以及社会教育需求等，建立具有图书馆特色的终身教育服务体系，也可以通过多途径进行广泛宣传，让公众对图书馆的智能化科技、智慧阅读、终身教育服务等有更深入的认识。打破公众对于传统图书馆的认识，让传统的借阅服务、文献传递服务衍生出更多的智慧服务、教育服务功能。

5. 生态服务群体分类和服务主体角色定位

作为服务公众终身教育的文化机构，图书馆肩负文化传播、服务育人的使命担当，本着文化育人和服务育人的原则，根据终身教育的均等性、灵活性、终身性，为各个不同阶段的群体提供精准的教育服务，构建科学的终身教育服务体系。

第一，做好分龄规划以提供适合的服务。作为服务公众终身教育的牵头单位，图书馆应当厘清各机构间的业务联系，体悟其间利益、权责分配的关系。以一个管理者、引导者的责任担当，正确引导终身教育的有序开展，并在其过程中不断规范行为标准。挖掘图书馆终身教育服务潜能，突出终身教育的开放性、普适性，稳步推进终身教育的发展和服务体系建设。

终身教育理论认为教育应贯穿个体的整个生命周期，主张教育资源的配置、服务模式的创新以及教育环境的营造，且必须与个体所处的发展阶段相匹配，以实现教育的个性化和差异化，从而促进每个个体的全面发展。

目前图书馆终身教育在服务群体的细化方面，边界尚为模糊，不同年龄段的教育内容仍需要进一步明晰。2021年1月《人民日报海外版》发表《"分龄阅读"别让图书馆孤军奋战》一文，提出图书馆应该做好"分龄阅读"和"分级阅读"，为不同的用户提供"适合"的书。因此，需要结合当地教育经济发展现状、社会发展水平、信息化程度等，了解不同年龄、不同区域、不同职业等用户的学习需求。积极调研服务对象的实际学习水平、知识储备结构、综合学习素质，对不同的对象开展具有系统性、针对性的终身教育服务。

第二，构建教育联合体。联合协作教育服务涉及多个具有教育职能的社会机构或组织，遵循统一的教育规范与标准，系统性地共享资源与服务。这一过程旨在响应公众的终身学习需求，并逐步构建起一个综合性的教育联合体。苏州市于2016年颁布《苏州市终身教育实施工作方案》，提出充分利用社会资源，整合社区教育资源、开放共享，提高图书馆、博物馆、文化馆、科技馆等各级各类公共服务机构面向公众的综合服务能力。

因此，智慧图书馆理应以阅读服务为抓手，在终身教育工作方面起到引领、联结的作用，将学校、社会组织、团体有效连接起来，形成一个有规模、有体系的终身教育闭环，每一个机构都在此闭环中发挥专有的功能。同时，该闭环又是一个相对开放的、动态的环境，每个主体都可以进入或退出。由此，不断更新终身教育的服务、业态，并开展系统性、趣味性、科学性的教育服务工作。服务主体的共赢与合作是图书馆持续开展终身教育的关键因素。例如：绍兴图书馆与鲁迅故里景区等机构合作建立的主题分馆，在为公众提供教育服务的同时，也为各机构的宣传提供了广阔的发展空间。

第三，提升教育服务功能和影响力。新公共服务理论倡导"公民本位"的服务理念，主张以民众的福祉为导向，以满足公众需求为己任，构建服务型组织。政府在图书馆终身教育服务过程中，作为财政、政策制度的支持者，起着关键性的作用。因此，从政府层面出发，政府需要转变服务理念，明确自身的功能，出台一系列政策。从财政、制度上保障终身教育的有序运行，明确终身教育服务的权利和责任。做好宏观规划，简政放权，统筹人力、财力、技术、管理等要素，推动终身教育服务保障机制的变革。

调查发现，公民对图书馆终身教育的了解甚少。因此，从图书馆层面出发，扩大终身教育功能的宣传范围，提高图书馆终身教育在公众心中的知名度，扩大其影响力。从系统论角度看，面向公众的图书馆终身教育服务不仅具有持续发展的长期性，而且体现了服务公众的公益性，是一个旨在满足社会成员终身学习需求的教育服务系统。终身教育也是一个体系化服务的演变过程，因此，面向公众的图书馆终身教育服务体系是一项宏伟的社会工程，需要各要素之间相互协调与紧密协作，这对于提升教育服务功能至关重要。

作为终身教育的倡导者、发起者，图书馆积极构建终身教育服务体系，充分发挥图书馆的技术优势、人才优势、智慧服务优势，以此提高核心竞争力。促进各教育机构、文化机构间的共同发展，增强协同创新能力、整合社会资源，以智慧阅读为发展契机，提升公众的阅读能力、学习能力，让终身教育在服务广大人民群众的过程中不断走深走实，为公众提供更多的学习空间和平台。

第四，提高教育意识并做好服务规划。随着社会经济的快速发展，人们对学习的需求日益增长，主动学习意识明显增强，终身学习成为发展学习型社会的历史必然。图书馆开放性、公益性、包容性的全纳教育，以文化传播为己任，成为公民接受和开展终身教育服务的代表。作为"市民大书房"，图书馆是公众阅读、学习的重要场域，所以图书馆有必要对其主体功能和教育目标定位，做好顶层设计；需要具有灵敏的教育综合服务机制，时刻关注并回应社会关切的热点问题，洞察公众的学习需求，探索图书馆终身教育的内生动力，驱动图书馆服务范式、服务内容的根本改变。

因此，图书馆需要不断提高自身的教育意识、创新教育服务形式、丰富教育服务内容，以优质的阅读资源、学习平台、配套设施、人才队伍为依托，为公众提供终身教育服务。从而在广大人民群众的心中留下深刻印象，树立智慧阅读、终身教育的品牌形象。图书馆在积极引导公众参与终身教育、构建阅读平台、提供学习资源的过程中，还应帮助公众做好学习规划，以适应不断变化的外部环境。对国外图书馆的调查分析显示，各图书馆均制定了明确的服务项目与发展战略，并进一步对这些内容进行了细致的划分与归类。例如：洛杉矶公共图书馆的《2015—2020 年洛杉矶公共图书馆战略计划》提出，图书馆的服务目标就是倡导公民识字，培养终身学习的能力。在对公众需求和意见反馈进行科学调查、统计分析的基础上，对青少年、成年人等服务目标进行详细规划，实现以满足公民需求为发展目标的图书馆终身教育服务。

面向不同地区，图书馆可以有计划、有针对性地对不同群体开展教育服务。采用由局部试点到整体实施的方式，合理运用技术条件，探索并解决各地区因经济水平、技术条件的差异而出现教育服务水平差距的实际问题。可以选择几个地区试点，推行图书馆终身教育服务，对实行终身教育服务的效果进行评估，并不断修正、完善，以此形成切实可行的普适性教育服务方案，并在取得成功经验的基础上逐步推广。

终身教育的服务对象，覆盖了各个教育阶段和教育类别，如：幼儿教育、儿童教育、青少年教育、成人教育、老年教育、特殊人群教育等。在广泛调查公众阅读需求、学习需求的基础上，以公众需求为导向，根据教育规律和用户的合理建议，开展终身教育服务工作。同时，通过开发相应的学习平台，与用户建立良好的对话机制，提高沟通效率，及时听取用户反馈意见，为后期服务的完善和改进提供依据，进而提升教育服务的品质，为用户带来更好的教育服务体验。

此外，图书馆可以借助大数据技术、用户画像技术，对用户的阅读兴趣、喜好、需求等相关信息进行分析，主动预测用户的学习行为，并为其匹配相应的学习资源。由此，提供精准的阅读服务，实现集智慧阅读、教育服务于一体的个性化、多元化的终身教育服务。通过此举，图书馆以用户满意度为服务宗旨，以学习需求为导向，以文化育人为锚点，拓展终身教育的服务范围，满足广大人民群众日益增长的多元化学习需要，并科学评估服务效果，完善终身教育机制，形成生态化发展的新格局。[①]

六、深度挖掘乡村红色文化

2017 年 7 月 21 日，在中国人民解放军建军 90 周年之际，习近平总书记强调要"铭记光辉历史、传承红色基因"。国家颁布《国家教育事业发展"十三五"规划》和《关于实施中华优秀传统文化传承发展工程的意见》均明确红色文化的重要性，倡导广泛传播红色文化精神，充分彰显红色文化的深刻内涵和重要意义。智慧图书馆借助现代科技和文化的深度融合，巧妙运用光、电、声，通过视觉、触觉、听觉等复合感官，增强公众感受红色文化的深刻内涵，加深其文化感悟以及对其价值观的塑造。虚拟现实增强体验、沉浸式阅读，是当今红色文化传播的重要方式。运用多媒体技术和智能终端，将红色文化资源进行数字化，并将其转变为视听信号，在对

---

① 瞿浩. 图书馆信息服务的营销策略研究 [J]. 大学图书情报学刊, 2019, 37 (1)：47 - 50.

历史深度还原的基础上，重现烽火连天的革命岁月，通过对红色文化历史价值的挖掘和生动展现，使红色文化具有更强烈的感召力和更深远的影响力。

（一）视觉重构理论

1988 年，哈尔·福斯特创生出"视觉性"的概念，此后出现的视觉重构理论，旨在解构、重构可视信息，并对其进行挖掘，探讨抽象符号深层次逻辑中蕴含的语义表征，营造视觉盛宴，激发受众的共鸣。可视化技术的发展，使海德格尔关于"世界图像化"的预见成为现实。[①]

随着网络的普及和用户手机、iPad 等阅读终端的发展，阅读内容呈现由文字表意向图像表征转变。借助图像技术、3D 技术，对红色文化进行充分的可视化表达，视觉重构理论下的红色文化传播，带给人们视觉上的冲击、心灵上的震撼，给受众留下深刻的印象。

因此，视觉重构是以数字视觉元素为主要表达内容，激发观众视觉感官体验，并深入观众的内心世界，引发观众从感官到心理对视觉表达内容的深层次的认知和理解。同理，红色文化传播也是如此，通过特定的视觉表征传达反映客观的红色文化资源，让用户在字里行间的阅读中，深刻感悟烽火硝烟的岁月里，革命先烈不屈不挠、勇往直前的精神品格，以及模范人物在社会主义建设时期表现出的奋斗精神。[②]

红色文化贯穿新民主主义革命、社会主义革命和建设的历程，融合物质文明、精神文明和制度文明，展现出创造性、先进性和历史性的综合文化形态。红色文化资源的数字化指将图片、音视频、文献等红色文化相关素材，运用数字技术进行编码，通过对数据进行采集、存储、处理、展示，将红色资源转换、还原、形成可共享的数字形态，并以新的视角进行重构，利用信息技术条件进行长期保存，以满足时代发展需求的新型传播方式。

由此，充分发挥信息技术优势，对红色资源进行解读、整合、重构，突出形象化和意向化表达，增强红色文化的渲染力、表达力，扩大红色文

---

① 梁军，陈丽娇. 视觉重构理论下红色文化数字化传播策略［J］. 思想教育研究，2020（1）：140 – 143.

② 刘派. 视觉重构：文化遗产的数字化重构［M］. 北京：清华大学出版社，2016.

化的覆盖面、受众面。在红色文化数字化过程中，科学运用视觉重构方式，构建符合具有时代特征的阅读模式、视听方式，在充分保证还原真实红色文化历史过程中，融入新时代的元素，丰富用户感官体验，激发共鸣，展现其深刻的历史意义和时代价值。

（二）红色文化传播的理路

1. 文化资源保护意识的提升

红色文化资源是革命战争时期和社会主义建设时期，无数革命先烈和社会主义建设者努力奋斗的历史见证。其很多资源都是通过文稿、图片、石刻、影像记录的，极其珍贵，具有不可再生性，且一经损毁就难以恢复原状，保护难度极大。历经时代变迁，岁月更迭，如果缺乏科学的保护，对红色资源开发不当，那么具有重要价值的红色文化资源很可能濒临消亡。①

随着社会发展、城市化的推进，一些曾经和红色文化相关的房屋、住宅进行了翻新、拆除，由于缺乏科学的统筹、规划，同时受限于经济和文化水平，在一些地处偏远的乡村，村民对其保护意识不强，存在一些革命遗址被破坏或消失的现象。红色文化资源是数字化传播视觉表现的物质基础，红色文化资源的毁坏在很大程度上对信息传播的精准性和完整性产生了消极影响。在物理层面，革命时期的遗址、旧址以及器物等，若缺乏妥善的开发与保护，那么物体上所携带的信息就仅是碎片化的表征，致使红色文化的教育价值大大降低。因此，需要社会各界共同努力，为保护红色文化资源提供新视野、新思路、新技术，合理开发、科学保护，为红色文化传播提供各方面的保障。

2. 集中优势，广泛传播红色文化资源

我国红色文化资源分布广、种类多，相当一部分地处偏远的乡村和山区，资源的分散度较大，且呈点状分布，其所处的乡村和山区，往往基础条件较为落后。同时，历史遗迹的不可移动性、红色文物的易损性，在很

---

① 吴清润，李顺庆. 红色题材油画创作中的革命浪漫主义探究——以皖西大别山红色文化为背景 [J]. 皖西学院学报，2023，39（4）：21-26.

大程度上限制了红色文化的传播与交流。①

红色文化资源在空间上的分散性和时间上的连续性，延长了其欣赏的时间长度，这与现代"快餐式"的文化审美和快节奏的生活方式具有明显不同。从时间上限制了红色文化传播，降低了公众学习和传播红色文化的积极性。此外，出于文物保护的目的，《中华人民共和国文物保护法》明确规定，不可随意移动、修缮文物，这在一定程度上不利于红色文化资源的传播。

因此，运用现代信息技术，融合终身教育理念，发挥视觉传达的优势，把红色故事、红色历史进行深度还原，将红色精神落实到日常工作、生活的每一处。现代信息技术可以突破传统红色文化资源传播的时空限制，为其广泛传播提供了新的途径。

3. 运用科技力量，增强传播力度

相较于语义文本，图像处理技术引领"读图"时代，公众很多时候更倾向于图片、图像的表达方式，在指尖划过屏幕的过程中享受阅读的乐趣。"视觉冲击"作为吸引注意力的手段，开辟了更广阔的市场前景，并为公众带来了直接而强烈的视觉体验。

目前，我国红色文化教育的实施主要依托于传统的教育方法，如口头讲授、文本传达和各类主题活动。在信息化科技介入方面，还有很大的提升空间，在形式上主要是集中于对红色景点、红色遗迹、旧址的介绍，缺乏现代科技手段的融入和科技元素的介入。因此，使得红色文化资源的表达显得过于单调，往往使受众丧失学习兴趣。智慧图书馆在运用现代科技采集信息，整合资源以及还原历史的方式、方法还有很大的提升空间，数字化转化率需要进一步提升。因此，需要把握公众的内心需求，合理利用融媒体、微视频进行视觉具象化的表达。另外，数字化的还原程度需要更加精准、更加真实，可以将具象化和抽象化相结合，对历史故事进行深描，增加数字叙事的表达功能；营造红色文化视觉盛宴的方式、方法、形式需要不断创新，力求使其内涵更加深刻、丰富，实现引人入胜，激发人们爱国主义情感的价值功能；同时，也需要防止出现因过度使用视觉表征而出现的文化内涵片面化和直观化视觉表达替代文本化逻辑思考的倾向。智慧图书馆要以现代科技赋能红色文化视觉传达，发掘红色文化资源蕴含的精神力量，树立红色文化在当代社会的价值导向功能，升华红色文化的教育意义。

（三）基于视觉重构理论的红色文化数字化途径

1. 充分挖掘红色文化资源

智慧图书馆可以对红色文化资源进行大力保护，科学运用技术条件，深入挖掘红色文化蕴藏着的价值意蕴，为其资源建设提供坚实的基础，丰富红色文化的呈现形式。通过运用现代科技条件，充分保护红色文化资源，完善其表达方式，讲好红色故事，打造红色文化资源品牌。借助社会各方力量，多方筹措、统筹规划，用心呵护红色文化资源。一方面，红色文化资源的保护与开发是红色文化资源数字化和传播的前提条件之一，要确保保护与开发并举，坚持在保护中开发，在开发中保护的总基调不动摇。目前，我国各地广泛分布着种类众多的红色文化资源，需要对此进行保护和发掘，挖掘红色文化资源蕴含的深刻内涵和历史故事，并通过信息技术手段向公众广泛宣传。同时，加快红色文化资源的数字化转换成果，巧妙融入声、光、电等多种感官技术，通过色彩、光影、图形等展示红色文化，提高红色文化资源的可视性。使红色文化资源更加形象化、具体化，提升红色文化资源的引领性、教育性、示范性、趣味性。①

另一方面，要通过视觉元素的挖掘、开发，营建红色文化品牌。彰显红色文化的地域特点，借助现代科技、智能技术，深入挖掘本地区红色文化资源，打造红色文化品牌。并将红色文化与当地特色文化有机融合，整合区域内多元文化，以此提升红色文化资源的开放性、包容性，为不同群体的多元化学习提供丰富的资源供给。此外，合理运用图像处理技术，丰富视觉表达，突破大众认为红色文化内容相对枯燥、形式较为单一的观念。融入虚拟现实技术，还原红色文化资源背后一幕幕的感人故事与家国情怀，改变过去红色故事讲解不够深入，吸引力不足，收效甚微的现象。

2. 创设沉浸式的红色文化体验

红色文化资源的数字化，除了突出视觉元素，更注重多感官体验，使

---

① 王静. 视觉重构视域下红色文化网络传播：机遇、挑战与路径［J］. 思想理论教育，2023（5）：93 – 98.

红色文化精神入眼、入耳、入心、入魂。现代科技环境中的文化资源，具有生动性、交互性、普及性等特点。构建多形态的红色文化资源，强化视觉震撼，强调用户和资源间的双向互动，引导用户在互动中主动思考，探索历史、发现问题，多层次、全方位接受红色文化的熏陶。①

首先，注重终端建设，增强学习体验。红色文化资源的数字化，突破了传统物理空间的限制，通过智能科技对原始资料的语义解释、重构、集成、再生，实现红色文化资源的大容量化、大规模化。以万物互联的智能化多媒体终端为传输介质，用户通过数字化的方式进行阅读、学习红色文化资源，从而有效避免因地理位置，环境带来的影响，大大提升了阅读质量、学习效率，为公众终身教育提供更多途径。

其次，注重互动情境。传统红色文化资源往往吸引力不强，产生的教育价值有限，难以满足新时期广大人民群众的文化学习需求。数字技术出现之前，文化展馆在红色文化资源宣传、展示方面，通常是以实物或者道具展示为主，结合文字说明。这在某种程度上，缺乏与公众的交互和共情，对公众的吸引力不够，影响了红色文化的传播效果。

现代科技条件下，红色文化与智能技术、虚拟技术的结合，增强了红色文化的交互性，其表达形式超越了实体空间，进而拓展到虚拟空间。增强了用户体验，实现沉浸式阅读，并可以与用户产生心灵上的对话。在还原红色历史的基础上，对其文化内涵进行建构，丰富视听效果，改变传统的单向度宣传，提升红色文化传播效果，打造集知识性与智能性于一体的红色文化资源。

运用虚拟现实技术还原烽火硝烟的战争年代，使用户置身于虚拟环境中，在视觉、听觉、触觉等多感官的体验中，真切感受革命先烈不屈不挠的斗争精神，领悟红色文化的精神内涵。但是，也要避免因盲目堆积炫酷技术，致使视觉狂欢而丧失文化内涵的价值作用。同时，也需要防止红色视觉元素浅层化，因过度追求视觉效果而弱化红色文化的表达功能。

3. 红色文化资源的多维表达

随着文化的发展、科技的进步，受众具有信息接收者与发布者的双重

---

① 瞿浩. 图书馆"红色经典"数字阅读推广的应用策略研究［J］. 绥化学院学报，2022，42（8）：137－140.

角色，享有更广泛的选择自由和决策自主性。人们普遍沉浸于快节奏生活带来美轮美奂的视觉盛宴，因此，红色文化的传播要以公众的实际需要和阅读习惯为中心。根据新时期，用户阅读和学习的特点，智慧图书馆借助智能技术，开发、整合红色文化资源，并通过媒体平台有序开展宣传工作。

根据2022年发布的第50次《中国互联网络发展状况统计报告》，我国短视频用户规模达9.62亿，这充分反映出媒体平台在我国普及范围广，且拥有一个庞大的用户群体，从而为红色文化传播提供了广阔的发展空间。

因此，要加大红色文化资源在媒体平台的传播力度，不断创新宣传方式、方法，提升红色文化资源的教育性和传承性，凸显红色文化蕴含的价值理念，讲好红色故事，提高广大人民群众的参与度。通过对红色文化资源的系统架构，整合光线、文本、图像、动态图形等多维度视觉元素，以丰富的数字化表现形式，增强受众的沉浸式阅读体验，深化受众对红色文化核心价值的理解。此外，倡导实现红色文化资源的网络化和非接触式资源分享，以适应数字化时代的需求。通过创新红色文化视觉元素表达方式，突破虚拟空间与实体空间的界限。虚实结合，借助VR技术、互联技术、云平台，增强红色文化可视性、教育性，使红色文化资源在用户间流动、共享。

社会科技的发展，大量图形、图像充实到公众日常阅读的内容中，带来了阅读行为的改变，随着快节奏的生活方式和读图时代更直观的呈现方式，文字符号表达功能逐渐被弱化，很大程度上分流了阅读带来的语义思维，使得具象化符号表征成为主流。红色文化的广泛传播，需要突破传统阅读习惯的束缚，积极顺应时代发展方向，应用图像处理技术，融合文字表意。打造主题生动、形式多样、寓教于乐的红色文化视觉盛宴，提升红色文化资源的可读性、可看性、可用性，让红色文化资源在公众阅读、学习的过程中流动起来。需要注意的是，强调视觉重构与图像技术在阅读、终身教育过程中的作用，并不意味着红色文化资源仅是转化为数字化的图形、图像资源。而是要深入挖掘图像背后蕴含着的深刻含义，避免因简单化、娱乐化带来的内涵审美价值缺失。同时，也要抵制沉醉于视觉盛宴，而丧失精神审美的情趣和教育价值。

第五章
智慧图书馆服务乡村阅读的实证研究与实践

第一节　智慧图书馆服务乡村阅读的实证研究

一、调查总体情况

（一）调查的内容设计情况

问卷的设计参考 ISO/TR 20983：2003《信息与文献—电子图书馆绩效指标》中的框架和 ISO/TR20983《信息与文献—电子图书馆服务用性能指示符》中关于资源建设、技术支撑、服务改善等方面设计成封闭型问题，部分内容根据乡村阅读特点作了调整，并征求相关专家意见，形成核心问题。问卷由五大部分构成：使用意识、应用率、基本技能、用户满意度、应用评价，共 29 道题目。

（二）调查的实施程序

研究自 2021 年 9 月至 11 月进行了相关资料的搜集和归类整理，12 月设计问卷的初稿，向相关教育学、图书馆学专家征求了问卷的修改意见，经修改后形成问卷的终稿。正式问卷调查是在 2021 年 12 月至 2022 年 1 月期间完成，问卷的调查以无记名方式进行，要求被试按照要求完成整个问卷。问卷的数据录入和分析在 2022 年 2 月进行，使用 EXCEL 统计软件并采用求平均数的方法进行统计。

二、统计与分析

（一）调查对象基本情况统计

笔者通过"问卷星调查平台"对安徽省合肥市肥东县店埠镇，肥西县上派镇、山南镇、高店乡，滁州市凤阳县官塘镇，阜阳市颖东区枣庄镇部分居民，进行问卷调查，主要包括使用意识、应用率、基本技能、用户满意度、应用评价共五个方面内容。截至 2022 年 1 月 8 日，发放问卷 210 份，共收到调查问卷 180 份，有效率 85.71%。

（二）调查统计

在使用意识方面，在图书馆智慧阅读有助于日常生活的选项中，认为"重要"的调查对象占总体的 85.56%，认为"一般"的占 9.44%，认为"不重要"的占 1.67%，认为"不清楚"的占 3.33%，在图书馆智慧阅读有助于拓宽收入渠道的选项中，调查对象选择"一般""不重要""不清楚"的占了近 30%，如图 5-1 所示。这反映出，农民在一定程度上缺乏智慧阅读的使用意识，对智慧阅读的认识还需要不断丰富。结合实际调查，发现配套的智慧阅读培训很少，因此要加大宣传力度，扩大智慧阅读服务的影响力，提升智慧阅读在村民日常生活中的作用，以此发挥出应有的效用。

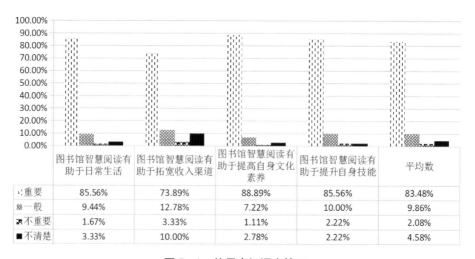

	图书馆智慧阅读有助于日常生活	图书馆智慧阅读有助于拓宽收入渠道	图书馆智慧阅读有助于提高自身文化素养	图书馆智慧阅读有助于提升自身技能	平均数
重要	85.56%	73.89%	88.89%	85.56%	83.48%
一般	9.44%	12.78%	7.22%	10.00%	9.86%
不重要	1.67%	3.33%	1.11%	2.22%	2.08%
不清楚	3.33%	10.00%	2.78%	2.22%	4.58%

图 5-1　使用意识调查情况

在应用率方面，每天都使用智慧阅读资源的调查对象只占了整体调查总数的 52.84%，而偶尔使用和从未使用的调查对象分别占了 15.46% 和 5.19%，如图 5-2 所示。这表明，还有一部分农民并没有每天都在使用智慧阅读资源，从整体上看，农民在资源的应用率方面还有很大的提升空间，因此在大力进行智慧图书馆资源建设的同时，也应当注重对于用户的培训，让用户更快地掌握相关操作，提升应用率。

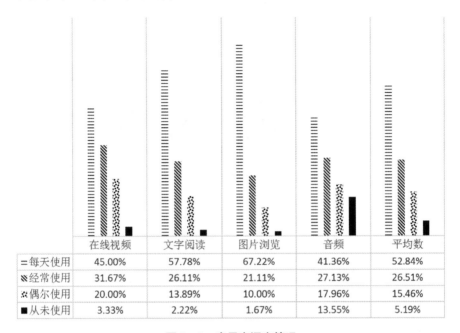

	在线视频	文字阅读	图片浏览	音频	平均数
每天使用	45.00%	57.78%	67.22%	41.36%	52.84%
经常使用	31.67%	26.11%	21.11%	27.13%	26.51%
偶尔使用	20.00%	13.89%	10.00%	17.96%	15.46%
从未使用	3.33%	2.22%	1.67%	13.55%	5.19%

图 5 - 2　应用率调查情况

在基本技能（操作方法、问题处理）方面，认为对其"非常了解"的调查对象占总体的 54.72%，认为"基本了解"的占 35.70%，认为"不太了解"的占 6.81%，认为"完全不了解"的占 2.78%，如图 5 - 3 所示。这表明，有一半以上的农民对操作方法和问题的处理并不是非常了解，可能存在因为不了解操作方法和问题处理而放弃阅读的情况。

目前在广大的农村地区，农民的信息素养普遍较低。表现在用户的信息技术操作能力、信息处理能力和信息判断能力普遍偏低。在调查中，对于信息的查询与利用的方法、阅读设备选择与应用的方法、运用信息资源的交互、阅读平台的操作环境这四项，可以"熟练掌握"的只占调查总人数的一半，如图 5 - 4 所示。这表明，农民对于信息的查询与利用的方法、阅读设备选择与应用方法、运用信息资源交互、阅读平台的操作环境，并不没有熟练掌握，由此会造成想阅读而缺乏信息查询、检索的技能，最终导致丧失阅读兴趣。

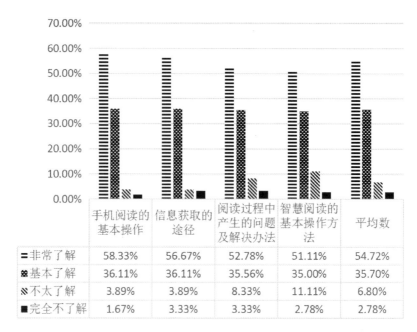

	手机阅读的基本操作	信息获取的途径	阅读过程中产生的问题及解决办法	智慧阅读的基本操作方法	平均数
非常了解	58.33%	56.67%	52.78%	51.11%	54.72%
基本了解	36.11%	36.11%	35.56%	35.00%	35.70%
不太了解	3.89%	3.89%	8.33%	11.11%	6.80%
完全不了解	1.67%	3.33%	3.33%	2.78%	2.78%

图 5 - 3　基本技能（操作方法、问题处理）调查情况

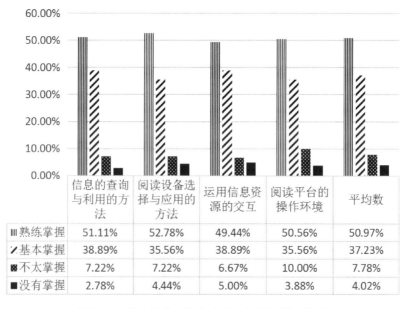

	信息的查询与利用的方法	阅读设备选择与应用的方法	运用信息资源的交互	阅读平台的操作环境	平均数
熟练掌握	51.11%	52.78%	49.44%	50.56%	50.97%
基本掌握	38.89%	35.56%	38.89%	35.56%	37.23%
不太掌握	7.22%	7.22%	6.67%	10.00%	7.78%
没有掌握	2.78%	4.44%	5.00%	3.88%	4.02%

图 5 - 4　基本技能（信息查询、检索）调查情况

　　在用户满意度方面，从智慧阅读平台设计、智慧阅读平台的速度、智慧阅读相比较传统阅读的服务、智慧阅读平台交互四个维度进行调查，数

据显示：62.50%的调查对象对智慧阅读感到满意，24.86%的调查对象对智慧阅读感到较满意，9.44%的调查对象认为智慧阅读一般，3.20%的调查对象不满意智慧阅读，如图 5-5 所示。由此可以看出，农民对于智慧阅读的满意度还有很大的提升空间，而满意度又是影响阅读兴趣、阅读水平、阅读能力的重要因素，同时对农民的阅读动机起到重要促进作用，因此提升农民对于智慧阅读的满意度至关重要。

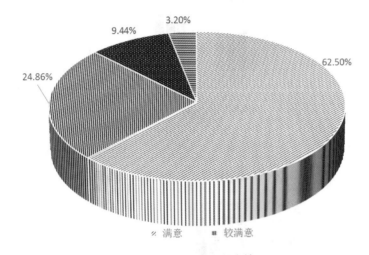

图 5-5　用户满意度调查情况

在对智慧阅读服务的调查中，将应用评价分为三个方面，资源质量评价、服务质量评价、宣传方式评价，其中，在应用评价（资源质量）的调查过程中，对智慧阅读线上活动的评价，认为"很好"的调查对象占总体的 65.14%，认为"较好"的占 23.43%，认为"一般"的占 10.29%，认为"较差"的占 1.14%，认为"差"的为 0 人。如图 5-6 所示。这表明，农民对于智慧阅读线上活动、资源质量以及资源呈现方式有一定的认可度，但是依然有一部分农民对其评价度不高。因此，需要通过各种途径收集评价结果，使评价结果更准确、更有指向性，同时进一步细化评价指标。

关于应用评价（服务质量），在调查对象中，认为：参与图书馆智慧阅读服务可以满足我与其他用户交流需求，非常同意的占总调查对象的 63.33%，认为同意的占总体的 28.33%，不同意的占 5.56%，非常不同意的占 2.78%，如图 5-7 所示。这表明，大部分农民同意智慧阅读的服务质量，是可以满足交流、互动、拓展人际关系以及建立社区关系的，这也是促进智慧阅读整体服务质量提升的重要指标。

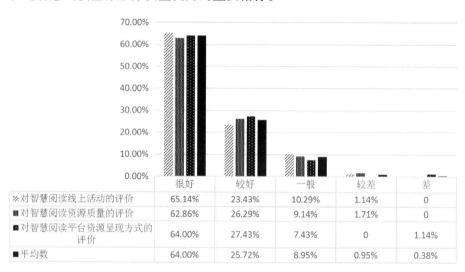

	很好	较好	一般	较差	差
对智慧阅读线上活动的评价	65.14%	23.43%	10.29%	1.14%	0
对智慧阅读资源质量的评价	62.86%	26.29%	9.14%	1.71%	0
对智慧阅读平台资源呈现方式的评价	64.00%	27.43%	7.43%	0	1.14%
平均数	64.00%	25.72%	8.95%	0.95%	0.38%

图 5 - 6 应用评价（资源质量）调查情况

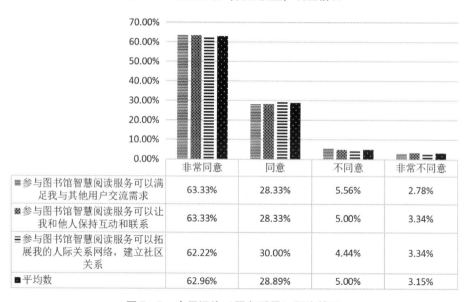

	非常同意	同意	不同意	非常不同意
参与图书馆智慧阅读服务可以满足我与其他用户交流需求	63.33%	28.33%	5.56%	2.78%
参与图书馆智慧阅读服务可以让我和他人保持互动和联系	63.33%	28.33%	5.00%	3.34%
参与图书馆智慧阅读服务可以拓展我的人际关系网络，建立社区关系	62.22%	30.00%	4.44%	3.34%
平均数	62.96%	28.89%	5.00%	3.15%

图 5 - 7 应用评价（服务质量）调查情况

在应用评价（宣传方式）方面，对图书馆经常开展智慧阅读服务的讲座、培训、宣传活动，认为非常同意的占总体调查对象的 60%，认为同意的占 31.11%，不同意的占总体的 6.67%，非常不同意的占 2.22%，如图

5-8所示。这表明，农民中的大多数对智慧阅读服务的讲座、培训、公众号信息以及指导阅读服务的宣传方式具有较高的认可度。后期还可以通过多种途径宣传智慧阅读，以此提升智慧阅读的服务效能。

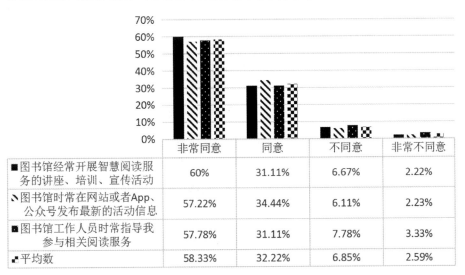

	非常同意	同意	不同意	非常不同意
■图书馆经常开展智慧阅读服务的讲座、培训、宣传活动	60%	31.11%	6.67%	2.22%
◣图书馆时常在网站或者App、公众号发布最新的活动信息	57.22%	34.44%	6.11%	2.23%
▦图书馆工作人员时常指导我参与相关阅读服务	57.78%	31.11%	7.78%	3.33%
▰平均数	58.33%	32.22%	6.85%	2.59%

图 5-8　应用评价（宣传方式）调查情况

（三）访谈

1. 访谈设计

笔者设计村民个体访谈题目如下：

表 5-1　个体访谈提纲

序号	个体访谈提纲
1	您了解智慧阅读的一些基本特性吗？
2	您如何看待智慧阅读在日常生活中的作用？
3	您是如何使用智慧阅读资源的？
4	您了解具体运用智慧阅读资源的步骤吗？
5	您对目前智慧阅读资源的更新程度及网络速度满意吗？
6	您对现有的智慧阅读服务满意吗？
7	您认为哪些智慧阅读资源适用于日常工作、生活，请举例。
8	您认为哪些智慧阅读资源有利于提高文化水平和收入水平，请举例。
9	您认为现有的智慧阅读资源对于用户有帮助吗？
10	您认为现有的阅读技能可以应用到终身学习过程中吗？

2. 访谈过程

采用个体访谈法，通过面对面交流，记录访谈内容，并对此进行分析。

3. 访谈结果

第一，用户对智慧阅读资源有基本的了解，能讲述智慧资源的一些基本特点，同时希望提高阅读技能等方面的能力。

第二，用户对智慧阅读资源在日常工作、生活中的作用给予肯定，并表示愿意在使用阅读资源过程中进行积极沟通、互动。

第三，少数用户对智慧阅读的基本操作步骤、原理以及常见问题的解决，不是很清晰，希望得到更多相关培训。

第四，少数用户对目前智慧阅读资源的更新程度不是非常满意。

第五，部分用户认为目前智慧阅读的方式较好，但并不能完全代替传统阅读。

第六，部分用户认为目前智慧阅读资源有助于终身学习和提高经济收入水平，并能发挥出一定的实际效用。

第七，部分用户表示当前的阅读技能培训基本满足于日常生活学习，但是培训次数很少，在交流互动过程中出现的技术问题不知道如何解决。

三、调查总体情况分析

（一）调查结论

第一，在智慧图书馆阅读服务重要性的认识方面，绝大部分用户认为所提供的阅读资源对工作、学习是有帮助的。

第二，在图书馆阅读资源的应用态度方面，大部分用户认为智慧阅读资源的有效运用可以促进用户之间的交流，而对于阅读效果，较少一部分用户认为此举意义不大。由此，可以看出用户对于阅读资源的应用态度还需要进一步调整，并要引起图书馆足够的重视。

第三，关于阅读资源的基本操作技能，有相当一部分用户还是没有掌握阅读资源的正确使用方法及常见问题的解决办法。从调查结果可以看出：用户阅读技能的基本操作和方法，在很大程度上需要进一步提升。

第四，在对阅读资源的应用情况方面，有较多用户经常通过阅读资源进行学习，但是也有一部分用户忽视了阅读资源的应用。

第五，在用户满意度方面，有接近40%的用户没有选择"满意"选项，其原因有多个方面。因此，要加强利用信息技术与用户的交流互动，提高用户对智慧阅读的满意度和认可度，以此发挥智慧阅读服务的优势。

第六，在使用智慧阅读的评价方面，有不到一半的用户评价较低，主要体现在对宣传、交流互动形式等方面。因此，应当加大乡村智慧阅读资源建设、互动等方面的力度。此外，乡村智慧阅读活动的宣传力度不够，形式也较为单一，村民的参与度较低，加之自身文化水平有限，也是乡村智慧阅读服务持续发展的一个瓶颈。

（二）图书馆服务社区（村）老年教育的优势

1. 图书馆为社区老年教育提供师资力量，提高教学质量

为缓解社区（村）老年教育师资短缺问题，可采取以下策略：一是通过与高校、图书馆及社会团体合作，邀请专家和知名学者开展各类讲座。二是发挥教育管理部门的力量，根据社区老年教育的实际需求，安排高校教师深入社区，提供适合的教育服务。三是图书馆馆员，尤其是高校图书馆具备教师资格的馆员，经培训后，参与老年教育的教育、教学工作，并形成常态化机制。因此，图书馆是社区（村）老年教育的资源提供者、教育支持者。高校图书馆和高校教师一体联动，根据社区老年人日常阅读、学习的需要，科学、合理地协调师资力量，开展教学活动。

2. 图书馆为社区老年教育提供科学的课程标准

相较于高校课程，社区（村）老年教育课程具有一定的特殊性。不同于具有严密知识体系的高校课程，老年教育的主旨是促进老年人身心发展、增长文化知识、掌握生存技能，同时，让老年人参与到社会生活、社会发展中，使其适应不断发展的社会环境。高校图书馆作为学校和社区的纽带，借助高校课程资源开发优势，为老年人量身定制适合老年人学习的课程，并制定相关教学标准。尊重老人的个人喜好，注重身心健康，突出养生、延年益寿的理念。此外，根据城乡老年群体的学习特点，制定适切的学习内容，与时代发展同步，并增加提升生活品质、生活乐趣的内容，让老年人享受时代发展的红利。尤其注重人文关怀，使老年人老有所学、老有所为，为建设社会主义和谐社会注入精神动力。

3. 图书馆为社区（村）老年教育提供丰富的课程资源

图书馆以高校为教育平台，集学科优势、专业优势于一体，整合、开发海量的教学资源，形成以图书馆资源建设为主体，多类教学资源共建的生长样态。高校教育管理专业的教师在此领域具有长期的实践经验，可以与图书馆共同开发、研制老年教育的影音教材，助推老年教育的发展。通过图书馆、高校等机构联合研发老年教育课程，如：老年社会工作、老年心理呵护、老年生活健康等系列化课程，为老年人的学习、生活提供教育支持。为符合老年人碎片化学习的需要，北京社会管理职业学院等教育机构联合开发了国家级老年服务专业教学资源库，并通过高等教育出版社的智慧职教平台向社会免费开放，为广大老年人和社会公众提供了便捷的学习途径，进一步促进了知识的普及和终身教育理念的发展。

（三）图书馆服务社区（村）老年教育的途径

图书馆以丰富的教育资源、技术条件为支撑，在各级政府、文化教育机构、社会力量支持下，为社区（村）老年教育探索多种路向。

1. 建设与老年教育相适应的配套资源

社区（村）图书馆（室）的藏书主要为：信息科技、少儿读物、文学故事等，而专门针对老年教育的读物相对较少，图书的市场供给量也很少。因此，需要图书馆联合高校、出版机构，关注老年教育，发挥各自资源优势，开发品质齐全、高质量的老年教育读物。[①] 聚焦于运动健康、文化欣赏、生活技能、艺术修养等方面，本着"服务社会、宣传阅读、增长知识、互动交流、促进健康"的宗旨，为社区老年教育创作读物。一是运动健康类，如：武术、老年保健等。二是文化欣赏类，如：品经典、国学等，并编写养老服务人员的专用教材。三是生活技能类，如：计算机基础、智能手机应用、智能家电应用等。四是艺术类，如：书法、摄影、地方戏曲、音乐、花卉盆景等。

图书馆是终身教育的重要组成部分，为社区（村）老年教育的高质量发展，提供各项阅读服务、教育服务。当前我国老龄化速度加快，养老配

---

① 宋妍妍. 终身教育视域下大学出版社服务社区老年教育的实践探析［J］. 北京劳动保障职业学院学报，2021，15（3）：38–41，70.

套设施以及养老服务机制尚不够成熟，与之相匹配的教育工作人员也较为缺乏。鉴于上述情况，我国已经开始注重培养养老服务人才，但是目前依旧处于持续探索阶段，缺乏健全的教育体系和相应的配套制度。为此，图书馆可以与老年教育实施主体加强联系，借助新媒体、新技术，做好远程教育资源的开发与制作，共同开发老年教育的相关资源。由于信息化的发展，电子阅读广泛普及，相对于纸质图书，一部分老年人对电子阅读持有较高的兴趣。因此，图书馆可以面向老年人开发具有文化性、娱乐性、实用性的学习资源，建设老年人电子阅读资源库，并与纸质图书形成优势互补。

2. 配合"农家书屋"，推动老年阅读的发展

"农家书屋工程"作为五大文化惠民工程之一，经过长期的建设，很大程度上解决了农民"买书难、看书难、借书难"等问题。2019 年 2 月，中央宣传部等十部门联合发布了《农家书屋深化改革创新　提升服务效能实施方案》，全面规划了农家书屋的工作。此举不仅扩大了农家书屋的服务范围，也促进了图书借阅率的迅速提升，有效推动了农村地区的文化发展和知识普及，如：2019 年年底，河南省基本实现"村村有农家书屋"的目标。

2023 年 4 月 23 日《新闻联播》报道，全国已建成 58.7 万家农家书屋。但是，就目前社区（村）服务来看，公众阅读的质量还有很大上升空间，尤其在偏远的乡村，老年群体的阅读率依然偏低，这是全民阅读和建设书香中国的一个短板。2020 年，郑州大学出版社入选国家农家书屋目录 2 种，主要是老年康养方面的图书，在入选书目中老年教育类图书的比重需要提高，以更好地满足老年人的学习需求和促进生活质量的提升。因此，需要借助图书馆的力量，联合社区（村）共同开展老年阅读服务、持续推动老年阅读的深入发展。[①]

首先，图书馆进行老年阅读资源开发工作，可以开发品目齐全、种类众多、丰富多样的适合老年人群体的阅读资源。纸质图书和电子图书相结合，加强纸质图书数字化建设，为广大老年人用户提供更丰富精彩的阅读内容，助推书香中国和全民阅读的不断发展。其次，根据老年人的阅读习

---

① 马伟娜，戎庭伟，等. 中国老年教育新论［M］. 浙江：浙江大学出版社，2019：1.

惯，提供充足的纸质图书。以农家书屋、社区（村）老年活动中心、社区（村）图书馆、社区（村）书店等为依托，扩大覆盖范围，形成点、面结合的总体布局，为老年人、社会、图书馆、文化机构之间建立起沟通的桥梁。积极探索新的阅读途径，打造新的老年阅读模式，培养老年人良好的阅读习惯，提升自我效能感，实现"村村有书屋""处处可阅读"的阅读教育服务目标。①

3. 政府支持，促进社区（村）老年教育的发展

政府在图书资源建设方面，需提供充分的资金、政策、制度支持。图书馆要充分利用政府的资金、政策、制度优势，促进社区（村）老年教育的快速发展。② 随着我国老龄化日益加剧，我国从教育层面注重解决老人的养老问题，但是，在老年阅读教育和课程教学等方面，依然处于持续探索阶段。③ 借助政府的财政支持，图书馆可以联合出版社等机构，组织专业编委会，编写公益性老年读物。通过免费或者低定价的方式，进行推广和普及，为老年人的学习、教育提供最温暖、最贴心的保障。

2020 年 7 月，河南开放大学社区教育中心开展"河南省老年教育课程资源项目"建设工作，打造系列化、主题化的老年教育课程资源品牌，主要包括：精品视频课程、远程教育课程等数字化课程资源和普通纸质教材，为河南省老年教育提供资源、服务支持。2021 年 9 月，郑州大学出版社在河南省教育部门和财政部门的支持下，通过政府采购形式，完成河南省老年教育课程资源建设项目的教材出版工作。

此前，老年人是纸质图书阅读的主要人群，随着电子资源的普及，老年人也成为电子资源的重点服务对象。因此，在各级政府的大力支持下，鼓励社会力量支持社区（村）老年教育，不断创新老年人阅读方式和图书出版的新思路、新方法、新路径，深入探索适合我国国情的老年人终身教育模式。图书馆和政府机构、出版机构、社会媒体共同努力，为社区（村）老年终身教育提供人力、物力、财力、智力支持。优化终身教育模式，完

---

① 杨谷. 对老年教育图书出版机遇的思考［J］. 新闻研究导刊, 2019, 10（8）: 168 – 169.
② 李云. 终身教育视域下的社区老年教育思考［J］. 山东广播电视大学学报, 2019（2）: 17 – 19.
③ 王玉琴. 电大开展老年社区教育的模式研究——以廊坊电大为例［J］. 中国校外教育, 2018（24）: 1, 3.

善阅读资源产业链，建立积极的阅读评价机制和人才引进机制，建设优质的人才队伍，加大师资、资金投入力度，为老年人的阅读、教育提供更多帮助，促进老年教育的有序发展。

四、智慧图书馆服务乡村阅读的现状

（一）调查中发现的问题及解决途径

在调查中发现，受访者大多数是老年人。2021 年 5 月 11 日，第七次全国人口普查结果显示，中国 60 岁及以上人口占比超 18%，人口老龄化程度进一步加深。在老龄化问题日益明显的当前，面向社会开展终身教育，发挥图书馆和社区合作的优势，帮助老年人开展阅读活动，推进老年教育持续开展，不断地走深走实，探索老年教育的未来发展方向和实施路径，以此提升老年人群体的生活质量和幸福指数，从而发挥老年教育的社会效能。图书馆以其创新的阅读服务理念、多样化的教育资源，以及前沿的技术条件，与社区老年教育形成互补，共同推动知识的普及和终身教育的理念。

1. 社区老年教育的发展

近年来，全球各国对老年教育关注度与日俱增，社区教育配套设施也在不断更新。社区老年教育逐渐成为老年人群体学习、交流、娱乐的发展趋势，是新时期提升老年人文化素养、生活水平、知识储备的有效途径。

（1）老年教育是终身教育的重要组成部分

老年教育专为老年人设计，旨在满足此年龄段人群的学习和生活需求。自 20 世纪初以来，随着全球人口老龄化趋势的加剧，各国对老年教育的重视程度不断提升，全球老年教育也因此逐渐兴起。法国图卢兹大学的皮埃尔·维拉斯教授于 1973 年提出"第三年龄大学"的理念，并将其付之于实践，由此，世界上第一所"第三年龄大学"在法国图卢兹大学建立。此后，以帮助解决国内老龄化问题的老年教育正式出现。

20 世纪 80 年代，随着我国社会发展和政策环境的变化，老年教育应运而生，继干部终身制被废除以后，社会对老年教育才开始了重新认识和应用。1983 年，我国第一所老年大学——山东省红十字会老年大学正式成立，由此开启了中国老年教育的发展之路。

随后，老年教育跟上时代改革的步伐，进入了终身教育的发展序列。

我国 2013 年版《中华人民共和国老年人权益保障法》第七十一条规定，"老年人有继续受教育的权利。国家发展老年教育，把老年教育纳入终身教育体系，鼓励社会办好各类老年学校"，以法律的形式确定了老年教育是终身教育的重要组成部分。2016 年，国务院办公厅发布了《老年教育发展规划（2016—2020 年）》，这一里程碑式的文件为我国老年教育的发展指明了方向，旨在推动老年教育的普及，满足老年人的学习需求，促进老年人社会生活质量的提升，并在后续的实践中逐渐形成一套科学的管理机制。2021 年，《中共中央 国务院关于加强新时代老龄工作的意见》明确指出，当前我国要扩大老年教育资源供给，将老年教育纳入终身教育体系，此后，老年教育迈入发展的快车道。

（2）社区是未来老年教育发展的重点

相较于发达国家，中国的老年教育发展起步较晚，整体发展速度相对较慢。目前，老年教育机构的覆盖面有限，老年人的参与度也相对较低，老年教育的机构大多数都是在城市。参加老年教育的老年人大多数经济条件较好，且有一定的文化素养。而地处偏远地区的乡村老年群体，由于地理位置、经济条件等原因，一般接受老年教育程度较低。特别是在一些条件较为落后的乡村地区，因老年教育机构数量有限，使得城乡之间老年教育的差异较为明显。

究其原因，一是老年教育受当地经济条件的影响，其硬件条件、师资力量等难以得到合理的分配；二是老年教育受重视的程度不够，当地教育部门等行政机构以及社会机构的关注度有待提升。对于老年人来说，大多数已经回归家庭，退出职业生涯，此时，社区作为组织管理、文化教育、综合服务的基层群众性自治组织，已成为老年人日常接触最多的场域，由此，赋予社区老年教育更多特殊而又内涵丰富的意义。因此，将市、县（市、区）的老年教育向社区、村延伸，不仅是一个现实且紧迫的任务，也是我国老年教育未来发展的关键方向。

党的十九大报告明确提出，在我国社会人口老龄化程度较高、老龄化速度加快的情况下，需要加快老龄事业和产业发展。《2019 年国务院政府工作报告》提出，大力发展养老，特别是社区养老服务业。老年教育事业的高质量发展，已成为推动老龄人群体和谐发展的关键力量，同时，也是社区养老服务过程中不可或缺的一环。随着国家对老年教育的重视程度不断提升，老年教育已逐渐成为国家教育发展战略的重要组成部分，为老年教育事业带来了新的发展机遇。

（二）乡村阅读的现状

第一，乡村智慧阅读的服务体系相对薄弱，表现在乡村阅读服务未能形成长效机制，区域发展不平衡、参与主体单一等方面。长期看，这项工作需要政府给予相应的政策扶持，让参与者获得社会认同感。第二，体制、机制不完善，管理水平不高、人才储备不足。由于乡村阅读服务本身具有公益属性，很难广泛吸引相关专业背景的高层次人才参与，缺乏实质吸引力，资金、政策等保障措施仍有待加强。第三，当前乡村阅读活动未能完全融入当地的文化风俗，缺乏地域特色，活动形式也较为单一，难以充分激发农民群众的参与热情和积极性。加之农民自身文化水平有限，这也是乡村智慧阅读服务发展过程中的瓶颈。第四，大部分图书馆信息资源建设的标准、机制有待完善，许多单位对资源建设的态度依然停留在只愿共享、不愿共建的立场上，致使资源利用率低下，阻碍了乡村智慧阅读服务的深入开展。由此可见，要提高用户信息素养、阅读素养的水平，需要多措并举，拓宽用户的知识面，提高宣传力度，扩大信息技术在用户生活中的实用性，丰富信息素养培训的内容。同时，在调研中，我们也发现乡村中大多数老年村民，受限于文化水平，很难融入正常的阅读活动，因而不愿参加阅读活动。为此，可以增加视觉、听觉等多感官的阅读资源，以帮助阅读缺失型群体克服阅读困难。

（三）智慧图书馆服务乡村阅读存在的问题

近些年来，智慧图书馆服务乡村阅读，在乡村的文化建设、教育服务，推动当地经济发展等方面起到了积极的作用。但是，在乡村智慧阅读服务的过程中也存在一些问题，主要有以下几个方面：

1. 用户信息素养较低

调查发现，目前在我国广大的农村地区，尤其是地处偏远的山区，由于经济条件的限制，公众文化素质普遍较低，村民的信息素养普遍不高。主要表现在以下方面：运用信息的意识、运用信息技术解决问题的能力和信息安全意识等，甚至对信息技术重要性的认识存在偏差，信息处理的综合能力普遍偏低。所以，要提高乡村用户信息素养水平，需要转变思想，帮助他们树立正确的价值观念，多措并举，提升用户学习信息技术的能力。同时，要加强信息化建设的投入力度，完善数字阅读操作技能培训的机制，增强培训的针对性和有效性。乡村的老年村民中，有相当一部分文化水平不高，甚至不认识字，导致不能直接参与到智慧阅读的活动中，由此出现与智慧阅读活动脱离的现象。因此，关心特殊群体阅读也是乡村阅读状况向好发展的重要方面。

2. 资源重复建设，利用率不高

通过实地调研，结合文献研究发现，大部分图书馆信息资源重复建设现象严重，不利于乡村智慧阅读的持续开展。表现在：同质化资源较多，同一类型资源重复建设的现象较为严重，利用率不高，农业技术、乡村本地化资源较少。此外，没有统一的智慧阅读平台，缺乏统一的资源建设口径，阅读资源由不同电子运营商分别提供，电子运营商资源开发的程度和出发点不同，各类信息资源内容的侧重点也不同。同时，各资源之间由于平台接口不同，资源的流动性也较差。

3. 村级阅读资源的缺乏与闲置

调查发现，尽管大多数乡村已经配备了公共阅读空间，但纸质图书的更新频率仍然较低，且缺乏专业的管理人员，这些问题影响了阅读资源的有效利用和阅读环境的持续改善。此外，还存在图书馆由个别兼职人员代管、图书室来访人数很少等问题。一部分村民对村图书馆、图书室或是农家书屋的认识程度不够，仅仅停留在阅读的层面，或把图书室当作休息室，尚未充分认识到借助村图书馆可以提升自身综合能力、综合素质。另外，少数村民因为阅读障碍或是阅读能力有限而放弃阅读。因此，村级公共阅读环境的改善和阅读活动宣传显得同等重要。在宣传方面，存在因村图书馆宣传力度不够，信息资源没有很好地推送给村民的现象。在阅读资源购买方面，也存在因经费不足，出现阅读资源供给不连续的现象。因此，需要对相关建设、服务作出总体规划，以此提升阅读的效能。

4. 阅读服务形式固化

首先，阅读服务的形式、内容固化，往往是标准化的阅读资源，缺少当地的农业、旅游、文化特色，不够接地气，难以吸引村民前来阅读。其次，在乡村阅读推广过程中，缺少针对阅读困难人士的个别化阅读工具或服务形式，他们往往难以进行正常阅读，从而对阅读产生不同程度的排斥。因此，应增加个性化阅读设备，采用科学、合理的方式、方法，帮助阅读困难群体参与到智慧阅读的过程中，让他们同样可以感受到阅读的乐趣，建立自信，提高文化素质。

在访谈过程中了解到，尽管有些村委会每年都会借助信息技术举办阅读服务活动，但通常是在读书日和传统节日中举办的，往往只是"走过场""一阵风"的形式，并没有创新阅读活动形式，难以调动村民的阅读兴趣。针对上述现象，可以通过智慧阅读平台，将乡村智慧阅读融入全民阅读的潮流中，为乡村居民提供基础性、普适性、实用性的信息资源。

同时，根据各地区、各乡村的实际情况，因地制宜，在统一的智慧阅读平台中，开发接口，对接当地图书馆，并提供具有当地特色的本地化信息资源，实现同质化阅读资源和差异化阅读资源的融合。此外，通过制定相关政策，建立一套资源管理、购买、运行的机制，为智慧阅读平台提供相应的资金和配套政策。通过政府采购的方式，向电子运营商或著作权人购买相关电子书籍、资料，供用户免费阅读，实现全民阅读的公益性，从而实现全民阅读的大众化、均等化。

5. 用户阅读时间有限

在对村民的访谈中发现：大部分中年村民和青少年的阅读时间有限，其主要原因是工作、学习占据了生活中大部分的时间和精力，且迫于工作和生活压力，往往难以专注于读书。很多中年人表示：在处理完一天繁重的工作后更倾向于通过手机进行各种娱乐活动，来缓解一天的疲劳。相较于中年人，中小学生对于智慧阅读，表现出更强的意愿和浓厚的兴趣。[①] 据此，应推动阅读资源的共享，打破城乡公共文化服务的壁垒，将省、市级图书馆的书刊、阅读方式和理念引入乡村，并与当地特色文化相结合，这不仅能让乡村居民的文化和精神需求得到满足，还能为其提升阅读兴趣，激发阅读动力。

---

① 瞿浩，方孝玲，张新平. 高校图书馆智慧服务的优化路径研究——以合肥师范学院为例 [J]. 滁州学院学报，2023，25（3）：126－131.

（四）智慧图书馆服务公众终身教育的功能定位

1. 促进学习型社会建设

智慧图书馆在服务乡村阅读的过程中，以终身教育理念为指引，从内部动力、外部环境和社会发展三个维度彰显终身教育的功能和价值。从内部动力来看，人是不断发展进步的个体，具有对知识、信息、文化的学习需求和求知欲，强调全面学习、全面发展的目标追求。从外部环境变化看，面对时代的进步、信息化的发展，新兴科技带来的一系列变革，学习者需要不断地学习新知识、新方法才能更好地适应现代化社会的发展。因此，在这种情形下出现了继续教育论、新生活教育论等理论，凸显出了技术发展带来的教育方式的创新、教育理念的转变。从社会发展方面看，社会发展带来一系列知识体系的更新，使教育的发生不仅仅局限于学校阶段，更多是学校教育之外的阶段。因此，倡导终身学习的理念，应突出终身教育促进社会公平的作用。

学界从多个维度对终身教育的功能和价值进行了深入探讨，如：终身教育促进个人的持续成长，使其能够主动适应快速变化的社会环境；从社会发展的角度出发，探讨终身教育如何推动社会整体的发展，强调终身教育对于个人生存质量提升和社会持续进步的价值。

2002 年，我国在中国共产党第十六次全国代表大会的报告中提出，要"形成全民学习、终身学习的学习型社会，促进人的全面发展"。近年来，"全民阅读"又与之紧密相连，成为实现学习型社会的重要方式和途径，如：中央政府工作报告中"倡导全民阅读，推进学习型社会建设"等相关表述。

作为终身教育的重要组成部分，图书馆持续开展终身教育服务，为终身教育的发展、学习型社会的建设，提供理论支持和实践支持。教育部办公厅发布的《关于举办 2018 年全民终身学习活动周的通知》中提出，推动社区广泛开展全民学习活动，推动全民阅读，开展"百姓学习之星"和"终身学习品牌项目"遴选认定和宣传展示活动，推动各类学校和教育培训机构资源向社区开放等。明确了图书馆等文化机构有责任和义务参与、组织社区居民的学习活动，并为其提供各类阅读服务和学习支持，以此推动全民阅读，让图书馆成为终身教育、构建学习型社会的重要组成部分。

2. 满足人民群众的文化需求、教育需求

党的十九大报告提出，我国社会主要矛盾已经转化为人民日益增长的美好生活需要和不平衡不充分的发展之间的矛盾。为公众提供更丰富的阅读体验、更便捷的阅读方式、更有效的阅读方法，是提升公众文化素养、学习水平、生活质量的重要途径。图书馆在为公众服务的同时，时刻倾听公众的文化诉求，不断发现用户的阅读需求，畅通信息获取和传播渠道，尊重用户反馈的意见。图书馆应广泛收集用户提出的建议，建设符合用户需求的阅读资源，并以多种形式呈现于用户面前，为其带来愉悦、轻松的阅读体验，满足公众对于终身学习的追求和美好生活的向往。

现代化图书馆已经突破了传统藏书、借书、看书的单一功能，借助先进的智能技术、虚拟现实技术，凸显智能学习、深度阅读、传播文化、启迪智慧的功能，是一个文化传播、终身教育的智慧服务综合体。同时，也是一个城市、地区的文化坐标和高地，集中体现着当地的文化底蕴。面对日益变化的信息环境和海量信息资源，传统文献服务已经难以满足公众阅读需求，需要通过信息化的方式，为公众提供及时、精准、富有内涵的信息资源，这也是智慧图书馆帮助公众学习、交流，提供生活便利的基本服务内容。

嘉兴市图书馆开设"夕阳红 E 族"系列老年培训班，帮助老年人学会运用微信、支付宝等 App 交流、购物，为其生活带来便利。2019 年，参加此类培训的老年人超过 7000 人次，其活动先后举办 159 场次。面对公众日益增长的文化、信息需求，图书馆持续开展智慧阅读、信息素养等活动、培训，为公众提供更多优质的阅读服务、教育服务。①

3. 培育文化自信

2019 年，习近平总书记在给国家图书馆老专家的回信中提及，"图书馆是国家文化发展水平的重要标志，是滋养民族心灵、培育文化自信的重要场所"。传承发展中华优秀传统文化，培育文化自信，是图书馆文化育人的根本遵循。

① 陆爱斌. 县级公共图书馆实施乡村振兴战略的平湖实践 ［J］. 图书馆研究与工作，2019（8）：61－64.

文献保存和数字化是图书馆开展终身教育工作的基础，图书馆丰富的文献资源是优秀传统文化的载体。对古籍、人类文化遗产的保存也是图书馆重要的社会职能。在保存、研究古籍文献基础上，图书馆发挥自身的文化宣传和技术优势，广泛开展优秀传统文化的宣传、教育工作。着重扩大经典阅读在人民群众阅读、学习过程中的覆盖面，积极探索文化传播的有效路径，帮助公众在阅读过程中，树立正确的价值观，形成良好的品格。

在此过程中，图书馆积极构建"读经典"品牌活动，倡导家庭阅读，有效推动全民阅读的深入开展，并与各级政府、各级文化机构，共同推动文化教育的发展。图书馆不断扩大阅读服务的社会影响力，主动参与非物质文化遗产的发掘工作，利用现代技术手段进行资料的搜集与整理，支持非物质文化遗产的申报工作。同时，通过宣传，提高公众对非物质文化遗产重要性的认识，建立专业的数据库，对非物质文化遗产进行系统化管理和保护，确保其得到有效的传承和发展。弘扬红色文化是图书馆开展红色主题教育的重要方式，在节日庆典和纪念日期间，各级各类图书馆举办书展，展现中国共产党的发展历程，借助信息化手段，充分还原革命战争时期可歌可泣的英雄事迹、峥嵘岁月，以及改革开放和社会主义现代化建设新时期，劳动人民艰苦奋斗的光荣传统。

深圳图书馆通过"深圳学人·南书房夜话"活动，为公众提供国学研究和交流的平台，同时，作为宣传空间，为公众带来形式多样的公益讲座。杭州图书馆通过"西湖传说"为广大公众开展宣传活动，让市民、游客深入了解西湖、认识杭州，成为杭州当地一张靓丽的名片。永康市图书馆与农家书屋合作，开展形式多样的活动，结合线下图书资源，对乡村的文化宣传，村民文化素养、教育水平的提升，发挥了重要作用。图书馆智慧阅读服务在弘扬中华优秀传统文化，以及推动乡村教育事业的发展和文化振兴中发挥了重要的作用。

4. 提升科学文化水平

图书馆开展终身教育的目标之一，便是提升公众科学文化水平，图书馆面向公众开展各项创新教育服务，为用户提供全天候、立体化的阅读服务。公众通过阅读，不断增长知识，丰富科学文化内涵，因教育内容涵盖了科学知识、技术哲学等方方面面，这就使图书馆终身教育涉及信息技术、多媒体技术、地理、卫生健康等多个领域。

图书馆随着时代进步而不断创新发展，持续开拓业务服务范围、提高业务服务质量，响应国家号召，满足公众的文化、教育服务需求，为提升全民综合素质而不断努力。图书馆勇于探索服务方式变革，积极创设学习空间，开展红色经典、文化交流等活动。其中，以创客空间的社会效应尤为突出，如：上海图书馆、广州图书馆、深圳图书馆"创客空间"的建设为公众带来了全新的学习体验。上海图书馆的"创·新空间"在功能、模块方面设置了文创作品、个人学习、3D 打印、虚拟技术等创意开发和深度体验，并根据需求，将其设置为：信息共享、阅读、全媒体交流体验、创意设计展览等空间。广州图书馆开展"阅创空间"活动，主要包含"小小创客""我是科普小达人"等。"小小创客"以多种方式为儿童带来集阅读、手工、科学、儿童编程、创作电子积木等于一体的多元化的开发主题。由此，获得了公众的广泛参与和好评。在青少年学习成长的道路上，帮助其学会利用信息技术进行阅读，形成解决问题、开拓创新的能力。

第二节　智慧图书馆服务乡村的阅读实践

一、安徽省阅读实践

（一）安徽省图书馆

作为服务于广大人民群众的公共文化机构，安徽省图书馆始终坚持"服务第一，用户至上"的服务宗旨，近年来获评"全民阅读示范基地""全国家庭亲子阅读体验基地"等荣誉，目前电子图书 139 万余册，数字资源总量超过 700TB，开展形式多样的乡村智慧阅读服务。

安徽省图书馆自 2016 年起开展"中西部贫困地区公共数字文化服务提档升级项目"建设，充分发挥"智慧阅读"的优势，提升用户信息素养，不断扩大培训范围。安徽省图书馆借助社会力量，对乡村开展帮扶、惠民等阅读服务，现已完成安徽省 161 个乡镇文化站和 159 个数字文化驿站的升级。通过线上线下平台，在金寨等地举办多场文化主题活动，为群众提供高质量的智慧阅读服务。同时，为解决乡村地区儿童阅读资源不足的现状，建立"小候鸟守护计划"阅读平台，开展形式多样的活动，受到了孩子们的喜爱，成为他们学习知识的重要途径。

2018 年，安徽省图书馆协助安徽省文化和旅游厅、西藏地区山南市文化局组织承办"2018 中国西藏雅砻文化节"，通过新媒体、新技术，对当地文化旅游资源进行深度的挖掘和宣传，推动当地特色文化、乡村旅游事业发展。2019 年，安徽省图书馆"文化援疆"志愿服务项目，在新疆顺利实施，志愿服务团队远赴新疆和田、皮山等地，开展图书和数字资源捐赠、业务培训等文化活动，向皮山县图书馆捐赠图书 10000 册，总价值 35 万多元，充实了当地的馆藏资源。安徽省图书馆通过多渠道的传输和推送，为乡村智慧阅读提供更有力的服务，并于当年 9 月实现网上信用办证服务、电子证扫描借书服务，不断拓展智慧阅读服务功能。同年，安徽省图书馆 App 上线，进一步扩大了智慧阅读服务的发展空间。①

此外，开展"我为群众办实事"，协同人社部门关联社保卡，开通"一卡通"借阅服务功能，实现线上办理，为偏远地区的用户提供便利，形成"服务一站集成、信息一体共享"的智慧服务模式。通过"安徽省图书馆"App、微博、微信公众号开展的智慧阅读服务，目前微博粉丝拥有 8449 人，微信公众号"数字阅读"模块中具有"中老年服务中心""养生保健""红色记忆""技能学习""懒人听书"等功能，面向社会开展智慧阅读等活动。由此，方便广大用户，尤其是乡村用户，可以足不出户实现线上"电子证"办理，即便在偏远的乡村也可以及时获取和城市同样的阅读服务，还可以将阅读体验及时向图书馆反馈。

2019 年 11 月，由安徽省图书馆拍摄，反映徽州地区自然风貌与人文风情的微视频《水墨宏村》入选"学习强国"App"数字文化"展。同时，编制《文化惠农信息参考》手册送给金寨县白塔畈乡的农民群众。2021 年 9 月由安徽省图书馆主办，"在平凡中绽放美丽——寻找最美乡村教师展"通过线上线下的方式向用户展出，展览从全国各地选出近 50 名坚守在乡村

---

① 瞿浩. 智慧图书馆服务乡村阅读的探索与实践 [J]. 湖北师范大学学报（哲学社会科学版），2023，43（2）：142 – 148.

最艰苦地方的教师，通过图片和文字，充分展示了乡村教师，乐于奉献、甘为人梯的，不怕苦、不怕累、不放弃的崇高精神，助力乡村精神文明建设。

（二）合肥市图书馆

合肥市图书馆是合肥地区文献中心、信息资源中心，是合肥市公共文化服务和全民阅读推广服务的窗口，配备数字图书馆、手机图书馆、微图书馆，通过智慧化的服务方式，为合肥地区用户提供多种阅读途径。目前拥有微博粉丝 3.5 万人，抖音粉丝 5313 人，在安徽十大文旅系统微博中排名第五。近年来，获得"全民阅读先进单位""全民阅读示范基地""安徽省阅读推广联盟""十佳图书馆""用户心目中的最美安徽公共图书馆"等荣誉称号。

2015 年，合肥市图书馆开展大型公益活动"梦想图书馆"，并与乡镇进行联系，对接需要帮助的学校，根据在校学生的阅读需求，通过多种途径，助力乡村学校开展阅读活动。自活动开展以来，"梦想图书馆"已先后前往长丰县杜集中心校，杨庙十井小学、庐江县同大镇中心小学、肥西县官亭镇中心学校、寿县刘岗小学等 20 余所学校，捐赠经典书籍 2 万余册，新书近 20 万元，实现了对接学校的图书馆从无到有，助力数以万计的学子有书读，爱读书，读好书。此后，运用现代科技，结合智慧阅读，开展"合图公益·共建图书角"等各具特色的智慧阅读活动。

2016 年以来，合肥市图书馆将"大湖名城，悦读合肥——夕阳红公益培训"与文化扶贫结合，对肥东县村民开展信息技术培训。使其可以熟练地使用电脑和智能手机进行订购车票、就医等操作，体验信息时代带来的生活便利，并通过 App 获取农业技术知识和销售信息，使他们增加致富的途径。同时，参与合肥市文化科技卫生"三下乡"活动，对接乡镇文化站，开展文化惠民等活动，帮助贫困地区开展智慧阅读服务，使村民了解生产、劳作、生活等各个方面的信息，提升信息素养。

合肥市图书馆积极引导村民开展各类阅读活动，例如：2021 年合肥市图书馆前往肥东县长临河镇，将 500 本纸质图书，100 张数字资源卡和自行设计的文创产品赠送于当地，其电子资源包括：数字报、电子书，有声读物。并捐赠 800 册图书给焖炀镇文化站，为焖炀镇的农民朋友们送去一份精神大餐，在乡村设立手机图书馆和数字图书馆和咨询点，村民通过扫二维码即可阅读到图书馆的信息资源，畅通阅读渠道，畅享阅读生活。

2017 年，为了打破地域交通给图书馆阅读服务带来的限制，更好地满足人民群众的公共文化服务需求，合肥市图书馆在全国范围率先推出了"免押金、免办卡、免入馆、免费借书"的书香快递服务。2018 年起，合肥市图书馆开展国学经典阅读推广活动，为全省 13 家中小学校送去青少年适读的国学经典著作，并通过网络、学习平台等途径，开展经典阅读推荐，引导学生阅读，培养其良好的阅读习惯。

此外，合肥市图书馆开展绿色阅读，携手蚂蚁森林、助力低碳新生活，依托嘉图网借平台的书香快递服务，实现线上借阅图书，积攒蚂蚁森林能量服务。用户通过合肥市图书馆网借服务平台可实现智能借阅，降低全社会参与环保公益的"门槛"，搭建绿色低碳、知识交流的平台，激励更多的人加入低碳行动。

（三）黄山市图书馆徽文化主题分馆

黄山市图书馆徽文化主题分馆，地处黄山市徽派建筑"石家大院"中。借助天然地理位置优势和深厚的历史积淀，通过网络平台、图书馆微信公众号等方式，向当地居民和游客推送智慧阅读服务，助力当地经济文化发展，并多次举办各类活动，成为公众了解徽文化的重要宣传窗口。通过"民宿＋书屋"模式，实施"互联网＋""文化旅游＋"的阅读新业态。徽文化主题分馆与黄山市图书馆进行统一运作模式、统一形象标识、统一服务标准、统一编目，实行一卡通通借通还。并且配备了 24 小时城市书房，进一步推动了全民阅读，为当地居民和游客提供更有效、更便捷的阅读服务。

（四）大别山红色教育的实践

党的十八大以来，以习近平同志为核心的党中央高度重视红色文化的宣传和教育，多次深入革命老区调研，提出了一系列重要的新思想、新论断，并作出了一系列新决策、新部署。这些举措为弘扬红色文化、发扬艰苦奋斗、不怕牺牲、锐意进取的革命传统精神提供了行动指南和基本遵循。

作为文化育人、服务育人的图书馆，在面向社会终身教育服务方面，需要抢抓时代发展机遇，运用信息化条件，对于乡村、山区的红色资源展开深入挖掘，激活红色文化的育人基因。广泛开展红色宣传、教育工作，为公众提供丰富的精神文化供给，这也是在终身教育服务过程中，做好立德树人工作的根本保障。

大别山区被称为"红军的故乡，将军的摇篮"。大别山红色文化承载着中国共产党人的初心和使命、革命战争的历史记忆，烙印着中华民族的精神，蕴含着为广大人民谋福祉的宗旨，传承着红色基因和艰苦奋斗的优良品格，时刻教育着人们扣好人生"第一粒扣子"。主要包括以下方面：

第一，红军摇篮。大别山是土地革命时期，全国著名的革命根据地，是抗日战争时期，党领导人民军队抗击日寇的重要战场，也是解放战争时期，刘邓大军激战中原的主要战场。从土地革命到抗日战争、解放战争，大别山都是中国共产党进行革命、武装斗争的重要区域，蕴含着丰富的红色历史、红色文化，是革命战争时期珍贵的记忆和教育内容。

第二，将军故里。大别山是将军的摇篮，在革命战争的岁月里，先后从这里走出了王树声、许世友等多位战功卓著的将军，也记录了邓小平、刘伯承等老一辈革命家的丰功伟绩。

大别山区的 5 个将军县中，红安县以走出 223 位将军成为全国有名的"中国第一将军县"，走出 108 位共和国开国将领的六安县（现为六安市）是著名的将军故里，金寨县以 59 位开国将军成为第二大将军县，大悟县曾走出过 100 多位高级将领。①

第三，红址密布。大别山红色遗址、名人故居众多，各纪念馆也珍藏着革命战争时期留下的文字、手稿、影音、物品等，如：鄂豫皖苏区首府革命博物馆、鄂豫皖红色纪念馆、鄂豫皖苏区革命历史纪念馆等。同时，大别山地区还存在着许世友将军故里、李先念故居等大量名人故居，以及商城革命烈士陵园、大别山烈士陵园、陈独秀墓等大量烈士陵园，见证了血与火的革命斗争年代、可歌可泣的英雄壮举，是红色文化的典型代表。大别山红色文化的产生和发展，是在特定时期、特定历史环境下孕育而生的，具有旺盛的生命力。

---

① 岳宗德，李明．红色文化实践育人研究——基于大别山红色文化的思考［J］．思想教育研究，2017（7）：71–74.

1. 大别山人民群众的实践

在大别山革命斗争过程中，大别山地区的广大人民群众对马克思主义的认识不断提升。在中国共产党的领导下，大别山人民群众树立坚定的共产主义理想信念。由此，激发出革命的行动活力，在战火硝烟的革命年代，产生了具有理论研究价值和崇高理想信念的红色文化。在马克思主义和中国共产党的先进理论指导下，为大别山红色文化的发展提供科学指引和方向，并形成了源源不断的内生动力。

自1921年中国共产党诞生以来，大别山凭借其独特的地理优势和坚实的群众基础，成为革命的摇篮。在波澜壮阔的岁月中，大别山人民群众始终坚定不移地在党的领导下，投身于革命的洪流之中。他们中的杰出代表，如勇敢跳崖的女英雄晏春山、被誉为大山之子的吴焕先等，都是坚持党的领导和共产主义信仰的典范。他们忠诚于党，将革命的火种延续到底。在党的旗帜下，无数来自大别山的优秀儿女，以不屈不挠的精神和无畏的勇气，书写了一曲曲感人至深的忠诚赞歌。他们的故事，是对党忠诚不渝的生动诠释，也是对革命精神的深情颂扬。

马克思、恩格斯认为，"历史活动是群众的事业，随着历史活动的深入，必将是群众队伍的扩大""一切为了群众，一切依靠群众，从群众中来，到群众中去"，这不仅是中国共产党的群众路线，更是对"人民群众是历史的创造者"这一真理的生动诠释。

中国共产党在大别山区开展革命斗争离不开广大人民群众的支持，人民群众是历史的创造者、推动者。大别山不仅是革命精神的摇篮，更是文化创新的沃土。中华苏维埃区域在这里成功举办了第一届运动会，展现了人民的团结与活力。脍炙人口的著名歌曲，如《八月桂花遍地开》，不仅流传至今，更成为激励人们不断前行的力量。究其根源，正是在中国共产党的坚强领导下，广大人民群众发挥了无穷的凝聚力和战斗力，共同创造了具有强大生命力和感召力的大别山红色文化。这不仅丰富了人们的精神世界，也成了激励后人继续前进的宝贵财富。

2. 大别山红色文化的价值

大别山红色文化是对中华优秀传统文化的继承和发扬，是对理论创新的具体实践。具有时代性、民族性等文化特质，又有引领性、先进性、继承和发展性等价值属性，是不可复制、不可再生的宝贵资源。

第一，引领性。习近平总书记指出，"在5000多年文明发展中孕育的中华优秀传统文化，在党和人民伟大斗争中孕育的革命文化和社会主义先进文化，积淀着中华民族最深层的精神追求，代表着中华民族独特的精神标识"。

大别山红色文化是社会主义核心价值观的生动教材，集中反映大别山区人民在轰轰烈烈的战争年代，不屈不挠的斗争精神和社会主义建设时期艰苦奋斗的崇高精神。通过人民群众的生产生活、思想方式表现出来，利用其自身跨越时空的影响力、感召力，来引导人、激励人、教育人，并对人们的价值观念、道德准则、理想信念，起着价值引领的作用，不断塑造并影响着一代又一代人民群众。大别山红色文化以社会主义发展理念为根本遵循，在实现中华民族伟大复兴的新征程中，与时代同步发展，与社会主义核心价值观具有统一性。

第二，先进性。红色文化记录着中国共产党人艰苦卓绝、英勇斗争、奋发图强的丰功伟业。红色文化是共产主义的世界观、人生观和价值观的集中体现，充分表达了中国共产党人的崇高理想、爱国主义情怀和坚定信仰，是中国共产党带领人民群众在革命战争时期、社会主义建设和发展时期，创造的具有中国特色的先进文化。红色文化以马克思主义理论为基础，体现着马克思主义中国化、时代化，是一种高度的物质文明和精神文明的统一，是中华优秀传统文化的继承与发展，在时代发展的浪潮中，推动着中国特色社会主义向着更高的目标和更广阔的前景不断前进。

第三，继承和发展性。习近平指出，"一个国家、一个民族的强盛，总是以文化兴盛为支撑的。没有文明的继承和发展，没有文化的弘扬和繁荣，就没有中国梦的实现"。文化在社会的进步中不断发展，红色文化亦然如此，是一个动态发展的有机体，随着社会文明的进步而不断发展、不断创新，继而为广大人民群众服务。因此，传承、弘扬红色文化，需要确立红色文化发展的坐标，处理好红色文化的过去与现在，当下与未来的关系。

当前，红色文化体现了中华优秀传统文化，也顺应了目前中国主流文化的发展，是引领时代前行的文化。让红色文化在时代发展的潮流中蓬勃发展，将中华优秀传统文化不断发扬光大，为国家的繁荣稳定注入强大的精神动力。

大别山红色文化资源是教育当代社会公众的生动教材，是取之不尽、用之不竭的资源宝库。大别山红色文化具有鲜明的红色属性，大力宣传并弘扬其文化内涵，彰显红色文化的智慧，充分发挥文化育人的功能，可以从图书馆、学校、个人三个方面展开探索。图书馆加强资源建设，并使之数字化，形成具有时代特征的红色文化资源，发挥教育导向作用，对学习者进行教育，使其提高自觉阅读、学习的意识，主动融入红色文化的学习过程中，并在实践中不断内化为自己的文化修养。

3. 夯实红色文化基础

一是保护与挖掘并重。习近平总书记指出："无数革命先烈留下的优良传统是永远激励我们前进的宝贵财富，任何时候都不能丢。对于红色文化资源，我们既要注重有形遗产的保护，又要注重无形遗产的传承，大力弘扬红色传统。"

图书馆深入挖掘大别山红色文化资源，需要与社会各方力量开展广泛的合作，例如：与当地的文化馆、纪念馆、博物馆，通过跨界合作，形成合力，共同推动红色文化资源的建设。在此过程中，需要对革命遗址进行保护，对红色史料，如：文稿、日记、笔记等，进行收集、整理、修缮，并在政府的统筹安排下有序开展工作。这就需要政府在财政和政策方面给予支持，对重点建设的红色文化资源进行立项。图书馆要发挥自身的技术优势、人才优势、推广优势，结合现代信息技术，深入挖掘"红色乡愁"，传承"红色基因"，将红色文化资源数字化，真实还原红色历史故事，让公众感受到红色文化的深刻内涵和精神力量。

二是整合、开发大别山红色资源、宣传红色文化。图书馆协同其他社会机构，精心制定资源建设的总体规划，将大别山区域内分散的红色文化资源整合起来，构建成一个具有协调性、前瞻性的教育资源系统，从而最大程度地发挥其教育和文化价值。以用户阅读需求为导向，使红色文化资源科学、合理地配置。在政府的整体规划中，将乡村扶贫、红色文化旅游、研学旅游进行深度融合。此举，有利于红色文化资源的广泛宣传、开发、利用，让公众在旅途中、研学中，在红色文化的字里行间、影音视频中，感受红色文化的精神内涵，充分发挥红色文化的育人作用，助力当地乡村经济、文化、教育的发展。

三是创新大别山红色文化资源。图书馆开发红色文化资源，在保持红色文化原汁原味的前提下，对红色文化资源进行创新发展，主要表现在：呈现方式、宣传方式、传播途径等方面。联合社会媒体、宣传机构、宣传大别山红色文化，从艺术、文化、历史等方面进行深入挖掘，提炼其教育价值，激活红色基因。让红色文化释放出更强的影响力、凝聚力和感召力，并对大别山的红色文化遗产进行保护性开发，同时深入挖掘和研究红色思想。通过记载详细的红色历史，建设一个全面的红色文化资源库，讲述激励人心的红色经典故事，为继承和发扬红色精神，提供坚实的理论基础和真实的故事素材。

4. 注重育人功效

一是注重教学的引领作用。课堂教学是开展思想政治教育的重要方式，学校图书馆结合地方特色，紧扣史实，在课堂中通过讲述红色历史故事、红色经典，并结合现代多媒体、纸质图书、教材，增强学习者阅读能力，在阅读的过程中，感悟红色精神。用通俗化的语言，以最贴近学习者的阅读、学习方式，把红色文化推广出去，增加红色文化的亲和力，使其更加容易学习。通过视频会议的形式，邀请曾经经历过大别山红色历史的见证者，讲述红色故事，并通过组织专家现场讲授，使乡村教学活动更加生动，不断创新课堂教学方式、方法。

二是丰富教育的内容。实施"走出去"的红色教育服务模式，学校图书馆与大别山当地文化机构、管理机构开展合作，为学习者建立内容丰富的红色故事平台。通过开展一系列探访红色遗址、参观纪念馆，以及访问抗战老兵的活动。让学习者在实际经历的过程中，感受革命先烈的顽强不屈和当今生活的来之不易，以此增进对红色文化的感悟，提升自我修养、牢固理想信念，在生动的实践活动中，不断继承并发扬红色文化的强大精神。

三是创设育人的文化氛围。马克思认为，"人创造环境，同样，环境也创造人"。将大别山红色文化的宣传融入社会文化建设的全过程，让公众在不知不觉中，接受红色文化教育，由此，对人的发展、价值观念、品格的形成，起到引领作用。同时，大别山红色文化也随着社会的发展与时俱进，并将其根植于人们的心中，深刻地感染着每一个人。学校图书馆通过终身教育的方式传承和弘扬大别山红色文化，营建红色文化的文化氛围。开展内容丰富、形式多样的教育活动，使公众深刻感悟大别山红色文化的内涵，从而培育起正确的人生观和价值观。

5. 树立正确的价值观念

一是坚守信念，感悟红色文化的力量。这对于国家的繁荣昌盛至关重要，是中华民族伟大复兴的基石，也是每一个公民生存和发展的基础，如果缺乏信念，就如同精神上的"缺钙"，会导致意志的软弱和信念的缺失。

图书馆需要发挥红色文化的宣传力、号召力和社会影响力，为公众树立崇高的理想信念，将大别山红色文化的宣传覆盖到人们生活的各个方面。让公众在阅读的字里行间，触摸"历史的厚度"，感受"文化的温度"，体会"红色的热度"，在学习中汲取奋进的力量，勇于探索，锐意进取，为民族的伟大复兴贡献出每一个人应有的力量。

二是培养积极的人生态度。图书馆在终身教育的过程中，将思想政治"立德树人"工作落实到阅读的每一个环节中。以"立德树人"为根本任务，让公众在大别山红色文化的阅读学习过程中，激昂斗志、奋发图强，形成积极的人生追求和高尚的思想境界。引导人民群众在学习中树立崇高的人生观、价值观，并将习得的知识、文化内化于自己日常工作、学习中，形成自觉的行动规范和积极的人生态度。

三是发扬优良传统作风。以史为源，让公众在阅读的过程中，理解并感悟在战火纷飞的岁月中，形成的大别山红色文化精神内涵和不畏艰难险阻、勇往向前的坚强意志。以"红色文化"校正思想准星，培养坚韧不拔的精神和克服困难、砥砺前行品质。激励着人们始终发扬艰苦奋斗的优良传统作风，坚定不移、迎难而上的乐观主义精神，矢志不渝地把共产主义远大理想、全心全意为人民服务的宗旨转化为自己的行动自觉。

二、其他省市阅读实践

（一）各地市图书馆的实践

国内平湖市、重庆市等图书馆借助社会各界力量，通过与景区、社会机构等合作的形式，融合当地文化旅游资源，开展智慧阅读推广活动，并主动融入城乡经济、社会发展。平湖市在乡村智慧阅读推广方面，树立"图书馆就在你身边"的服务理念，为用户量身定制资源，加大图书馆智慧化的投入力度，把图书馆发展纳入社会发展规划，将总分馆制延伸到乡村。通过政府的政策支持和宣传，为用户提供公益性的智慧资源服务，为乡村振兴战略赋能。同时，鼓励社会力量参与乡村智慧阅读、基础设施建设，形成共同推动乡村智慧阅读的新风尚。

通过读书会培养农民电子阅读的习惯和能力，提高农民的信息素养。发挥资源优势，加强智慧阅读服务品牌建设，不断扩大品牌的影响力和号召力，如：广陈镇的"朗读者"，新仓镇的"怀旧经典阅读"等品牌，并由此营造浓厚的乡村阅读氛围，成为家喻户晓的阅读活动。此外，完善激励机制，对积极参与的用户给予奖励。打造智慧阅读服务平台，挖掘农耕文化，以古镇、古村落旅游发展、农业旅游为抓手，开展形式多样的智慧阅读活动，提升当地文化知名度和影响力，助力乡村振兴。[①]

重庆市梁平区图书馆碗米民宿分馆，结合现代信息技术，开展耕读体验活动，融入农耕文化元素，将阅读与农耕文化有机结合，呈现出美好乡村的风景画面。四川梨花读·乡村图书馆设立在彭州市葛仙山镇熙玉村，在当地政府的帮助下，积极拓展智慧服务等项目，通过各大媒体宣传，采用"政府引导＋集体经济组织支持＋专业公司运营"的建设模式，打造文化品牌，集"乡村图书馆＋乡村展示馆＋网红打卡点"于一体的文化旅游平台，增进村民与游客互动，促进社会和谐稳定。广西桂林图书馆和龙胜各族自治县图书馆联合创建龙胜书香壮寨阅读点，位于金竹壮寨民宿。新疆图书馆充分发挥图书资源优势，以"文旅融合"为契机，在南山水西沟镇和板房沟镇的"最美名宿"乐野民宿建立分馆——"乐野名宿润书房"。

宁波市图书馆近年来开展了一系列文旅融合服务的探索与实践，通过人文地理馆与文化旅游融合的服务形式。并结合自身的技术优势、人才优势，运用先进的科技条件，向公众展示祖国大好河山、人文地貌，将大自

---

① 陆爱斌. 组建农民读书会改善基层阅读环境——平湖市的探索与实践 [J]. 图书馆研究与工作，2018（10）：31–33.

然的风貌通过虚拟现实技术，呈现于用户面前，让公众感受祖国各地的乡风乡俗，使其在虚拟世界中感悟中华历史文化的磅礴气势，将中华优秀传统文化根植于人们的心中。

"读行天下"是文化旅游融合的服务品牌，通过行走天下，带着背包去旅行，让用户在行走中阅读，读万卷书，行万里路，感受不同地域的风土人情。"地铁里的图书馆"在地铁的等候区，车厢等公共场所，借助文化旅游的宣传栏，发布相关文化信息，让人们在享受公共交通便利性的同时，也可以进行阅读，学习文化知识。"酒店中的图书馆"借助酒店具有休闲、安静的特点，引入阅读服务，让用户在轻松的环境中，通过互联网，进行阅读、学习，形成良好的阅读习惯。

浙江省宁波市奉化区图书馆和滕头村以图书馆服务为依托，以"滕·小院"为载体，以农民、游客为服务对象，经过科学规划、联合共建、科学选址，积极探索建设集文化、休闲、观光于一体的乡村阅读空间。乡村阅读空间"滕·小院"，占地 300 平方米，藏书 6000 册，包括了地理、文化、历史、人文等方面内容。此外，还有乡村文学、诗歌等，并运用信息化条件进行智能管理，持续开展演讲、阅读，赏析鉴赏会 100 余场。并努力建设高水平的创业、创客交流平台，高标准的全域文旅综合服务平台和高质量的乡村振兴示范平台。①

浙江省青田县的"图书馆 + 民宿"，以及广西北海市图书馆海岛智慧书房阅读区，让岛上居民和游客可以在享受着海风吹拂的同时，一边听着海浪的声音，一边轻松地阅读图书，为业内同仁提供了宝贵的经验，打开了阅读推广的思路。②

（二）北京地区的阅读实践及终身学习品牌项目建设

中国成人教育协会的终身学习品牌项目认定工作，树立了终身学习品牌在公众心中的教育形象，推动了学习型社会的建设。2020 年，北京市成

---

① 林肖锦. 文旅融合发展的乡村文化样本——以"滕·小院"乡村书吧为例 [J]. 图书馆研究与工作，2019（9）：32 – 35.

② 刘文华，叶靓. 以书为媒 文旅融合——青田县"图书馆 + 民宿"的实践与启示 [J]. 图书馆研究与工作，2019（9）：29 – 31.

人教育申报的项目，从受教育者的层面上可以细分为职业农民教育、家庭教育、老年教育等。职业农民类教育品牌项目包括了职业农民交流培育项目。家庭教育品牌项目包括：广外社区家长学校"双提升""融心筑梦"、家庭教育公益课堂、好老师进社区等。老年教育则涉及相应的老年学习平台。

通过发挥本单位或机构自身的人才优势、技术优势，开展各类教育活动，其内容包括智慧教育、阅读交流、家政课堂等公众关心、社会关切的知识、信息。在各级政府和各教育机构的支持下，为其提供各方面条件保障，使得阅读活动、终身学习品牌项目取得较好的成绩。

此外，不断优化品牌项目的配套设施，并配备有相应的学习空间，如：海淀区的阜四文化小院，通过改造社区废弃的车棚，在此基础上建成文化小院。通州区漷县镇积极推进教育均衡发展，为区域内的 61 个村校配备了图书室和全民学习大讲堂，帮助当地村民培养阅读的习惯，形成终身学习理念。通过分析北京地区阅读服务和终身学习品牌项目，发现具有以下特点：

1. 阅读促进教育发展

吴晗认为，读书是学习，摘抄是整理，写作是创造。阅读是教育的基础，学习者加工信息、获取知识，很多是来自于对文字阅读的理解、整理和提炼，阅读素养可以提升公众在社会生活中的生存能力，也是终身学习的重要途径。全民阅读对于提升社会文明程度和人们的价值追求，在践行为党育人、为国育才，接续文化、传统等方面，具有重要的意义。

阅读是教育的基础，学习的根本，是文化水平、知识储备提升的必要途径。在终身学习品牌的创设过程中，以阅读为主题的活动、讲座成为一种潮流，已然是终身教育一个新的增长点，且参加阅读活动的人数呈逐年递增的趋势。

全民阅读是建设学习型社会的着力点，也是终身教育的发力点。顺义朗读者和回龙观朗诵艺术团通过吟诵等活动，让广大人民群众热爱朗读，在朗读中学习中华传统文化，提升自我，寻求更高的精神价值。

回龙观读书会利用现代化技术条件，开展阅读交流活动，将个人自发阅读的行为与阅读推广活动相结合，使阅读过程更加专业化、规范化，并形成一种良好的阅读风尚。由此，成为公众阅读的一种行动自觉，增强了阅读活力，提升了阅读效率。同时，通过公众图书共享和捐赠的方式，不断丰富图书的种类和数量。此外，聘请专业教师分享各自领域的知识，极大提升了公众的文化水平和知识储备。顺义区的"同阅读·童成长"绘本领读项目，通过广泛的宣传，促进了家庭教育的有效开展，不断提升家庭教育的水平和质量。

2. 终身教育、文化引领

北京地区阅读活动、终身学习项目融合当地文化特色，挖掘了地域文化的教育功能，并与当代阅读相结合，以此提升公众对本地文化的深入了解，丰富了中华优秀文化的内涵，例如：大兴区亦庄镇的"亦启学"、西城区"德润西城"道德讲堂实践活动等。

"亦启学"终身学习教育基地，以谐音"一起学"为核心要义，表达了教育者和受教育者共同学习、成长进步的美好愿景，为学习者提供学习服务的友善态度，同时，积极探索团队学习模式，为当地居民、外来人口，提供多元化的学习服务。在此过程中，形成与学习者交流、积极互动的教育服务方式，为当地居民终身学习、文化素质的提升提供保障。

在繁华的都市，也有着与乡土文化紧密联系的元素。从文化层面看，我国各个地区都有着带给人们归属感的乡土气息，如：乡愁。在这种乡土感文化氛围萦绕的当代，相较于城市化进程带来的快节奏文化气息，人们更加眷念、向往乡土文化。家园般的乡土文化感召人们，让学习成为一种乐趣、一种幸福、一种向往，由此，使其上升成可以给人以归属感、认同感的一种文化符号，继而成为一种学习品牌。①

3. 资源建设夯实教育基础

教育机构在广袤的乡村，与图书馆机构共同努力，建设以学习者为中心的学习品牌项目，深化学习品牌项目，紧跟公众学习需求和社会发展趋

---

① 樊祥峰. 终身学习品牌项目建设探索——基于北京市成人教育学会 2020 年终身学习品牌项目实践现状的分析 [J]. 中国成人教育，2021（20）：59－62.

势，持续提高终身教育的层次与品质。同时，积极倡导社会各界的广泛参与，推动终身教育的深入开展，创新终身教育方式、方法，探索建设终身学习品牌项目，开发、引进优质的教育资源。

这些终身学习品牌项目体现出：教育形式不断创新、师资队伍逐步壮大，课程资源经充分论证、合理规划呈现出智慧化、个性化、多元化的特征。阅读服务不断完善，终身教育与阅读服务经过不断地优化，促进了教育的高质量发展和教育资源的优质均衡。

当前的终身教育日趋规范化、特色化、多样化，突出强调"以学习者为中心"。

结合线上线下的授课方式，为公众提供更便捷、更优质的学习平台，积极开展在线教学、数字素养培训、文艺表演、征文比赛等各类教育活动，持续探索并构建学习共同体，发展虚拟学习社区，以及远程教育等多样化的模式。

以网络为技术支撑，通过在线学习平台，不断创新服务方式、丰富服务内容，使教育服务水平稳步提升，为终身教育品牌项目的可持续发展创造良好的条件，广泛吸引了北京周边地区学员参与到学习过程中，促进了城乡一体化发展，获得了公众的一致认可。

经科学、系统地调研、论证，在充分考虑学习时间长度、学习规模、学习内容等因素的基础上，为各类阅读、学习项目配备了专业化的师资力量。为街道、社区以及乡村的学习者提供教学培训。通过积极探索和实践，终身学习品牌的课程在标准化建设的基础上极具灵活性，定位人群更为精准，更符合社会发展的需求，不仅提供个性化的培训，还编写了一系列高质量的教材。同时，推进网络课程的建设，实现非学历教育与学历教育的无缝对接。

从承办品牌项目主体看，参加承办的有：成人高等院校、普通高等学校、政府、职业院校、社会团体、企业、图书馆等机构和单位。

职业院校、社会团体、企业等参与承办，其主体一般是县区级或者乡镇的社区；图书馆，主要发挥信息资源优势，协同其他机构开展阅读、教育活动。因此，可以吸纳更多的社会力量参与终身学习品牌的建设，如：

文化馆、艺术馆、美术馆。

开放大学图书馆面向社会公众，以网络技术、智能科技、大数据为技术支撑，开展多模态教学，参与建设学习型社会，以"开放、灵活、全纳、终身、优质"为核心理念，展现了终身学习品牌项目的多样性、灵活性和资源丰富性。

从品牌项目带来的社会效果来看，2020年北京市成人教育学会申请评审的终身学习品牌，共有260万人次在终身学习中受益，其中阅读、朗诵项目惠及人数23万人次。在此过程中，更多的学习者参与到了终身学习的过程中，提升了自己的知识储备、文化水平进而提高了社会的文明程度，形成了人人爱学习的社会新风尚。

同时，一部分致力于服务广大人民群众的终身学习品牌，在社会效益方面，还有更高的上升空间。例如：农民教育受益达4.2万人次，老年群体教育受益近5万人次。因此，可以充分整合教育资源，发挥终身教育联盟和学分银行的优势，通过共建、共享教育资源、建立良性的沟通机制，优化学分认证系统，完善终身学习服务体系，持续扩大终身教育服务的覆盖面，为终身学习品牌项目的深入推进、教育事业的蓬勃发展，奠定良好的基础。不断提升终身学习品牌项目受惠人数，进一步扩大优质教育资源覆盖面，使更多人获得平等的学习机会，提升教育的公平性、均等性。

终身教育的理念不仅引领着全球教育的发展方向，也象征着教育进步与创新的时代潮流。以阅读活动为先导，开展终身教育，是提升社会整体教育品质、社会发展的重要途径，主导着国际社会教育改革和前进的方向。终身教育以促进个体全面发展和满足社会需求为教育质量的重要标准，对促进人的全面发展、社会文明进步，有着深刻的意义。

党的十九届四中全会审议通过的《中共中央关于坚持和完善中国特色社会主义制度　推进国家治理体系和治理能力现代化若干重大问题的决定》，明确指出：构建服务全民终身学习的教育体系。

《全民教育——面向21世纪的教育宣言和行动纲领》中指出，"基本学习需要主要包括基本的学习内容和基本的学习手段"。基本学习的发展，使公众具备更多生活技能、提高生活质量和水平，使其在学习中增加知识储备、提升文化素质，为和谐社会的稳定发展提供精神支持。

为终身教育提供了广阔的发展前景，积极开展终身教育品牌建设，坚持教育为人民服务、为社会主义服务的宗旨。让智慧阅读服务和优质的学习资源成为公众增长知识、文化学习、社会交往的有机土壤，在终身教育、阅读推广理论的指导下，不断深化终身教育服务，始终坚持教育资源公平化、均等化，让全体公民在终身教育的过程中学习知识、收获幸福，是终身教育服务社会主义现代化国家的时代使命。

终身学习品牌项目可以因地制宜、因人施策，帮助学习者完成学习目标，使其在学习中成长、在成长中学习，实现人生理想。

终身学习品牌项目，用朴素的理念、合理的方法、科学的实践，很好地阐释了终身教育所蕴含的理念。

结　语

一、主要结论

（一）总结

第一，随着现代化信息技术的迅速发展，智慧社区和全民阅读的理念在社会普遍推广。在大力弘扬全民阅读、终身教育的今天，智慧图书馆成为乡村阅读的主阵地。要学习并总结各省市、地区的相关宝贵经验，扩大交流，加强各行业、各机构之间的联合，开展广泛的合作。智慧图书馆服务乡村阅读是一项长期而又艰巨的工作，也是一项值得深入探索的研究，在服务乡村的实践中发现教育现象、探索教育规律。因此，图书馆工作者需要以客观、公正、实事求是的精神为指导思想、以人为本的服务理念，为乡村的终身教育、文化繁荣发展，贡献图书馆人的力量。

第二，智慧图书馆平台服务乡村阅读，为农民提供了丰富的农业技术知识，加快了农村经济的发展、产业转型，契合了乡村振兴战略"产业兴旺、生态宜居、乡风文明、治理有效、生活富裕"的总要求。智慧图书馆服务乡村阅读，让老百姓获取信息更加容易，要加大智慧化平台开发的力度，为偏远山村送去最温暖、最有力量的知识和教育服务，将数字技术与农民的生活联系起来，为农民提供学习、生活的便利，不断丰富文化知识、提升综合素养。

第三，图书馆即教育。图书馆作为终身教育服务的主要提供者，肩负着提高全民文化素养和社会教育水平的使命。智慧图书馆服务乡村阅读在推动乡村振兴过程中，利用大数据、物联网、云计算、人工智能等新兴技术，通过数字化方式，为用户提供全方位、立体化、嵌入式的智慧服务。推进智能技术与用户学习、农业科研深度融合，为其提供资源获取、智慧决策等服务。图书馆在为公众提供阅读服务、终身教育服务，为建设学习型社会而奋斗的过程中，提供了高质量的技术、资源、人才、服务，为深入开展终身教育工作和研究创造了一个良好的环境。科学合理的智慧图书馆阅读服务体系可以为终身教育服务的长期、有序开展奠定坚实的基础，这将大大提高服务的效率，充分发挥智慧阅读在终身教育服务过程中的效能。

元宇宙技术理念的发展使人们的生活生产方式更趋向虚拟化、智能化，智慧图书馆应当顺势而为，借助先进的技术条件，面向乡村开展丰富多样的阅读服务，促进图书馆终身教育服务从根本上转型。目前国内外关于图书馆阅读推广、终身教育的研究，很多都涉及元宇宙的理念和技术应用，需要持续深入展开探索，以发挥教育服务的效能。包括：沉浸式的虚拟教育空间、交互式的虚拟教育助手、云端化的虚拟教育资源、智能化的虚拟教育形式等场景建设。强调精准服务促进普惠均等，注重行业间的跨界合作，加强技术融合拓宽智慧图书馆教育服务的渠道。各级图书馆需要一体式联动，推动智慧图书馆阅读推广能力、终身教育服务水平的整体攀升。

欧书亭（Steve O'Connor）等在《想象图书馆的未来》中说："千百年来图书馆总是受到技术的影响，尤其是现在，当然未来更是如此。"图书馆顺应时代发展的潮流，始终运用新技术、新理念、新思路、新方法，借助元宇宙、人工智能等新兴科技，不断拓展教育范围和服务功能，立足科技发展的前沿，肩负起图书馆的社会责任和历史使命。①

（二）贡献

智慧阅读对于乡村振兴和文化扶贫的顺利实施起到了重要的推动作用，本研究立足于终身教育，以智慧图书馆为路向，剖析案例、总结经验，最终落脚点在乡村阅读上，以期促进全民终身教育的高质量前行。为了丰富中国特色的终身教育理论体系，相关的理论研究、案例和实践成果正在逐

---

① 欧书亭，苏德毅. 想象图书馆的未来：图书馆与信息机构情境规划 [M]. 李丹，译. 北京：国家图书馆出版社，2017：9.

步形成，为构建该理论体系提供事实依据和数据支持。智慧图书馆服务乡村阅读，对于维护社会稳定、建设和谐社会，全面推进学习型社会建设、形成良好乡风乡俗和阅读的新风尚，有着极为重要的价值。

第一，图书馆是我国终身教育的重要阵地，智慧图书馆服务乡村阅读，对提高广大乡村读者的阅读能力，提高文化内涵，具有重要作用。以智慧图书馆平台为核心塑造传播载体，充分挖掘用户信息需求，不断为用户提供精准、多元化，智能化的教育服务。由此，实现智慧图书馆惠及全民，保障终身教育的普适性、普及性，育人性。

第二，通过对智慧图书馆服务乡村阅读的应用研究，为乡村阅读相关政策的部署、决策，提供重要依据和数据支持。引导农民自主阅读，根据用户的个性需求，精准地提供信息资源，发挥智慧阅读效能，从而改善乡村阅读环境和社会环境，营造风清气正的和谐乡村，提高农民的生产技能，助力乡村振兴。

第三，智慧图书馆服务乡村阅读，具有良好的时代契机。在畅通阅读最后一公里，助力乡村文化建设、乡村教育、推动全民阅读进村庄，传播中华优秀传统文化等方面发挥积极的作用。

综上，通过实证研究，结合相关理论，从终身教育发展、智慧图书馆阅读服务以及公众终身学习需求角度出发，构建出了面向公众终身教育的智慧图书馆阅读服务体系。

二、研究局限与展望

（一）研究局限

第一，智慧图书馆服务乡村阅读的研究，在技术服务体系研究领域，涉及较深的人工智能、虚拟现实技术等方面专业知识，需要具备较强的信息技术专业才能开展更深层次的探讨，笔者研究有限，未能对每种技术在实际应用中展开详尽分析。

第二，受客观条件限制，相关研究资料、文献的收集，主要依靠网络，因国外某些文献资料受阅读权限影响，无法详细查阅，在一定程度上，研究有一定的不足之处。

第三，由于客观因素影响，实地调研地区受限制，本次研究数据主要是来自安徽省皖北地区和合肥市周边的乡村，并未从全国范围内进行深入调研和分析，乡村智慧阅读的实地调查案例有限，可能会有部分尚未涉足的领域。范围不够全面，调查结果可能带有倾向性，在以后的调查中，将从全国范围开展智慧图书馆阅读服务的相关研究。在研究过程中，对用户的阅读技能、满意度、体验等方面采用问卷和访谈法，尽管易于获取数据，但是容易出现调研深度不够，后期研究需重视质性研究，力求深入探究用户阅读、学习的内心体验，以及影响其体验的动力因素。

第四，在当前的研究中，元宇宙的理论与实践仍处于探索的初期阶段。将元宇宙的概念融入智慧图书馆的阅读服务和终身教育中，尽管具有潜在的巨大价值，但也面临着一些局限和挑战。比如：虚拟情境互动往往受限于各级网络的带宽，在远距离传输过程中，某一节点的速率延迟可能给用户沉浸式阅读带来不连续的体验，因此，畅通各实施机构之间的沟通渠道以及场景部署也是当前技术领域的一个挑战。

（二）展望

1. 智慧图书馆的探索

当前，学习型社会建设呈现出鲜明的特点，智慧图书馆在此过程中起到了不可替代的作用。一是智慧图书馆阅读服务、终身教育服务成为面向社会公众终身学习、终身教育的重要保障。二是学习型社会建设由曾经主要由教育部门或者成人教育部门负责，正逐步形成以教育部门为主，行政多部门齐抓共管，图书馆、文化馆等社会力量共同参与的大格局。三是终身教育服务覆盖范围更广，表现为：由开展相关的智慧阅读服务，积极推进成人教育、社区教育、乡村教育、老龄教育、弱势群体教育，逐步发展为构建智慧图书馆阅读服务体系，促进家庭、学校与社会之间的阅读、教育高度融合，以及构建学习型组织，推进学习型社会的建设。四是智慧图书馆将服务公众阅读、学习的终端延伸至社区、乡村的每一个角落，畅通服务公众阅读、学习的最后一公里，鼎力发挥智慧图书馆在终身教育过程中不可替代的作用。五是智慧图书馆注重结合本地区的经济发展、社会发展，以及构建学习型社会，走进公众、服务社会，努力探索一条具有地方特色的终身教育服务途径。智慧图书馆提升了社会整体面貌，成为提升社会精神面貌的一张靓丽名片，也是中国改革开放以来，国家高度重视全民学习，建设学习型社会，努力促进经济和社会繁荣的真实写照。

2. 未来设想

智慧图书馆服务乡村阅读，始终以用户需求、阅读效果为重要研究内容，并以此为切入点。在研究中，可以联合多个机构，共同合作。由此，需要跨学科的专业人士共同参与，以推动乡村阅读更好地发展，进而实现从理论到实践，再由实践到理论的升华。针对研究中的局限，笔者对未来研究提出了设想。

第一，理论方面。未来智慧图书馆服务乡村阅读的研究，可以基于乡村阅读体验和相关影响因素，深入研究乡村阅读服务的理论体系。探索多学科交叉研究以及新技术在乡村阅读中的应用，逐步丰富智慧图书馆阅读服务体系，促进终身教育服务的不断完善。同时，可以对智慧图书馆进行持续的关注，并调查终身教育服务开展的效果，以便对智慧图书馆运行机制和策略进行不断补充、更新、完善，深入推动我国终身教育的开展。

第二，应用方面。跨学科交叉研究，通过引入计算机、教育管理、心理学、图书情报等专业的研究人员，对乡村读者的心理特点，加以把握，捕捉读者的情感变化。运用科技条件，深入探究基于用户感知的情境阅读，智能互动以及用户期望、体验等研究。智慧图书馆对基础硬件环境要求较高，例如：移动通信技术、服务器存储设备、多媒体终端。电子智能设备的日新月异，快速发展，为探索多元化的阅读方式，提供新的研究路向。另外，增强用户阅读体验，丰富用户知识储备，提升用户学习体验感、满意度，也是未来研究的一个重要研究方向。

第三，加强可持续化研究。目前很多研究只是停留在对智慧图书馆服务乡村阅读的用户体验上，缺乏对用户学习状态、学习机理、学习心理及学习行为的深入调查与反馈，难以实现用户体验的大幅度提升。而对学习心理及行为等研究可以反映出智慧图书馆服务乡村阅读的效果，在未来研究中需长期追踪用户学习体验，探索影响用户体验变化的因素。因此，可以采用混合研究的方法，深入分析用户需求，为用户创造良好的阅读体验，提升阅读的效率，提高终身学习的能力。

从用户角度出发，可以研究如何建立个体使用智慧图书馆学习的终身档案，收集用户不同年龄段的学习信息，便于更好地掌握学习者的学习动态，进而更好地满足用户个性化需求。

　　在未来，智慧图书馆将成为无边界、泛在式的学习场所，智慧图书馆突破传统图书馆单一阅读服务的局面，将充分促进不同机构、学科、专业、区域之间的互动交流。让乡村用户可以时时、便捷地获取自己所需要的信息，实现乡村智慧阅读的一站式、立体化服务。建设服务全民终身教育的阅读体系，协同社会各方面教育资源，优化教育服务供给。明确以服务为导向的图书馆智慧阅读，促进终身教育的高质量发展，是我国教育事业发展的现实需要，也是图书馆教育事业发展的远景目标。智慧图书馆服务乡村阅读的工作任重道远，期望图书馆界与政府、社会各界广泛合作，畅通信息平台，积极、稳步地推进乡村阅读推广工作，促进图书馆阅读、终身教育水平的提升，让图书馆绽放出智慧的光芒。

参考文献

期刊

[1] 颜晶，张新鹤. 面向公众终身教育的公共图书馆服务体系构建研究 [J]. 图书馆理论与实践，2022 (1)：17 - 21.

[2] 董晓霞，龚向阳，张若林，等. 智慧图书馆的定义、设计以及实现 [J]. 现代图书情报技术，2011 (2)：76 - 80.

[3] 贲鸥. 阅读推广实现模式研究 [J]. 图书馆学研究，2012 (22)：25 - 27，37.

[4] 王世伟. 论智慧图书馆的三大特点 [J]. 中国图书馆学报，2012，38 (6)：22 - 28.

[5] 张计龙，殷沈琴，龙向洋. 基于数据挖掘的中文理工科纸本图书采访经费分配模型 [J]. 大学图书馆学报，2013，31 (2)：64 - 68.

[6] 张勇，荣翠琴，王玲. 试论高职院校图书馆的阅读推广模式——以成都航空职业技术学院图书馆为例 [J]. 大学图书馆学报，2014，32 (2)：64 - 67.

[7] 陈臣. 一种大数据时代基于读者体验视角的数字图书馆个性化搜索引擎 [J]. 四川图书馆学报，2013 (6)：27 - 30.

[8] 陈臣. 基于大数据挖掘与知识发现的智慧图书馆构建 [J]. 现代情报，2017，37 (8)：85 - 91，97.

[9] 胡海燕，赵全芝. 基于全面感知的智慧图书馆创新服务研究 [J]. 现代情报，2014，34 (9)：105 - 110.

[10] 张计龙. 大数据驱动图书馆业务应用与服务创新 [J]. 上海高校图书

情报工作研究, 2013, (3): 1-6.

[11] 胡胜男, 敬卿, 邱雪兰. 高校图书馆阅读推广模式与理论探讨 [J]. 高校图书馆工作, 2016, 36 (1): 20-24.

[12] 魏来, 张伊. 基于数据管理的智慧图书馆功能框架研究 [J]. 数字图书馆论坛, 2018 (4): 2-7.

[13] 曾子明, 孙守强. 基于情景感知的智慧图书馆场景式服务研究 [J]. 图书与情报, 2019 (4): 101-108.

[14] 孙守强. 多元协同视角下智慧图书馆泛在智慧服务研究 [J]. 图书馆, 2019 (11): 52-57.

[15] 陈子君. 乡村振兴战略背景下基层图书馆的角色转换分析 [J]. 图书馆, 2020 (8): 58-61.

[16] 张晓东. 乡镇图书馆助力乡村文化振兴研究 [J]. 图书馆工作与研究, 2020 (9): 45-51.

[17] 王春梅, 王虹, 岳景艳, 等. 乡村振兴背景下农民阅读知识贫困解决路径探索 [J]. 图书馆, 2020 (9): 80-86.

[18] 孙利芳, 乌恩, 刘伊敏. 再论智慧图书馆定义 [J]. 图书馆工作与研究, 2015 (8): 17-19+68.

[19] 岳修志. 阅读推广活动评价指标体系构建 [J]. 图书情报工作, 2019, 63 (5): 42-50.

[20] 张麒麟. 国外阅读立法对阅读推广的影响研究 [J]. 图书情报工作, 2015, 59 (23): 11-16.

[21] 黄健. 高校阅读推广活动的影响因素及其评价 [J]. 大学图书馆学报, 2013, 31 (2): 93-96.

[22] 王琦, 陈文勇. 移动阅读与图书馆移动阅读服务的内涵辨析 [J]. 科技情报开发与经济, 2013, 23 (22): 22-24.

[23] 王素芳, 孙云倩, 王波. 图书馆儿童阅读推广活动评估指标体系构建研究 [J]. 中国图书馆学报, 2013, 39 (6): 41-52.

[24] 范并思, 王巧丽. 阅读推广的管理自觉 [J]. 图书馆论坛, 2015, 35 (10): 8-14.

[25] 洪伟达, 马海群. 图书馆阅读推广规范研究 [J]. 图书情报知识,

2018（1）：36 – 43.

［26］朱珍. 国内图书馆智慧服务研究综述［J］. 图书馆工作与研究，2020（6）：62 – 68.

［27］陈桂生. "终身教育"辨析［J］. 江苏教育研究，2008（1）：3 – 6.

［28］张久珍. 图书馆：培育全民数字素养的阵地［J］. 图书馆论坛，2021，41（12）：6 – 7.

［29］柯平，彭亮. 图书馆高质量发展的赋能机制［J］. 中国图书馆学报，2021，47（4）：48 – 60.

［30］张久珍. 重振图书馆社会教育职能，充分释放图书馆全民信息素养教育的作用［J］. 图书馆研究与工作，2020（11）：6 – 14，85.

［31］郝克明，跨进学习型社会——关于建设终身学习体系和学习型社会的研究［M］. 北京：高等教育出版社，2006.

［32］于良芝. 公共图书馆服务体系研究［J］. 中国图书馆学报，2008，34（2）：79 – 80，73.

［33］朱敏，高志敏. 终身教育、终身学习与学习型社会的全球发展回溯与未来思考［J］. 开放教育研究，2014，20（1）：50 – 66.

［33］马丽华，娜仁高娃. 日本终身教育立法的思想脉络和价值取向——基于《终身学习振兴法》的分析［J］. 教育发展研究，2021，41（17）：51 – 60.

［34］滕玉英. 澳大利亚终身教育政策的新趋势［J］. 才智，2014（21）：210 – 211.

［35］季江. 澳大利亚职业教育良性发展机制及其对我国开放大学建设的启示［J］. 中国远程教育，2011（12）：25 – 30，95.

［36］张辉. 澳大利亚职业教育体系与制度分析以及经验启示［J］. 教育与教学研究，2009（11）：95 – 99.

［37］吴遵民. 中国终身教育法治70年［J］. 教育发展研究，2019，39（17）：39 – 45，57.

［38］吴遵民. 终身教育发展的中国经验——改革开放37年终身教育的历史回顾与展望［J］. 江苏开放大学学报，2016，27（1）：10 – 18.

［39］吴遵民. 改革开放40年中国终身教育的历史回顾与展望［J］. 复旦

教育论坛，2018，16（6）：12-19.

[40] 李小缘. 中国图书馆事业十年来之进步 ［J］. 图书馆学季刊，1936（4）：507-549.

[41] 项玉兰. 试论网络环境下高校图书馆与大学生信息素养教育 ［J］. 宁夏大学学报（人文社会科学版），2006（6）：167-168.

[42] 吴稌年. 社会教育思潮对中国近代图书馆的影响 ［J］. 图书馆，2011（6）：32-36.

[43] 安徽省立图书馆儿童读书会征求会友 ［J］. 学风，1930，1（3）：2.

[44] 严栋. 基于物联网的智慧图书馆 ［J］. 图书馆学刊，2010（7）：8-10.

[45] 刘宝瑞，沈苏阳. 用户体验视阈下的智慧图书馆研究 ［J］. 图书馆学研究，2017（6）：43-47.

[46] 傅荣贤. 对图书馆学研究对象"知识说"的反思——从知识之学走向智慧之学的取向 ［J］. 情报资料工作，2009（1）：6-10.

[47] 熊伟. 建立面向与通往"智慧"的普通图书馆学科体系 ［J］. 图书与情报，2012（1）：4-9.

[48] 马捷，赵天缘，王思. 高校智慧图书馆功能结构模型构建 ［J］. 情报科学，2017，35（8）：56-61.

[49] 雷红刚. "互联网＋"下国内高校图书馆智慧服务对比研究 ［J］. 新世纪图书馆，2018（12）：53-55，81.

[50] 黄幼菲. 公共智慧服务、知识自由与转知成慧 ［J］. 图书与情报，2012（1）：10-13，82.

[51] 韩丽. 物联网环境下智慧图书馆的特点、发展现状及前景展望 ［J］. 现代情报，2012，32（5）：48-50，54.

[52] 张延贤，王梅. 图书馆智慧服务的概念、内涵与分析 ［J］. 现代情报，2013，33（4）：34-38.

[53] 王世伟. 论智慧图书馆的三大特点 ［J］. 中国图书馆学报，2012（6）：22-28.

[54] 范并思. 阅读推广与图书馆学：基础理论问题分析 ［J］. 中国图书馆学报，2014，40（5）：4-13.

［55］曾子明，秦思琪. 去中心化的智慧图书馆移动视觉搜索管理体系
［J］. 情报科学，2018，36（1）：11－15，60.

［56］武洪兴，赵大志. 图书馆去中心化研究［J］. 图书馆工作与研究，
2021（1）：43－49.

［57］程焕文. 中国迈向数字文明社会——《提升全民数字素养与技能行动
纲要》的时代价值与图书馆的时代使命［J］. 图书馆论坛，2021，41
（12）：2－5.

［58］邓李君. 高校图书馆空间再造与智慧服务融合研究［J］. 图书馆研究
与工作，2018（12）：60－63.

［59］郭亚军，李帅，马慧芳，李捷. 图书馆即教育：元宇宙视域下的公共
图书馆社会教育［J］. 图书馆论坛，2022，42（5）：42－51.

［60］张铁. 公共图书馆利益相关者：从影响、参与到共同治理［J］. 图书
馆，2016（9）：22－25.

［61］蒋永福. 公共图书馆治理中的政府责任［J］. 图书馆论坛，2009，29
（6）：79－82，53.

［62］李国新. 公共文化服务保障法律制度的完善与细化［J］. 中国图书馆
学报，2021，47（2）：29－39.

［63］胡洋，谢友宁，高培培. 城市图书馆多元主体协作治理的路径研究
［J］. 图书馆，2020（4）：29－35.

［64］关思思，刘晓东. 我国公共文化机构社会化发展的主要形式及特点
［J］. 图书馆建设，2020（4）：23－29.

［65］李燕娜. 基于 SWOT 分析法的公共图书馆志愿者服务研究——以广东
省为例［J］. 情报探索，2021（8）：87－93.

［66］杨乘虎，李强. "十四五"时期公共文化服务高质量发展的新观念与
新路径［J］. 图书馆论坛，2021，41（2）：1－9.

［67］杨晓伟. 公共图书馆推行卓越绩效模式应用研究——以东莞图书馆为
例［J］. 新世纪图书馆，2021（7）：26－32.

［68］瞿浩. 大数据时代高校图书馆员的数据管理能力研究［J］. 农业图书
情报学刊，2017（10）：95－98.

［69］侯明艳. 智慧图书馆环境下高校馆员的角色转变［J］. 现代情报，

2015, 35（5）：165 – 167.

[70] 郑怿昕, 包平. 智慧图书馆环境下馆员核心能力研究［J］. 图书馆理论与实践, 2016（3）：7 – 11.

[71] 王维秋, 刘春丽. 基于人脸识别技术的我国图书馆智慧服务功能设计与模式构建［J］. 图书馆学研究, 2018（18）：44 – 50.

[72] 洪亮, 周莉娜, 陈珑绮. 大数据驱动的图书馆智慧信息服务体系构建研究［J］. 图书与情报, 2018（2）：8 – 15, 23.

[73] 柳益君, 何胜, 熊太纯, 等. 大数据挖掘视角下的图书馆智慧服务——模型、技术和服务［J］. 现代情报, 2017, 37（11）：81 – 86.

[74] 陈臣. 基于大数据挖掘与知识发现的智慧图书馆构建［J］. 现代情报, 2017（8）：85 – 91, 97.

[75] 宋维维, 夏绍模, 李赞. 基于 SPARK 大数据处理平台的图书馆智慧服务探索与实践［J］. 情报科学, 2018, 36（6）：45 – 49, 56.

[76] 袁红军. 基于"互联网 +"背景的图书馆智慧服务研究［J］. 图书馆理论与实践, 2018（3）：109 – 112.

[77] 崔海兰, 姚牟媛. 移动网络环境下智慧图书馆的服务模式研究［J］. 情报探索, 2018（9）：107 – 111.

[78] 潘雪, 陈雅. 泛在网络环境下我国公共图书馆智慧服务模式探究［J］. 情报科学, 2018, 36（5）：30 – 34.

[79] 张鑫, 惠涓澈, 王梅, 等. 图书馆员阅读推广, 流动的知识风景线——以"彩云之旅"云南大学图书馆交流活动为例［J］. 图书馆理论与实践, 2020（5）：101 – 104.

[80] 瞿浩, 李群, 李新宇. 高校图书馆数字资源应用的策略研究——以安徽省为例［J］. 兰台世界, 2017（2）：93 – 96.

[81] 范炜, 胡康林. 物联网环境中的智慧图书馆智能响应服务研究［J］. 图书情报工作, 2020, 64（12）：19 – 25.

[82] 黄春晨, 瞿浩, 凌慧斌. 社会支持视角下农村儿童数字阅读服务体系构建［J］. 滁州学院学报, 2023, 25（6）：125 – 130.

[83] 陈丹, 柳益君, 罗烨, 等. 基于用户画像的图书馆个性化智慧服务模型框架构建［J］. 图书馆工作与研究, 2019（6）：72 – 78.

[84] 瞿浩. 大数据环境下图书馆信息服务策略研究 [J]. 河南图书馆学刊, 2018, 38 (6): 117-118, 128.

[85] 刘爱琴, 李永清. 基于 SOM 神经网络的高校图书馆个性化推荐服务系统构建 [J]. 图书馆论坛, 2018, 38 (4): 95-102.

[86] 陈丹, 柳益君, 罗烨, 钱秀芳, 吴智勤. 基于用户画像的图书馆个性化智慧服务模型框架构建 [J]. 图书馆工作与研究, 2019 (6): 72-78.

[87] 朱晖. 数字孪生技术在图书馆的应用研究综述 [J]. 大学图书情报学刊, 2023, 41 (5): 38-44.

[88] 华子荀, 黄慕雄. 教育元宇宙的教学场域架构、关键技术与实验研究 [J]. 现代远程教育研究, 2021, 33 (6): 23-31.

[89] 刘革平, 王星, 高楠, 等. 从虚拟现实到元宇宙: 在线教育的新方向 [J]. 现代远程教育研究, 2021, 33 (6): 12-22.

[90] 杨新涯, 钱国富, 唱婷婷, 等. 元宇宙是图书馆的未来吗? [J]. 图书馆论坛, 2021, 41 (12): 35-44.

[91] 向安玲, 高爽, 彭影彤, 等. 知识重组与场景再构: 面向数字资源管理的元宇宙 [J]. 图书情报知识, 2022, 39 (1): 30-38.

[92] 吴江, 曹喆, 陈佩, 等. 元宇宙视域下的用户信息行为: 框架与展望 [J]. 信息资源管理学报, 2022, 12 (1): 4-20.

[93] 王晶锋. 公共图书馆服务体系可持续发展研究 [J]. 图书馆, 2009 (6): 84-85, 112.

[94] 方向明, 曹迎杰. 元宇宙与图书馆: 理论研究与实践进展 [J]. 图书情报工作, 2023, 67 (17): 129-140.

[95] 文伟. 元宇宙赋能智慧图书馆服务: 重大变革、问题挑战及实现策略 [J]. 图书馆理论与实践, 2023 (5): 120-128.

[96] 姚伟, 周鹏, 于会伶. 基于元宇宙场景的双重知识孪生架构研究 [J]. 现代情报, 2023, 43 (10): 97-106.

[97] 勾丹, 崔淑贞. 智慧图书馆的智慧服务模式及其实现 [J]. 情报探索, 2016 (3): 112-115, 121.

[98] 联合国教科文组织国际教育发展委员会. 学会生存: 教育世界的今天

和明天 [M]. 北京：教育科学出版社，1996.

[99] 瞿浩. 图书馆信息服务的营销策略研究 [J]. 大学图书情报学刊，2019，37（1）：47 - 50.

[100] 瞿浩. 高校图书馆红色经典阅读推广的策略研究 [J]. 大学图书情报学刊，2023，41（1）：20 - 24.

[101] 瞿浩，周小李，陈珊珊. 高校"红色经典"阅读体系建设的策略研究 [J]. 湖北开放大学学报，2023，43（4）：54 - 58.

[102] 赵发珍. 面向红色文化资源的图书馆阅读推广：价值、模式与路径 [J]. 图书馆学研究，2021（14）：87 - 94.

[103] 谭华云，许春晓. 行动者网络视阈下红色旅游融合发展中的利益共生研究——以韶山红色旅游为例 [J]. 广西社会科学，2016（1）：64 - 70.

[104] 瞿浩. 移动图书馆环境下的创新服务模式研究 [J]. 农业图书情报刊，2018（6）：193 - 196.

[105] 瞿浩. 大数据时代高校图书馆员的数据管理能力研究 [J]. 农业图书情报学刊，2017，29（10）：95 - 98.

[106] 钱丹丹，王丽华，刘炜. 元宇宙图书馆智慧生态系统构建与典型应用探索 [J]. 图书馆建设，2023（4）：59 - 66.

[107] 侯晓军. 浅议图书馆生态学 [J]. 图书馆学刊，1993（6）：27 - 28.

[108] 薛卫双. 高校数字图书馆信息生态系统健康评价研究 [J]. 情报科学，2014，32（5）：97 - 101.

[109] 张春春. 基于图书馆信息生态系统的阅读困难群体服务路径研究 [J]. 图书馆，2014（5）：81 - 83.

[110] 郭海明，刘桂珍. 数字图书馆信息生态分析 [J]. 图书馆理论与实践，2007（1）：12 - 13.

[111] 王宁. 图书馆微服务信息生态链动力机制及优化策略研究 [J]. 情报杂志，2015，34（9）：202 - 207，196.

[112] 王瑶，武含冰. 图书馆信息生态系统的完整性评价研究 [J]. 教育教学论坛，2019（32）：8 - 9.

[113] 瞿浩. 基于信息生态理论的图书馆服务策略研究 [J]. 池州学院学

报，2019，33（3）：102 - 104.

[114] 王世伟. 关于公共图书馆文旅深度融合的思考［J］. 图书馆，2019（2）：1 - 6.

[115] 周芸熠，张磊，董群. 文旅融合时代下的公共图书馆发展研究与思考［J］. 图书馆学研究，2020（2）：25 - 31，24.

[116] 郭生山，张莉，李霄，等. 文旅融合背景下阅读推广现状分析及模式拓展［J］. 图书馆理论与实践，2021（3）：70 - 77，89.

[117] 曹宁. 基于区块链的图书馆自建数据库数据资源安全共享机制研究［J］. 大学图书情报学刊，2023，41（5）：118 - 121，145.

[118] 刘一鸣，王佳佳. 基于区块链技术的公共图书馆文化精准扶贫研究［J］. 图书馆建设，2021（3）：143 - 150.

[119] 周耀. 基于区块链技术构建高校图书馆智慧阅读平台研究［J］. 现代情报，2020，40（2）：96 - 102.

[120] 严贝妮，王露雅. 乡村振兴战略背景下乡村阅读推广品牌化运作路径研究——以"新时代乡村阅读季"为例［J］. 图书馆学研究，2023（6）：77 - 86.

[121] 汤尚，柳菁. "5G +"时代图书馆智慧阅读服务新生态研究［J］. 图书馆工作与研究，2021（6）：17 - 23.

[122] 瞿浩. 乡村文化振兴背景下智慧图书馆阅读推广研究［J］. 池州学院学报，2023，37（3）：157 - 160.

[123] 邓娟，张言. 公共图书馆助力乡村文化振兴的逻辑与实践——以伊犁州图书馆为例［J］. 图书馆，2021（4）：26 - 32.

[124] 瞿浩. 微服务视角下的图书馆营销策略研究［J］. 四川图书馆学报，2018（5）：6 - 8.

[125] 杨素红，王志纯. 优秀传统文化乡村阅读推广实践与路径研究——以皖北县级图书馆为例［J］. 大学图书情报学刊，2023（3）：67 - 71，112.

[126] 瞿浩. 智慧图书馆服务乡村阅读的保障体系研究［J］. 湖北师范大学学报（哲学社会科学版），2023，43（3）：151 - 156.

[127] 瞿浩. 数字人文背景下的乡村智慧阅读服务应用策略研究［J］. 辽

宁工业大学学报（社会科学版），2023，25（2）：27-30.

[128] 瞿浩. 智慧图书馆服务乡村阅读的优化路径研究［J］. 合肥师范学院学报，2022，40（4）：81-84.

[129] 梁军，陈丽娇. 视觉重构理论下红色文化数字化传播策略［J］. 思想教育研究，2020（1）：140-143.

[130] 刘派. 视觉重构：文化遗产的数字化重构［M］. 北京：清华大学出版社，2016.

[131] 吴清润，李顺庆. 红色题材油画创作中的革命浪漫主义探究——以皖西大别山红色文化为背景［J］. 皖西学院学报，2023，39（4）：21-26.

[132] 于丽丽. 论公共图书馆青少年红色文献阅读推广——以辽宁"六地"红色文化资源为视角［J］. 图书馆学刊，2023，45（6）：73-76.

[133] 王静. 视觉重构视域下红色文化网络传播：机遇、挑战与路径［J］. 思想理论教育，2023（5）：93-98.

[134] 瞿浩. 图书馆"红色经典"数字阅读推广的应用策略研究［J］. 绥化学院学报，2022，42（8）：137-140.

[135] 宋妍妍. 终身教育视域下大学出版社服务社区老年教育的实践探析［J］. 北京劳动保障职业学院学报，2021，15（3）：38-41，70.

[136] 杨谷. 对老年教育图书出版机遇的思考［J］. 新闻研究导刊，2019，10（8）：168-169.

[137] 李云. 终身教育视域下的社区老年教育思考［J］. 山东广播电视大学学报，2019（2）：17-19.

[138] 王玉琴. 电大开展老年社区教育的模式研究——以廊坊电大为例［J］. 中国校外教育，2018（24）：1，3.

[139] 瞿浩，方孝玲，张新平. 高校图书馆智慧服务的优化路径研究——以合肥师范学院为例［J］. 滁州学院学报，2023，25（3）：126-131.

[140] 陆爱斌. 县级公共图书馆实施乡村振兴战略的平湖实践［J］. 图书馆研究与工作，2019（8）：61-64.

[141] 瞿浩. 智慧图书馆服务乡村阅读的探索与实践［J］. 湖北师范大学

学报（哲学社会科学版），2023，43（2）：142 – 148.

[142] 岳宗德，李明. 红色文化实践育人研究——基于大别山红色文化的思考［J］. 思想教育研究，2017（7）：71 – 74.

[143] 陆爱斌. 组建农民读书会改善基层阅读环境——平湖市的探索与实践［J］. 图书馆研究与工作，2018（10）：31 – 33.

[144] 林肖锦. 文旅融合发展的乡村文化样本——以"滕·小院"乡村书吧为例［J］. 图书馆研究与工作，2019（9）：32 – 35.

[145] 刘文华，叶靓. 以书为媒 文旅融合——青田县"图书馆 + 民宿"的实践与启示［J］. 图书馆研究与工作，2019（9）：29 – 31.

[146] 樊祥峰. 终身学习品牌项目建设探索——基于北京市成人教育学会2020 年终身学习品牌项目实践现状的分析［J］. 中国成人教育，2021（20）：59 – 62.

图书

[1] 郝克明. 跨进学习社会——建设终身学习体系和学习型社会的研究［M］. 北京：高等教育出版社，2006.

[2] 保罗·朗格朗. 终身教育引论［M］. 周南照，陈树清，译. 北京：中国对外翻译出版公司，1985.

[3] 吴慰慈，董焱. 图书馆学概论［M］. 2 版. 北京：国家图书馆出版社，2008：78 – 88.

[4] 吴慰慈. 图书馆学基础［M］. 北京：高等教育出版社，2004：92 – 94.

[5] 俞爽迷. 图书馆学通论［M］. 南京：正中书局，1936：10

[6] 范炜烽，许燕. 政府向社会力量购买公共服务：评估指标构建及应用研究［M］. 北京：中国社会科学出版社，2020：2.

[7] 马伟娜，戎庭伟，等. 中国老年教育新论［M］. 浙江：浙江大学出版社，2019：1.

[8] 欧书亭，苏德毅. 想象图书馆的未来：图书馆与信息机构情境规划［M］. 李丹，译. 北京：国家图书馆出版社，2017：9.

讲话文献

[1] "关于构建终身学习体系若干问题探讨", 在北大高教行政管理专业博士班讲话, 2005 年。

外文文献

[1] SALEM L, CRONIN B, BLIS L. Chapter 3: smarter together [J]. Library technology reports, 2012, 48 (8): 17 – 21.

[2] ALA News: The Work of the American Library Association [EB/OL]. [2017 – 03 – 01]. https://www. ala. org.

[3] BARYSHEV R A, VERKHOVETS S V, BABINA O I. The smart library project: development of information and library services for educational and scientific activity [J]. The electronic library, 2018, 36 (3): 535 – 549.

[4] CHANCE R, LESESNE T. rethinkng reading promotion: old school meets technology [J]. Teacher librarian, 2012 (6): 26 – 28.

[5] Cao G, Liang M, Li X. How to make the library smart? The conceptualization of the smart library [J]. The electronic library, 2018, 36 (5): 811 – 825.

[6] THEBRIDGE S, BRIONY TRAIN B. Promoting reading through partnerships: a ten-year literature overview [J]. New library world, 2002: 131 – 140.

[7] Denham, D. (2003), "Reading: a UK national focus", in Elkin, J., Train, B. and Denham, D. (Eds), Reading and Reader Development—The Pleasure of Reading, Facet, London, pp. 59 – 83.

[8] LANGENDONK A, BROEKHOF K. The art of reading: the national Dutch reading promotion program [J]. Public library quarterly, 2017 (2): 1 – 25.

[9] GULDAGER N N, KRUEGER K S, TAYLOR J B. Reading promotion events recommended for elementary students [J]. Teacher librarian, 2016, 43 (6): 13 – 19.

[10] ROJAS-DRUMMOND S, MAZÓN N, LITTLETON K, et al. Developing reading comprehension through collaborative learning [J]. Journal of

Research in Reading. 2014, 37 (2): 138 – 158.

[11] KAKLAUSKAS A, ZAVADSKAS E, BABENSKAS E, et al. Intelligent library and tutoring system for brita in the PuBs project [C] // International Conference on Cooperative Design, Visualization, and Engineering. Springer-Verlag, 2007: 157 – 166.

[12] IYAPPAN P, ABINAYA R, GAYATHRI G. Smart online library using dynamic access policies—A service oriented approach [C] //IEEE. International Conference on Advanced Communication Control and Computing Technologies, 2015: 355 – 359.

附　录
智慧图书馆服务乡村阅读调查问卷

您好!

我们真诚地想了解智慧阅读情况，并收集您的宝贵意见。问卷为匿名填写，所得数据将作为智慧图书馆服务乡村阅读的研究基础。您的观点对本次调查非常重要，衷心感谢您的积极参与!

A. 男　　　　　　　　　　　B. 女

A. 18 岁以内　　　　　　　　B. 18 ~ 35 岁

C. 36 ~ 50 岁　　　　　　　　D. 50 岁以上

1. 图书馆智慧阅读有助于日常生活

A. □重要　　　　　　　　　　B. □一般

C. □不重要　　　　　　　　　D. □不清楚

2. 图书馆智慧阅读有助于拓宽收入渠道

A. □重要　　　　　　　　　　B. □一般

C. □不重要　　　　　　　　　D. □不清楚

3. 图书馆智慧阅读有助于提高自身文化素养

A. □重要　　　　　　　　　　B. □一般

C. □不重要　　　　　　　　　D. □不清楚

4. 图书馆智慧阅读有助于提升自身技能

A. □重要　　　　　　　　　　B. □一般

C. □不重要　　　　　　　　　D. □不清楚

您在日常工作、生活中，是否有对以下方面进行应用？

（每天两次以上为经常使用、每周三次以上为偶尔使用）

5. 在线视频

A. □每天使用 　　　　　B. □经常使用

C. □偶尔使用 　　　　　D. □从未使用

6. 文字阅读

A. □每天使用 　　　　　B. □经常使用

C. □偶尔使用 　　　　　D. □从未使用

7. 图片浏览

A. □每天使用 　　　　　B. □经常使用

C. □偶尔使用 　　　　　D. □从未使用

8. 音频

A. □每天使用 　　　　　B. □经常使用

C. □偶尔使用 　　　　　D. □从未使用

以下关于智慧阅读的基本技能，您的了解程度如何？

9. 手机阅读的基本操作

A. □非常了解 　　　　　B. □基本了解

C. □不太了解 　　　　　D. □完全不了解

10. 信息获取的途径

A. □非常了解 　　　　　B. □基本了解

C. □不太了解 　　　　　D. □完全不了解

11. 阅读过程中产生的问题及解决办法

A. □非常了解 　　　　　B. □基本了解

C. □不太了解 　　　　　D. □完全不了解

12. 智慧阅读的基本操作方法

A. □非常了解 　　　　　B. □基本了解

C. □不太了解 　　　　　D. □完全不了解

以下关于计算机基本技能的方法，您的掌握程度如何？

13. 信息的查询与利用的方法

A. □熟练掌握 　　　　　B. □基本掌握

C. □不太掌握　　　　　　　　　D. □没有掌握

14. 阅读设备选择与应用的方法

A. □熟练掌握　　　　　　　　　B. □基本掌握

C. □不太掌握　　　　　　　　　D. □没有掌握

15. 运用信息资源的交互

A. □熟练掌握　　　　　　　　　B. □基本掌握

C. □不太掌握　　　　　　　　　D. □没有掌握

16. 对运行阅读平台的操作环境

A. □熟练掌握　　　　　　　　　B. □基本掌握

C. □不太掌握　　　　　　　　　D. □没有掌握

17. 你认为智慧阅读平台的设计人性化吗?

A. □满意　　　　　　　　　　　B. □较满意

C. □ 一般　　　　　　　　　　　D. □不满意

18. 你认为每次登录智慧阅读平台的速度如何?

A. □满意　　　　　　　　　　　B. □较满意

C. □一般　　　　　　　　　　　D. □不满意

19. 你认为智慧阅读相比传统阅读的服务方面

A. □满意　　　　　　　　　　　B. □较满意

C. □一般　　　　　　　　　　　D. □不满意

20. 你对智慧阅读平台交互满意程度

A. □满意　　　　　　　　　　　B. □较满意

C. □一般　　　　　　　　　　　D. □不满意

21. 您对智慧阅读线上活动的评价是:

A. □很好　　　　　　　　　　　B. □较好

C. □一般　　　　　　　　　　　D. □较差

E. □差

22. 您对智慧阅读资源质量的评价是:

A. □很好　　　　　　　　　　　B. □较好

C. □一般　　　　　　　　　　　D. □较差 E. □差

23. 您对智慧阅读平台资源呈现方式的评价是:

A. □很好   B. □较好

C. □一般   D. □较差

E. □差

24. 参与图书馆智慧阅读服务可以满足我与其他用户交流需求

A. □非常同意   B. □同意

C. □不同意   D. □非常不同意

25. 参与图书馆智慧阅读服务可以让我和他人保持互动和联系

A. □非常同意   B. □同意

C. □不同意   D. □非常不同意

26. 参与图书馆智慧阅读服务可以拓展我的人际关系网络，建立社区关系

A. □非常同意   B. □同意

C. □不同意   D. □非常不同意

27. 图书馆经常开展智慧阅读服务的讲座、培训、宣传活动

A. □非常同意   B. □同意

C. □不同意   D. □非常不同意

28. 图书馆时常在网站或者 App、公众号发布最新的活动信息

A. □非常同意   B. □同意

C. □不同意   D. □非常不同意

29. 图书馆工作人员时常指导我参与相关阅读服务

A. □非常同意   B. □同意

C. □不同意   D. □非常不同意